本书为云南省哲学社会科学规划青年项目“中国式现代化进程中云南都市驱动型乡村文化空间数字化转型研究”（项目编号：QN202317）阶段性研究成果。

迁居为邻

城市居民移居乡村生活实践

田雪青　王毓川◎著

新 华 出 版 社

图书在版编目（CIP）数据

迁居为邻：城市居民移居乡村生活实践 / 田雪青，王毓川著.
北京 : 新华出版社，2025. 1.
ISBN 978-7-5166-7699-8

Ⅰ. D669.3

中国国家版本馆CIP数据核字第2024Z5E988号

迁居为邻：城市居民移居乡村生活实践

著者： 田雪青　王毓川

责任编辑： 蒋小云

出版发行： 新华出版社有限责任公司

（北京市石景山区京原路8号　邮编：100040）

印刷： 三河市中晟雅豪印务有限公司

成品尺寸： 170mm × 240mm，1/16　**印张：** 19.5　**字数：** 285千字

版次： 2025年2月第1版　**印次：** 2025年2月第1次印刷

书号： ISBN 978-7-5166-7699-8　**定价：** 78.00元

代 序

田雪青的博士论文经过修订就要出版了，很为她高兴。雪青是我的博士生，她请我为她作序。起初，我觉得由她自己作序更好，毕竟她这份研究确实做得不错。但她坚持认为论文从零开始到今天出版我一直是她的学术支持，是最有资格为她作序之人。事实也确实如此，我与她一道从点点思想的闪光到数易其稿的思考，一起看着这份文稿的内容一天天深入、一天天厚重、一天天深刻。

2018年，雪青成为我的博士生，我们为她的博士论文的调查研究选点犯难：一个外地女孩，如果深入边远山寨进行调查，除生活不便、工作艰苦之外，其人身安全是我最担心的。好在经过广撒网、细斟酌的了解和探索，我们找到了一个既具有较强社会文化张力又具有明显学术探索价值的调查地——昆明市附近的大墨雨村。

大墨雨村是一个位于昆明市城区的小村庄，古老而超前。说它古老，在于村民的祖先很早以前就在滇池岸边的昆明居住，到了近现代，村人还固守着祖业；说它超前，在于千年前它就位于城市旁边，一代代村民的生活随着昆明这座城市的发展而发展，一直对外抱有一种开放与接纳的态度。2200多年前的昆明人最早迎接了庄蹻的到来，此后各个朝代，特别是元代昆明成为云南全省的政治中心、军事中心、文化中心以后，随着大批汉族移民进入，作为原住民的昆明人成为最多接触外地文化的人。其实，长期作为省会人的昆明人中，以汉族为主的外来人口占比一直很高（2023年汉族达到86%），这意味着相对于云南的其他地方，昆明人是更为开放和更具有接纳性的。这种开放与接纳的态度在大墨雨村得到了充分的呈现，尽管今天大墨雨村已经在昆明作为大都市的发展中渐渐边缘化了，但它仍然是一个城市里的村庄。雪青能够在大墨雨村发现并研究她的博士论文的主题，既与她的认真观察思考有关，也与大墨雨村的这个特点有关。

任何一个社会都是在发展过程中从传统走向现代的，通常而言人们认可的观念、制度与器物三个方面即社会现代化的具体表现，而将三者具体体现在日常生活中的就是人们的生活方式。这项研究通过对大墨雨村新老村民生活方式的冲突与调适，呈现现代化过程中现代与传统的互嵌，并在其中展现了人与社会的现代性发展需要及其特点。现代性是现代化过程与结果所形成的属性，也是推进社会现代化发展进程的原因之一。雪青对大墨雨村的观察资料进行整理分析，基于吉登斯、柯林斯和埃利亚斯相关理论的整合，形成了她独到的分析视角。与很多对城市居民移居乡村生活的相关研究有所不同，雪青这项研究的研究重点放在作为外群体的移居者与作为内群体的原居者之间在生活方式方面的互动及二者在正式仪式与非正式仪式中的表现，这也是该博士论文的创新之处。雪青之所以能够把论文做得这么细致，与她的勤奋、认真是分不开的。在云南大学东陆校区图书馆的三楼，几乎每天都能在那个“她的”座位上看到雪青在学习、写作；在大墨雨村，几年的实地研究使她熟悉了村中大多数人和那里的山山水水，她也几乎成为大墨雨村的名誉村民。我跟她去过一次大墨雨村，刚到村口，村中的大妈大爷远远地就与她打招呼，仿佛见到了自己的邻居。

目前雪青呈现给读者的文本脱去了学术性、文绉绉的表达方式，给人以更好的阅读体验。相信会有更多读者，尤其那些心中对新型乡村生活有所向往的城里人会喜欢这本著作。它的价值对于这些人来讲不言而喻。当然，在这份研究中，关于原居民的资料呈现略显不足，但雪青已是大墨雨村的“村民”，相信在未来进一步的研究中，雪青会不断搜集相关资料并完善自己的论点。

云南大学，是雪青的福地，她在这里成就了学业，也收获了爱情。希望她这个外乡人，能像她在这本著作里呈现的那些大墨雨村新居民一样，更加融入昆明，成为一个新的昆明人。

是为序。

王彦斌

2024年10月17日

前 言

随着社会经济的加速发展，我国城乡人口结构发生重大转变，乡土中国逐渐演变为“城乡中国”。郊区社会的进一步兴起，使得城乡关系和人口流动方向呈现出新的特征。大城市城郊村落所呈现的独特发展现状折射出郊区社会由传统到现代的过渡，作为一种传统与现代交融，机遇与风险并存，充满不确定性与自反性的社会类型，身处其中的个体或主动或被动地参与其中。村落社会结构的转变不仅体现在表征，还嵌入个体日常生活逻辑中。相关研究者对城市人口逆向移居乡村及其对移居地产生具体影响的讨论有限，因此，需从具体社会事实出发，进一步重新审视新时代城乡关系。

本书采用实地研究方法，将云南省昆明市西山区团结街道大墨雨村作为调研点，将该村新老居民群体作为主要研究对象，通过对群体间持续性复杂、动态的社会互动过程的呈现，分析群际互动最终产生的结果。从具体行动实践过程来看，包括对二者的价值观念、社会交往方式、闲暇行动策略等，对具体事件进行深描和阐释。在此基础上充分挖掘地方性文化在群体日常生活中所发挥的重要功能，及其作为边界象征在新老居民的社会互动中起到的双重作用。以大墨雨村的个案研究为基础，对村民日常生活中，诸如仪式活动、礼物的流动、阶层变化等进行解剖，深度参与观察群体间的互动，并透过日常事件来分析两种生活方式的运作逻辑。

新居民群体与老村民群体的生活方式互构过程揭示出：

第一，新居民群体的移居行动代表了一种中产阶层可选择的移动方式，他们的行动受到自身经济和社会结构的支持与制约，其意识到移居前的生活方式使自身产生异化感受，希望能找到替代性生活方式，通过移居行动，使自身和家庭获得缓慢而轻松的生活体验，并重新思考自身与时间的新关系，部分新居民试图实现生活和工作的平衡。新居民追求更高生活质量的目标而非抽象的，具体表现在通过主动与他人建立关系和对所租住房屋的精心设计上，在房屋改造过程中对房屋的精心设计和装饰使其被赋予对地方的情感依恋，此时房屋即成为联结自身与移居地的情感纽带，还体现于对自身乡村生活的具体时间规划和活动安排。

第二，新居民与老村民的互动曾因生活方式差异产生明显张力。当新居民意图进行社区营造的理念遭遇挑战且自身不能完全适应乡村生活时，其意识到需要主动调整自身行动策略来适应新的生活环境。因此，他们采取了宴请全村村民、打造“南门二”仓库等方式嵌入老村民群体的日常生活中，并与老村民建立起混合性关系类型。

第三，在具体互动情境中，两个群体通过仪式获得情感能量并实现彼此间的传递。最初，新老居民各自的生活方式特征作为自我身份的建构，标识出独特符号表征，引发了群体间的区隔、矛盾和冲突。在后期的互动过程中，情感通过各种方式影响新居民和老村民，在社会交往中面对外部因素影响时，他们共同的情感基调被逐步奠定，在某种意义上形成群体团结感。共同在场的互动仪式过程使两个群体不断交换情感能量，对共同事件产生的关注使他们能够进一步维系此种能量，出于群际“和谐共生”的共识，双方最终达到相对平衡状态。

在现代化发展趋势下，村落经济社会现状已具有现代性特征，老村民群体对外交往日益增多且实现生计的方式向多元化转型，尽管村落外放程度提高，但他们对村落的认同感与归属感仍保持在一定高度。在国家、政府、新居民群体等外部力量的作用下，老村民群体因发展需要与之产生互动，也因此产生了结构性矛盾。新居民群体作为外部直接性催化力量嵌入老村民群体日常生活空间中，随着双方社会交往范围扩大，村落地方性知识体系也受到影响，老村民群体在“差序场”中呈现出多阶段、差异化的行动表征，二者在互动过程中呈现出的变化特征正是社会结构作用于个体角色的具体表现，从观念到行动的结构性转换具化在个体日常生活事件中。

对于老村民群体而言，一方面，自身无可避免地与外界发生密切经济联系，且新居民群体的介入导致村落内部关系网络发生改变，新型社会关系格局对传统村落内生权力结构和自身生活状态产生影响；另一方面，村落现代化仍未全面实现且处于不均衡格局中，老村民被裹挟于现代性带来的机遇与风险中，需通过调整自身行动策略以适应新的社会生活环境，在这一过程中他们呈现出矛盾复杂的心理特征和行为方式。村落生活场域中多主体的行动对村落共同体产生长时段、持续性影响，新居民群体已在村落社会结构中找到适宜位置并实现与老村民的良性互动。处于转型发展过渡期的大墨雨村折射出都市城郊村落的独特发展特征，它突破了传统意义上的城乡二元割裂状态并建构出独属于该村的新型生活空间，村落边界也在互动过程中进一步拓展，在村落生活秩序逐渐走向稳定的进程中，地方性与现代性文化交汇融合并呈现出多元发展特征。

目 录

序 章

一、研究缘起及意义

（一）研究缘起

“城市人，将会到越来越远的地方去寻找自己的乡村住宅，乡村生活方式会吸引越来越多的人，乡村将成为城市居民新的栖居之地。”[1]孟德拉斯（Henri Mendras）对乡村未来的发展方向进行了如上描述。随着我国社会经济水平的加速发展，这一现象在农村现代化发展过程中开始显现，拥有一定社会资本、经济资本、文化资本的城市中产阶层出于对乡村的美好想象意图通过移居乡村实践，达到获得更高生活质量的目标，实现个体生活方式转型。但在其试图扎根乡村生活的过程中，部分乡村建设者将乡村置于“审视”之下并基于先验性的判断对它进行规划和改造，技术理性和空间阐释“霸权”的话语日盛，[2]当地村民群体不得不调整自身行动策略以适应生活场域中的生活方式博弈。选择从群体间社会互动视角出发，是基于城市居民移居乡村行动对村民日常生产生活产生多重影响这一社会事实，研究二者互动过程中生活方式的“变”与“不变”，亦是源于长期田野调查经历和民族学、社会学对生活方式研究的学术传统。

---

[1] [法]H. 孟德拉斯，李培林译：《农民的终结》，中国社会科学出版社，1991 年版，第 203-204 页。

[2] 陶岸君等：《新型城镇化背景下发达地区村庄布点规划方法》，载《规划师》，2016 年第 1 期，第 83-88 页。

从2020年年初至今，笔者在昆明市西山区团结街道雨花社区大墨雨村进行实地研究发现，村中80余栋闲置旧式民居除部分房屋仍有村民居住外，其他再建新居的村民已搬离旧宅。2015年，试图探索“朴门永续”（Permaculture）设计理念[1]的城市居民LTT（原云南省昆明市某高校教师，从高校辞职后与丈夫一起到大墨雨村生活，她的儿子也在村中出生、成长，其父母退休后也从大理巍山搬到村中与他们一起生活）经过多方寻找，在大墨雨村觅得一处理想居所。与房东进行商议后，她开始对旧宅进行修缮和改造。在这一过程中她通过将相关信息发布于微信朋友圈、新浪微博等平台招募志愿者，并通过“以工换宿”的形式邀请志愿者和部分老村民一起开展夯土建筑建造等活动。她在各类自媒体平台发布的信息得到了积极反馈，通过其举办的各类型活动，很多人决定像她一样到村中租房、改造房屋并在乡村实现自身生活方式转型。通过与当地×姓村民的访谈得知，LTT并不是第一位从城市移居到大墨雨村生活的人。其实从2001年开始，JDY（昆明本地人，从工厂退休后独自在村中生活）就从昆明市区移居至大墨雨村，通过向村民租用土地并新建活动板房在村中生活，他常常邀请村中的酒鬼、懒汉（被老村民称为“浪人”的村中“坏”分子）到家中喝酒、聊天。老村民普遍表示，JDY的到来并没有给村里带来“好处”，反而是LTT等到村中之后才有越来越多的人开始知晓并了解到大墨雨村相关信息，同时陆续有人决定像LTT等一样离开原居地到该村生活。

通过与当地村民的访谈研究者了解到，村中传统“一颗印”式民居已被全部租用，新居民群体已形成一定规模，成员构成类型多元且人数仍在增加，新老居民混居程度越来越高。村中房租价格也从最初的2500～3500元/年上涨

[1] 朴门永续（Permaculture）是永恒（Permanent）、农耕（Agriculture）、文化（Culture）三个词语的综合性表述，这一理念宣传的是个体在减少对自然环境干预的状态下，通过设计开发可持续的生活系统，以自然美学的方式和最小的投入达到持续的自我维护与产出，通过亲近自然并与之连接实现可持续生活方式。

至5000～12000元/年不等。不同于传统劳动力移民和旅游消费移民[1]，到该村租房子的新居民普遍表示："我们到这里来并不是待几天就走了，花费了那么多钱和时间怎么会一走了之呢，就是来这里生活的呀，我们在和老村民不断发生联系，也想和这个村一起生长。"[2]由此引发笔者思考：到乡村租房生活的新居民群体对当地村民群体的日常生活有没有产生影响，具体产生了哪些影响？他们的移居行动能否给村落发展带来新的活力？带着这些问题，笔者开始以大墨雨村为主要田野点并进入研究对象的内部生活世界，进行参与式观察和深度访谈。

田野调查初期，研究者入住关键报道人LTT家，并在她的介绍之下认识了一部分新居民和老村民，与之建立起初步联系。经过一段时间的实地研究发现，新老居民对孩子的教育问题十分关注。出于自家孩子上学的需求，新居民CR和WC带头组织并和其他新居民共建"墨雨村学"，这一新型教育机构成为新居民与老村民群体间的重要关系纽带，具有促进群体间沟通交流的功能。调查中期阶段，进入村学并借由村学志愿者这一角色，以及周末在LTT经营的"麗日"帮忙，与研究对象建立了更为紧密的联系，为后期田野工作的展开提供了有力支持。当与研究对象建立起更为深入的联系之后，通过更换住宿地点分别入住关键报道人YY、WC（老村民认可度极高的新居民）、LFH（老村民，原村中文书）、LSC（老村民，村党支部书记）家中，进入研究对象的日常生活场域。通过这些关键报道人，深度观察并分析研究对象长时段、持续性的社会互动。

在进行田野调查期间研究者发现，大墨雨村新居民群体中完全以经营民宿为目的的人数有限，其中，新居民LXQ表示，他在2019年2月租了3栋老宅想要装修成高端型民宿（截至调查研究前仍未施工完毕），同时租了村中LSC书记家的一楼，2019年7月，一楼"墨雨时光"便利店正式开始营业，超市旁

[1]　传统劳动力移民身份地位相对较低且与迁入地居民有一定社会距离。旅游消费移民在目的地停留时间较短，缺乏主动融入社区的动力。

[2]　WMJ，女，1974年生；访谈时间：2020年4月7日；访谈地点：大墨雨村民族广场。

边的小吃店于2020年10月开始运营。除此之外，如果有游客表达住宿意愿，新居民LTT家、CHF家、XJH家、LY家可提供住宿。更多的新居民则是抱着在大墨雨村长期生活的态度，通过房屋改造的形式主动学习地方性知识，实现自身乡村田园梦。从全国各个城市迁居到大墨雨村的新居民，想要尝试探索"半农半×"的生活方式，即顺从自然的简朴生活，借由亲近大地、植物，愈治自己的心灵，积极参与社会生活实践自身天赋的生活方式。[1]

大墨雨村最初因优质生态环境、低廉的房租价格、宽松的政策条件等吸引外来者到此定居，乡村生活成为其平衡现实和理想生活的替代性地方。最早来到大墨雨村的新居民试图践行"朴门永续"生态理念并致力于将其营造为一个生态社区，为此，该群体尝试作出了各种努力，随着新居民人数不断增加，群体内部形成了不同的"圈子"，最初营造生态社区的理念和共识遭遇挑战，新居民群体内部也因各自价值观念和生活态度，以及移居目的的差异产生了多类型的矛盾。

随着田野调查的不断深入，发现新居民移居初期因不了解地方性习俗曾与部分老村民有过矛盾。例如，新居民Y女士曾陷入村落内习惯性规则和正式法律规定中主体间权利义务关系的博弈。她因房东不履行合同条款并提出超出租赁合同范围内的要求，与之产生矛盾纠纷。当她提出解除合同时，L姓村民认为Y女士应赔偿违约金，待获得赔偿款之后再偿还其交纳的定金。当Y女士赔偿违约金之后，L姓村民却至今未返回其定金。这一事件令很多新居民感叹乡村生活与城市生活间的巨大差异，租赁房屋的新居民不得不默认一条房屋装修隐形条款，即只要在村中租房，就需雇用房东或其亲朋好友组建的装修队进行装修，这一非正式性规约进一步加剧了彼此间的心理区隔。同时，也有很多老村民认为新居民的移居行动为村庄发展带来了新的活力，年久失修的闲置房屋经过改造焕然一新。部分居民扩大了自身交往范围并彼此建立起私人关系类型。但也有老村民讲到，新居民群体中并非所有人都是"好人"，也有"狡猾"和"看不起人"的人。整体上看，经过长时段社会互动，

[1] [日]盐见直纪，苏枫雅译：《半农半 × 的生活》，上海文艺出版社，2013 年版，第 123 页。

多数新居民和房东关系相处较为融洽，但双方在长期相处过程中也难以避免矛盾产生。

随着居住时间和互动频率的增加，新居民开始主动融入村庄日常生产生活之中，并不断学习地方性知识。2020年6月，墨雨村学开办了一个名为“五平米墨雨农人”的研学活动，旨在让更多人通过种植与自然进行互动，建构起个体与食物、社区和自然环境共同依存的关系。这一计划需要新老居民协同共作，体验者加入该计划后可以选择与新居民或者老村民结成种植伙伴，由老村民提供5平方米的耕地并给予种植技术上的支持，还可帮忙照管种植物。这一计划的首要前提是要求体验者保持对大墨雨村原有生活方式的尊重。在计划正式启动之时，新居民将和参与这一计划的老村民以及外来参与者一同到土主庙祭拜五谷太子，以求神灵庇佑。

通过持续性互动，新居民和老村民的生活方式呈现出动态变化，2020年7—8月，墨雨村学发起人WC等自发组织仅针对大墨雨村老村民孩子的夏令营活动，使其能够在社区内学到除课本内容之外的“生活教育”，并试图让孩子们了解多元文化，这项活动现每周末仍在持续并进一步发展成为“火种计划”。[1]村中一些仪式活动也逐渐对部分新居民开放。从整体上看，双方都在不断尝试调整各自行动策略以期能够与对方和谐相处共建村庄。

媒介渗透于文化与社会的多个层面，它已然成为影响现代社会发展的重要因素之一。大墨雨村在小红书、微信、抖音等新型社交媒介工具的推动下为越来越多的人所知晓，尽管游客的到来为村民增加了一定经济收入，但部分游客的不文明旅游行为引起新老居民的反感。面对这些问题，他们不得不在水库入口、自家门前等地方挂上各类告示牌提醒游客。多元行动主体的凝视打破了村落原有生活节奏和状态，在新的关系网络重构过程中，诸多复杂的问题开始涌现。基于以上调研经历，本书以新老居民群体为研究对象，通过实地研究获得相关资料，深描群体间日常生活中的社会互动过程，分析村

[1] 该计划旨在筛选老村民家庭中成绩较好且家长配合度较高并希望孩子能考上昆明市好的高中的孩子，为其进行辅导。

落现代化发展过程中，二者生活方式的运作逻辑。

（二）问题的提出

现代性发展趋势下，大墨雨村除呈现出村民生计方式多元化、城镇人口有所增加等主流城镇化趋势外，还出现城市外来人口到村中租赁，并改造房屋进行乡村生活实践的社会现象。2020年，大陆地区常住人口城镇化率达63.9%，人口迁移流动是城镇化率从2010年第六次全国人口普查到2020年第七次全国人口普查相继上冲的主推进力，从发达国家城镇化的一般规律来看，中国当前仍然处于城镇化率有潜力以较快速度提升的发展机遇期，“十四五”时期可突破65%的城镇化率，乡城之间因此还将呈现出大迁移大流动的基本格局。[1]有学者指出，当国家城市化率达到70%以后将出现“城市人口回流农村”的现象。[2]与发达国家相比，我国城镇化水平虽未达至饱和状态，但城市人口移居乡村的现象在当前正在加速推进城市化进程的我国已开始显现。尤其是近年来，有越来越多的城市人口移居至大城市周边村落意图平衡自身田园生活梦想和现实生存压力之间的矛盾。

针对本书所关注的大墨雨村而言，新居民群体进入村庄内部对于当地村民而言并非一件小事，其移居行动是牵动整个村落社会经济文化发展的重要事件。如果将文化理解为一种生活方式，那么这个地方的生活就是该地地方性文化系统的具体呈现。新居民与老村民有着截然不同的生活经历、生活环境和生活方式，其移居过程必然伴随与老村民的社会互动，且这一过程也不全是和谐融洽的。“外来者的流入始终表现为挑战定居人口的生活方式，不管外来者和原居者之间有着什么客观的差异，总得要腾出空间认识外来者，因

[1] 国家统计局：《第七次全国人口普查公报解读》，2021–05–12，http://www.stats.gov.cn/xxgk/jd/sjjd2020/202105/t20210512_1817342.html,2022–04–24。

[2] 沈东：《当代中国逆城镇化研究的争鸣及展望》，载《湖南科技大学学报（社会科学版）》，2018 年第 2 期，第 107–113 页。

此就孕育出张力。”[1]

新居民进入社区内部并非只是简单的现代化催化剂，其在间接影响老村民群体生计方式及价值观念的同时，也直接进入老村民群体具体的生活场域中，并与之产生持续性的互动。这一互动过程是复杂的，充满了新老居民群体生活中各种类型的关系结构。两个群体之间的差异，不只是地理位置上的划分，还是“惯习”上的区隔。本书将新老居民群体作为主要研究对象，通过实地研究获得一手资料，分析现代性背景下，新居民群体与老村民群体的生活方式差异，进一步讨论二者长时段、持续性的社会互动过程，通过一系列动态事件的发生发展来呈现其具体行动策略，聚焦两种生活方式互动最终产生的结果。

（三）研究意义

1. 理论意义

国内外专家学者针对“生活方式移民”群体进行的研究形成了大量研究成果。相关研究的理论与实践有很多值得本书加以借鉴的经验，但本书所讨论的这一现象具有一定的特殊性与地域性，运用宏大理论来解释这一社会事实具有一定局限性。“城市居民由城入乡”这一现象尽管以多样形式存在，但尚未达到高度化、白热化状态，是一种特殊的现象。西方学者所提出的理论是基于其高度城市化背景，特权阶层以寻求更高的生活质量为动机而进行的迁居实践，但就我国的城镇化发展程度而言尚未达到此高度。因此，需要有选择地使用相关理论。

本书立足大墨雨村的社会事实进一步阐释该现象发生发展机制，以吉登斯提出的现代性理论、埃利亚斯提出的原居者—外来者理论以及柯林斯提出的互动仪式链理论为研究视角，试图将微观实证研究嵌入具体的理论叙述之中，同时强化理论叙述的经验事实支撑，促进“多元性”理论的构建。

---

[1] [英]齐格蒙特・鲍曼，蒂姆・梅，李康译：《社会学之思》，社会科学文献出版社，2010年版，第33页。

2. 现实价值

习近平总书记指出，“乡村振兴是包括产业振兴、人才振兴、文化振兴、生态振兴、组织振兴的全面振兴。乡村振兴战略，必须走城乡融合发展之路。城乡融合发展不能只靠乡村自身积累，还要推动资源要素的强力反哺，推动人才、土地资本等要素在城乡间双向流动”。[1] 2021年，《中华人民共和国国民经济和社会发展第十四个五年规划和2035年远景目标纲要》提出，建立健全城乡要素平等互换、双向流动政策体系，促进要素更多向乡村流动，增强农业农村发展活力。[2]城市人口移居乡村生活作为一类正在发生发展的社会现象折射出大城市快速发展带来的问题，同时预示着城乡要素双向互通、互补、共融局面生成的可能性路径，并为乡村振兴发展提供了新契机。

就本书而言，在乡村生活的城市居民不再把自己作为“客居”乡村者，而是以更加积极的态度，主动参与村庄事务。例如，关心村庄的环境卫生、基础设施建设、文化氛围与乡村治理等问题，有效改善了当地乡村基础设施建设，带来了新的教育理念，进一步促进了村民生计方式的多元化，村庄生态环境和人文环境更加优化。城镇化依然是我国当前发展的主流模式，但城市人口移居乡村生活现象同样是城镇化进程中的社会事实。新时代乡村的全面振兴可以利用好这一机遇，在城乡互动格局下实现城乡多要素的流通，建构起群体间新型双向互动关系，达致乡村与城市人才、资本的双向流动从而促进乡村振兴发展。

（四）研究创新点

1. 多元分析视角的整合

现有研究成果更倾向于从自身学科特点出发，采用相关视角对生活方式

---

[1] 求是网:《乡村振兴战略与新时代“三农”工作》, 2020–09–21, http://www.qstheory.cn/zhuanqu/2020–09/21/c_1126520143.htm, 2021–04–20。

[2] 中华人民共和国中央人民政府:《中华人民共和国国民经济和社会发展第十四个五年规划和2035 年远景目标纲要》, 2021–03–14, http://www.gov.cn/xinwen/2021–03/14/content_5592884.htm, 2022–03–27。

移民现象展开研究，但对移居地居民的关注度不足。不同学科对同一问题的研究，得出的结论也不尽相同。本书从社会学研究视角出发，注重基于地域性“社会事实”的分析，通过宏观理论与微观理论相结合的方式，构建具体分析框架，将宏观理论与微观个体或群体经验研究结合，在动态分析过程中引入静态视角，对两个群体两种生活方式的共生实践进行多维度呈现。

2. 研究资料的获取

既有研究成果中，人口学、经济学侧重运用大量数据进行统计分析，地理学关注移居群体的空间位置转换和动态分布。本书在借鉴相关研究方法的基础上，通过实地研究方式，直接进入研究对象的日常生产生活中，同时注意整体性统计数据的收集，用以丰富、完善本书。运用第一手资料，对研究对象不同阶段的行动策略进行深入分析，强化研究的微观视角，凸显学科特色。

二、国内外研究综述

（一）文献回顾

1. 生活方式移民相关研究

生活方式研究是人类学、社会学的经典研究议题之一。西方学界对生活方式的研究可追溯至韦伯对“地位群体”的分析。他指出，生活方式是地位群体的形成基础，对生活方式的认同是群体内部凝聚和排斥外部群体的机制[1]。凡勃仑在此基础上揭示出，“有闲阶级”正是通过生活方式彰显其特定的阶级和地位身份[2]。韦伯和凡勃仑的研究将生活方式的差异作为认识社会分化以及社会群体的差异并在讨论社会结构时将生活方式作为间接的研究对象。20世纪80年代后期，生活方式出现消费领域研究的转向，一些学者认为生活

[1] [德]马克思·韦伯:《经济与社会(上卷)》,商务印书馆,1997年版,第339页。

[2] 夏建中:《社会分层、白领群体及其生活方式的理论与研究》,中国人民大学出版社,2008年版,第3页。

方式或消费行为是培养群体归属意识的日常生活行动，它能够强化个体对某一阶层的归属和认同并成为可识别的象征符号。布迪厄关于“惯习”和“文化资本”的思考，将生活方式研究作了进一步的推进，他将文化、历史、社会结构等要素纳入研究范畴之内，同时指出：“惯习和价值观或世界观来自如同我们一样的共同生活经历和共同生活方式。”[1]其中，“惯习”是同群体横向联系以及不同群体纵向区隔的重要标记，不同的阶层拥有不同的生活方式和文化上的不同品位。此后，生活方式研究逐渐产生关注个体生活风格的趋势。

1984年前后，关于生活方式的研究成为我国学界关注的热点话题。王雅林和贾稚岩[2]、冒君刚[3]等学者发表了相关研究成果，这一阶段的研究主要涉及对生活方式的定义和对基础理论的探讨。1988年之后，我国学者对生活方式的研究开始被纳入制度研究领域内[4]。在社会转型发展的大背景之下，民族地区的生活方式也呈现动态变化趋势，包智明[5]、郑晓云[6]、杨福泉[7]、田孟清[8]、纳日碧力戈[9]等对少数民族生活方式进行了深入思考。通过对少数民族生活方式进行研究，能够对某一民族及其在一定条件下社会群体的社会分层特征以及民族意识、民族经济文化类型及其社会结构进行了解和辨别。在现代性语境下，生活方式不仅是区分社会阶层的重要指标，也是吸引人口向生活质量

[1] [法]皮埃尔·布迪厄，刘晖译：《区分：判断力的社会批判》，商务印书馆，2015年版，第170-171页。

[2] 王雅林，贾稚岩：《社会主义的生活方式问题》，载《江汉论坛》，1982年第10期，第39-44页。

[3] 冒君刚：《试论生活方式》，载《社会学研究》，1986年第2期，第88-92页。

[4] 高丙中：《现代化与民族生活方式的变迁》，天津人民出版社，1997年版，第27页。

[5] 包智明：《变动中的蒙民生活——三爷府村实地调查》，载《社会学研究》，1991年第1期，第52-57页。

[6] 郑晓云：《当代西双版纳傣族社会文化变迁研究》，载《社会学研究》，1991年第1期，第46-51页。

[7] 杨福泉：《一部研究民族生活方式的新颖之作——〈中国民族的生活方式〉评介》，载《贵州民族研究》，1995年第2期，第159页。

[8] 田孟清：《少数民族生活方式变革刍议》，载《中南民族学院学报（哲学社会科学版）》，1992年第6期，第76-79页。

[9] 纳日碧力戈：《族群社会的发展与生活方式的变迁——国内外研究简要评介》载《世界民族》，1998年第3期，第3-5页。

更高地区流动与聚集的重要动因。

（1）逆城市化与生活方式移民概念辨析

① 逆城市化

自20世纪70年代布莱恩·贝瑞（Brian Berry）首次确认并命名逆城市化这一概念以来，它就一直存在。[1]在贝瑞的研究中，美国城市化过程与逆城市化是相对的且后者被视为城市化的对立面。他声称："城市化是人口集中的过程，本质上是从不太集中到更加集中的状态，逆城市化的实质是人口分散的过程，它意味着从更集中到不太集中的状态。"[2]鉴于此，米切尔（Mitchell）将其定义为一种迁移运动，这种迁移流动在1970年后开始加速，虽然20世纪80年代非大城市人口迁入的相对比率有所下降，但另一个不太普遍的趋势在20世纪90年代再次显现，逆城市化可以被视为一种流动模式或过程。[3]在此基础上，哈菲克（Halfacree）指出，"逆城市化"这一概念在一定程度上是被建构的，这一概念具体表现为通常向更多农村地区的移民但不一定是从城市地区移民。[4]

学者们普遍认可的是，逆城市化过程是一个复杂的过程，它被认为是发生在大都市影响范围之内和之外的增长，涉及大小社区（无论如何进行定义）之间自然增长率和净移民率的相对变化。罗伯特（Robert）和伦道夫（Randolph）是第一批采纳这一观点的人，他们指出逆城市化有两个先决条件：去聚集化和分散。前者被定义为从城市核心向外的移动，后者被解释为发生在大都市影响范围之外的区域的移动。[5]许多研究者跟随他们的脚步，认识到两

[1] Mitchell C, "Making sense of counter urbanization", *Journal of Rural Studies*, no.7,2004, pp.15–34.

[2] Berry, B J L, "The counter urbanization process: urban America since 1970", *Urban Affairs Annual Review*, no.11,1976a, pp.17–30.

[3] Mitchell C, "Making sense of counter-urbanization", *Journal of Rural Studies*, no.20,2004, pp.15–34.

[4] Keith Halfacree, "Heterolocal indenties? Counter-urbanisation, second homes, and rural consumption in the era of mobilities", *Population, Space and Place*, no.18,2012, pp. 209–224.

[5] Robert S, Randolph W G, "Beyond decentralization: the evolution of population distribution in England and Wales,1961–1981", *Geoforum*, no.14,1983, pp.75–102.

种类型的地理运动都包括在内。几乎没有证据表明移民渴望回到工业化前的生活方式，正如瓦蒂亚宁（Vartiainen）总结的那样，“城市到农村的运动似乎是一种以城市为中心的行为和文化的传播机制，而不是在社会文化意义上对城市化的任何真正反趋势的表达”。[1]

一些学者给出了更为宽泛的解释并认识到逆城市化是一种再分配过程，它不仅发生在城市周边地区，也发生在相邻的地区以及城市等级结构的下层。一部分研究者将此与城市居民向农村的实际迁移联系起来，另一部分研究者直接或间接地将这一术语等同于定居系统向更分散状态的转变。李维斯（Lewis）指出，只有发生在等级制度下和外围地区的再分配增长才符合条件。如其所述，“逆城市化涉及人口再分布的一系列根本变化，包括人口从核心工业区转移到外围地区，以及向城市等级结构的下方移动”。[2]在此种解释中，逆城市化被视为与过去空间趋势的彻底决裂，一种认为再分配发生在大都市影响范围之外的地方。

从具体的实践经验来看，诸多学者认为移民是逆城市化的重要组成部分。它通常被定义为城市居民从大空间（通常是大都市）向小空间（通常是非大都市）的迁移。一些研究者将逆城市化简单地描述为城市人口向更小区域的迁移，另一些研究者认为这是一个特定的地理目的地。一小部分人搬迁到邻近城市核心的地区，而其他目的地则指向更偏远的地区。更多的学者将这一现象等同于沿定居点等级向下的区域内移动，并认为这一现象与过去的移民完全不同。在欧洲城市化率不断提升的背景下，库贝斯（Coombes）等将逆城市化定义为“人口分散化的过程，超越了郊区化或分散化的过程”。[3]类似地，伯恩利（Burnley）和墨菲（Murphy）区分了两种类型的澳大利亚移民运

[1] Vartiainen P, “Counter urbanisation: a challenge for socio-theoretical geography ”, *Journal of Rural Studies* ,vol.5,no.3,1989, pp. 217−225.

[2] Lewis G, “Changing places in a rural world: the population turnaround in perspective”, *Geography* ,vol.85,no.2,2000, pp.157−165.

[3] Coombes M, Dalla Longa R, Raybould S, “Counter-urbanisation in Britain and Italy: a comparative critique of concept, causation and evidence”, *University of Newcastle upon Tyne, Centre for Urban and Regional Development Studies*,1989, p. 9.

动，认为逆城市化，即在城市等级结构中向下的净内部迁移。[1]在这些研究中逆城市化被解释为人口向非大都市或农村地区的物理流动，其地理目的地未被指定和明确定义。在逆城市化研究学者的观念中，移居目的地为移居者提供了与其正在离开的生活环境相反的东西。

逆城市化概念并未对迁移群体的流出地及特征作出明确定义，当这一现象被发现30周年时其已成为一个“饱和”的研究课题，大部分学者已对其失去研究兴趣，转而对“人口流动过程中，中产阶层群体向农村地区以生活方式主导的自愿移动”行动进行批判性的重新审视和细致入微的分析。[2]

② 生活方式移民

学者们指出，由于这种为更好的生活方式而迁移的现象很少被标准的迁移类型学涵盖，相关人员试图将他们的研究与更广泛的现象联系起来，使用的概念包括退休迁移、休闲迁移、（国际）反城市化、第二套住房所有权、追求舒适和季节性迁徙。然而，在把握这一趋势的复杂性并将其各种要素结合起来时，这些概念不是完全包容的。迈克尔·本森（Michaela Benson）指出，“生活方式迁移”作为一个概念性框架，专门关注此类迁移背后的动机（广泛地描述为寻求更好的生活方式），同时采用了一种迁移方法，这是一个过程，而不是一经到达即完成的一次性行为。[3]有研究表明，生活方式移民的基础是寻找一种不同的生活方式从而寻求获得更好的生活质量。[4]本森（Benson）和奥利（Orelly）进一步强调，尽管每种移民形式实践都有其特殊性，但这些常见的生活方式问题表明，这些不同的迁移可以被视为生活方式移民，它是各个年龄段相对富裕的个体或群体，无论是以兼职还是全职的形式，因为各种

---

[1] Burnley I H, Murphy P A, “Residential location choice in Sydney’s perimetropolitan region”, *Urban Geography*, no.16,1995, pp. 123−143.

[2] Milbourne P, “Re-populating rural studies: migrations, movements and mobilities”, *Journal of Rural Studies*, vol.23,2007, pp. 381−386.

[3] Michaela Benson, Karen O’Reilly, “From lifestyle migration to lifestyle in migration: categories, concepts and ways of thinking” , *Migration Studies*, no.4,2016, pp.20−37.

[4] Cortazzi M, *Narrative Analysis in Ethnography in Atkinson*, P., Coffey, A., Delamont, S.,Lofland, J. and Lofland L (eds), Handbook of Ethnography, London: Sage, 2001, pp. 384−394.

原因搬到对其来说意味着更好生活质量的地方。[1]

由于这些移民所追求的不同生活方式的基本特征包括寻找理想中的美好生活、逃离过去的生活环境以及获得实现自我的机会，因此，移民后的策略通常表现为重新实现工作与生活的平衡，同时保障自身生活质量不会受到先前各类因素限制。有学者认为，该群体中的许多人为了实现和维持新的、更美好的生活方式仍然需要在移民后创造收入，而且他们以“个体户”的身份经营小企业是很常见的现象。[2]他们对企业的选择各不相同，许多人从事旅游业或以为其他移民提供日常生活中所需的食物、交通工具等为契机获得一定经济收益，同时通信技术网络的进步使得其谋生的方式更加多元化。其中，最为重要的是，这些生活方式移民开展各种类型的经营性活动，是为了使自身新的生活方式具有持续性。

生活方式移民与逆城市化概念的相似之处在于，移民通常强调他们的反过度城市化情绪。在有关逆城市化的讨论中人们得出结论，所有目的地对个人来说都意味着同一件事：一种不同于移民前的、更好的生活方式。然而，在相关讨论中，这如何转化为他们在移民后的日常生活体验仍然被忽视。旅游业和逆城市化都提供了一个特定的视角，通过这个视角可以更好地理解这种迁移。然而，他们的解释并没有从更广泛的角度来看待移居行为与生活的交集。消费使个人能够维持反映其自我认同的连贯的生活方式。因此，这些研究生活方式的学者认为：“参与一种特定的生活方式不再反映我们作为特定阶层成员的现有地位，而是表明我们作为个体已经决定成为什么样的人。”[3]

（2）生活方式移民的特征和移居动机

从生活方式移民群体的特征来看，一部分学者认为该群体是具有一定经

[1] Benson M, O'Reilly K, “Migration and the search for a better way of life: a critical exploration of lifestyle migration”, *The Sociological Review*, no.4,2009, pp. 608–625.

[2] Stone I, Stubbs, C, “Enterprising expatriates: lifestyle migration and entrepreneurship in rural southern Europe”, *Entrepreneurship & Regional Development*, vol.19, no.5,2007, pp.433–450.

[3] Sweetman P, “Twenty-first century dis-ease? Habitual reflexivity or the reflexive habitus”, *The Sociological Review*, vol.51, no.4, 2003, pp. 528–549.

济基础和空间、时间的“精英”阶层，其迁移动机的出发点是对更高生活质量的追求。例如，本森和奥利以及埃米特（Amit）的研究指出，该群体所拥有的社会、经济和文化资本基础决定了其无论是永久或临时地迁移到某个地方，[1]这些地方都是能够满足其对美好生活想象的存在。[2]戈斯内尔（Gosnell）[3]和艾布拉姆（Abrams）、[4]斯伯丁（Spalding）以及科尔德尔（Kordel）在此基础上进一步对该群体的身份特征进行了分析发现，能够作出生活方式迁移决策的群体享有“时间和空间的特权”。[5]托金顿（Torkington）认为，该群体是受消费导向影响且对目的地具有可选择权的。[6]我国学者针对近年来发生在国内的生活方式迁移现象进行了探讨，同样认为这一群体自身或家庭具有较好的经济基础和社会地位。[7]张慧、高瑜聚焦城市中产阶层移居小城镇和农村的生活方式迁移实践，[8]并进一步印证该群体的先赋或自致条件是影响其移居的重要先决条件。[9]

关于生活方式移民群体的迁移动机，相关研究者认为其迁移动机主要受到三个层面的影响：一是原住地的生活环境和生存压力；二是主流媒体呈现

[1] Benson M, O'Reilly K, "Migration and the search for a better way of life: a critical exploration of lifestyle migration", *The Sociological Review*, vol.57, no.4, 2009b, pp.608–625.

[2] Amit V, *Structures and dispositions of travel and movement,* in Amit, V. (ed.) *Going first class? New approaches to privileged travel and movement*, Oxford: Berghahn Books,2007, pp.1–30.

[3] Gosnell H, Abrams J, "Amenity migration: diverse conceptualizations of drivers, socioeconomic dimensions, and emerging challenges", *Geojournal*, vol.76,2009, pp. 303–32.

[4] Spalding AK, "Towards a political ecology of lifestyle migration: local perspectives on socio-ecological change in Bocas del Toro, Panama", *Area*, vol.52,2020, pp. 539–546.

[5] Kordel, S. Pohle, P, "International lifestyle migration in the Andes of Ecuador: how migrants from the USA perform privilege, import rurality and evaluate their impact on local community", *Sociology Ruralis*, vol.58, no.1,2018, pp.126–146.

[6] Torkington K, "Place and lifestyle migration: the discursive construction of 'glocal' place-identity", *Mobilities*, vol.7, no.1,2012, pp.71–92.

[7] 郭凌，吉根宝，罗良伟：《从游客到旅居者：旅游中的“新移民”研究——基于对四川泸沽湖民族景区旅游经营者的调查》，载《贵州民族研究》，2015 年第 5 期，第 157-160 页。

[8] 高瑜：《临界空间的转变——云南大理古城的个案研究》，载《西北民族研究》，2017 年第 4 期，第 200-207 页。

[9] 张慧：《中产阶层逆城镇化生活方式研究——以大理现象为例》，载《湖南师范大学学报（社会科学学报）》，2018 年第 2 期，第 92-101 页。

出的田园镜像使得个体产生对乡村生活的美好想象[1]；三是个体对更高生活质量的追求。[2]有学者通过研究证实，大城市工业化以及城市化的不断发展带来了空气污染、交通拥堵等问题，城市生活环境已无法满足个体日益增长的对良好生态环境的需求，个体对乡村自然的向往促发了其迁移倾向。[3]芬德莱（Findlay）、杨宏伟的研究亦表明，快节奏的城市生活速度和不断增加的生存压力导致个体出现生活异化和被工具化的感受，[4]这些因素促使其寻找新的生活目的地。[5]学者们在前人研究的基础上发现，该群体对目的地的选择具有低污染、生态环境优良、生存压力小、通勤区距离相对较短、[6]交通条件便利等共性特征。[7]金如委和宫宝利通过对浙江省杭州市由城市移居至农村的新移民的研究进一步发现，个体除对田园生活的向往之外，寻找情感寄托或为了实现个人理想以及身边社会关系网络的影响也是影响其移居决策的重要因素。[8]

（3）生活方式移民对移居地产生的影响

针对生活方式移民对移居地产生的影响，学者们持有不同意见。有学者指出，城市人口的逆向迁移只是城市化发展过程中的一个过渡性现象，并非城市人口农村化，也不是城市文明和生活方式的农村化，而是城市文明和生

[1] Halfacree K H, "The importance of 'the rural' in the constitution of Counter urbanization: evidence from England in the 1980", *Sociological Rural Areas*, vol.34, no.2, pp.164–189.

[2] Armstrong A, Stedman R C, "Culture clash and second home ownership in the US northern forest", *Rural Sociology*, vol.78, no.3,2014, pp.318–345.

[3] Shurmer-Smith P, "Book reviews: Buller, H. and Hoggart, K. 1994: international counter urbanization: british migrants in rural France", *Progress in Human Geography*, vol.20, no.2,1996, pp. 262–263.

[4] Findlay, A. M, D. Short, A. Stockdale, "The lab our-market impact of migration to rural areas", *Applied Geography*, vol.20, no.4,2000, pp, 333–348.

[5] 杨宏伟：《我国新型城镇化中的“逆城市化”现象、诱因与制度反思》，载《改革与战略》，2017 年第 3 期，第 122-125 页。

[6] Moss L, Glorioso R.eds. *Global amenity migration: transforming rural culture, economy and landscape*. British Columbia: The New Ecology Press, 2014, p.17.

[7] Halfacree K H, "The importance of 'the rural' in the constitution of Counter urbanization: evidence from England in the 1980", *Sociological Rural Areas*, vol.34, no.2, 2010, pp. 164–189.

[8] 金如委，宫宝利：《“乡村新移民”地方感研究——基于浙江省的实证调查》，载《天津师范大学学报（社会科学版）》，2017 年第 6 期，第 61-65 页。

活方式的扩散。[1]对于城市人口移居乡村这一社会现象，有一部分学者对该现象的发展结果表示乐观，认为其移居行动能够带动移居地的发展。从城乡共同发展层面来看，塔玛鲁（Tammaru）等基于爱沙尼亚1989—2000年城市和乡村人口流动数据分析国内人口移徙趋势，并与其他转型国家的人口模式进行比较，研究发现，若能促进城市人口向郊区农村转移有利于缓解过度城市化带来的问题。[2]雷振华认为，“倘若从国家层面对这一现象进行引导，从源头打通城乡经济相互融通的‘大动脉’，让人们能够更自如畅通地往来于城市与乡村间，建立起更加快捷、高效、安全运行的城乡经济综合体，不仅城镇化发展道路会走得更顺，而且能够促进乡村地区的经济发展。”[3]还有学者指出，城市人口的移居行动有助于实现城乡人流、资源流的双向互动，盘活乡村沉睡资源，从而激发资源流转活力，推动城乡一体化发展。[4]陈伯君对此表示认可并进一步指出，这一现象有助于城市功能和产业结构优化，减轻城市空间压力，有益于城市效益递增和城市化的可持续发展。[5]

从具体实践经验来看，彭兆荣对厦门曾厝垵村进行的研究表明：“如果能够以地方村民为主体，建立起城乡间新型、双向对流关系，有利于乡村的全面振兴。”[6]阿根特（Argent）基于统计数据对澳大利亚城市居民逆向迁居现象展开的研究进一步佐证，这一现象对乡村社区的发展起到了极大的促进作用[7]。多瑞斯（Doris）等聚焦生活方式移民对目的地旅游业发展产生影

---

[1] 王旭：《“逆城市化”论质疑》，载《史学理论研究》，2002 年第 2 期，第 5-15、161 页。

[2] Tammaru T, Kulu H, Kask I, “Urbanization, suburbanization, and counter urbanization in Estonia”, *Eurasian Geography and Economics*, vol. 45, no.3, 2004, pp. 212–229.

[3] 雷振华：《“逆城市化”为发展经济提供新动力》，载《时代金融》，2015 年第 3 期，第 34 页。

[4] 李永安：《中西部欠发达地区美丽乡村建设困境与突围》，载《理论月刊》，2018 年第 5 期，第 133-137 页。

[5] 陈伯君：《“逆城镇化”趋势下中国村镇的发展机遇——兼论城市化的可持续发展》，载《社会科学研究》，2007 年第 3 期，第 53-57 页。

[6] 彭兆荣：《城镇化与逆城镇化：一种新型的双向对流关系——以厦门城中村曾厝垵为例》，载《中南民族大学学报（人文社会科学版）》，2019 年第 3 期，第 69-73 页。

[7] Argent N, Ropey F, “Counter urbanization in Australia: two case studies”, *Geodate*, vol.21, no.3, 2008, pp.4–7.

响，认为该群体的到来带来了一系列新的思想、技能，成为推动旅游产品销售的重要助力，[1]促进了当地旅游产业的创新和发展[2]。玛里·科尔佩拉（Mari Korpela）将生活方式移民者的收入纳入社会和经济结构的讨论之中，同时分析了既有研究存在的局限性。他指出，现有研究过多地注意个体的行动，而移居者行动发生时所处的政治结构以及民族国家在促进和限制其生活方式方面所起的作用被忽略了。[3]

也有学者不认可上述观点，认为移居者对目的地的影响是消极的。古斯塔夫森（Gustafson）指出，由于目的地居民和移民之间的多重差异，前者对后者有着极强的负面印象，移民不仅未能遵循当地习俗，而且过着一种非正常的生活，这也导致移民始终无法完全融入当地社会生活中。[4]陈凤兰和豆晓恒的研究结果显示，生活方式移民群体与当地村民在物理空间分配、日常生活方式、商业发展以及村庄未来发展理念等方面存在强烈冲突。[5]有研究者表示，移居群体与目的地居民之间存在无法跨越的鸿沟，[6]后者认为外来人口的行动加速了当地文化的商品化并进一步导致迁入地生产资料紧张，扰乱了当地居民的日常生产生活秩序。[7]斯伯丁对生活方式移民给移居地社会生态环境带来的影响进行分析发现，该群体的移居行动加剧了移居地居民间土地使用

[1] Doris A Carson, Dean B Carson, “International lifestyle immigrants and their contributions to rural tourism innovation: experiences from Sweden’s far north”, *Journal of Rural Studies*, vol.64, no.9, 2018, pp.230–240.

[2] Findlay, A. M, D. Short, A. Stockdale, “The lab our-market impact of migration to rural areas”, *Applied Geography*, vol.20, no.4, 2000, pp. 333–348.

[3] Mari Korpela, “Searching for a countercultural life abroad: neo-nomadism, lifestyle mobility or bohemian lifestyle migration?”, *Journal of Ethnic and Migration Studies,* vol.46, no.15, 2020, pp.3352–3369.

[4] Gustafson P, “Tourism and seasonal retirement migration”, *Annals of Tourism Research*, vol.29, no.4,2002, pp. 899–918.

[5] 陈凤兰，豆晓恒：《“田园诗”与“小康梦”：市民入乡过程中文化冲突与利益共享》，载《福州大学学报（哲学社会科学版）》，2020 年第 5 期，第 61−68 页。

[6] HeqingZhang,XiaoboSu. “Lifestyle migration and the (un)making of ideal home”, *Geoforum*, vol. 115, no.10, 2020, p.111–119.

[7] 王春雷：《新中国建立后我国“逆城镇化”现象及其城乡均衡效应》，载《湖南科技大学学报（社会科学版）》，2018 年第 2 期，第 114−121 页。

权的冲突，同时改变了当地居民的生计方式。[1]移居者与目的地居民在生活方式、价值观念等方面存在一定区别，这些因素可能导致移民和当地居民之间的“文化冲突”，并且长期居住的移居者要比季节性移居者更容易感受到这种冲突。[2]

（4）生活方式移民对目的地的社会适应性

关于生活方式移民社会适应性的研究，主要集中于两个方面：其一，从具体的角度来探讨他们对新的生活环境、经济生产与劳动条件以及人际关系的适应等；其二，从社会化的角度来探讨移居者的社会适应性。帕克（Park）指出，“社会融合是相互渗透的过程，在这个过程中，某个群体逐渐形成对其他群体的记忆、情感和态度，通过共享（不同群体的）经历和历史记忆，各个群体最终融汇到共同的文化生活环境中”。[3]从具体实践来看，本森分析了法国农村地区，英国移居者在与当地居民的交往过程中自身生活方式的转型，以及双方在交往过程中群体间的认知转变。[4]马克山奇科娃（Makshanchikova）等研究俄罗斯近北地区城市中产阶层向农村迁移的过程发现，移居群体不能完全适应移居地环境，难以产生归属感。[5]还有学者将英国移居到加拿大的生活方式移民作为研究对象，分析其地方经验想象和既存现实之间的差异，同时以个体情感反应来呈现该群体的社会适应。[6]

张宏贤以三亚的“候鸟”群体为研究对象，通过建构测量模型，使用情

---

[1] Spalding AK, “Towards a political ecology of lifestyle migration: local perspectives on socio-ecological change in Bocas del Toro, Panama”, *Area*, vol.52, no.2, 2020, pp.539–546.

[2] Armstrong A, Stedman R C, “Culture clash and second home ownership in the US northern forest”, *Rural Sociology*, vol.78, no.3, 2013, pp.318–345.

[3] Park RE, Burgess EW, *introduction to the science of sociology*. Chicago: The University of chic ago Press,1969, p. 214.

[4] Benson M, “Landscape, imagination and experience: processes of emplacement among the british in rural France”, *The Sociological Review*, vol.58, no.2, 2010, pp.63–77.

[5] Makshanchikova AY, Nikishin EA, Popov DS, “Extra-urban localities: hybridization of rural and urban in the process of migration of citizens to the countryside”, *Sotsiologicheskie Issledovaniya*, no.2, 2019, pp.61–70.

[6] Osbaldiston N, Picken F, Denny L, “Culture clash and second home ownership in the US northern forest”, *Population Space Place*, 2020, pp.2328.

感依恋、文化适应和社会参与度这三个指标来测量该群体在迁居地的融入程度，同时探讨其融入过程对迁居地的意义。[1]陈景夫同样将“候鸟”群体作为研究对象，揭示生活方式迁移群体在迁居地的社会适应程度，进一步分析了该群体在三亚不断变化的城市空间中遇到的“特权”，以及如何回应当地政府的控制和生活费用不断上涨等问题，详细阐释“候鸟”群体积极寻求发展自身的社交网络关系并以此来应对日常生活中遇到的共性问题。[2]除此之外，也有学者强调移居地地方性文化对生活方式移民实现社会适应的重要意义。例如，相关研究者指出，移民在饮食、服饰、娱乐方式等习俗文化方面与当地文化融合的过程中的适应性，并指出，双方文化相融合能够保障移居地社会秩序的稳定。[3]海德伦德（Hedlund）等同样认为文化始终是影响迁移群体社会融合的重要因素。双方在交往中不断接触，在自觉与不自觉中实现交流并进一步促进移居群体融入移居地社会生活之中。[4]

（5）生活方式移民研究相关理论观点

埃弗雷特·李（Evertt S Lee）提出的推拉理论一直以来是解释人口迁移的重要视角。他认为“推”和“拉”两个因素影响移民生产和发展方式。“推”的因素包括人口增长过快导致人数过多，个体生活水平低，就业机会少，生存压力大等；“拉”的因素包括：希望获得更多、更好的田地和经济待遇等。李具体解释影响移民的因素有四个方面：原居地因素（推）、迁入地因素（拉）、介入因素（成本等）和个人因素（性别、年龄等）。这两个维度和四种要素可以解释人口迁移的主要原因。[5]帕克（Park）所提出的古典同化

[1] Hongxian Zhang , Libo Yan , Hoffer M. Lee et al., “Social integration of lifestyle migrants: the case of Sanya snowbirds”, *Current Issues in Tourism*, vol.29, no.6, 2020,pp.1–14.

[2] Chen J, Wang B, “Unattended retirement: lifestyle migration and precarity of the Houniao”, *Population Space Place*, 2020, p. 2369.

[3] Marco Eimermann, “Flying dutchmen? Return reasoning among dutch lifestyle migrants in rural sweden”, *Mobilities*, vol. 12, no.1, 2017, pp. 116–135.

[4] Hedlund M, Carson D A, Eimermann M et al, “Repopulating and revitalising rural Sweden? Re-examining immigration as a solution to rural decline”, *The Geographical Journal*, vol.183, 2017, pp.400–413.

[5] Everett S Lee, “A theory of migration”, *Demography*, vol.3, no.1, 1966, pp. 47–57.

论指出，个体迁居到另一居住地的融入过程会经历四个阶段：相遇、竞争、适应、同化，这四个阶段是单向发展且不可逆转的。随着时间的增加，迁入群体会自愿与当地的主流文化融合，不断适应移居地生活最终将实现完全融入。[1]丹泽尔（Danzer）等对此表示认可并进行验证，认为社会互动与融入理论可以有效解释移民与移居地居民之间的互动过程。[2]

然而，有学者认为，现有的移徙理论只是把宏观结构的推拉因素解释为移徙的主要原因，忽略了行动者的个体能动性。奥利引用吉登斯的结构理论对西班牙英国生活方式移民进行的研究表明，当外部结构被内部化，个体所拥有的移居机会与愿望以及关系网络条件被满足时，人们也会作出移居决策。[3]在前人研究的基础上，有学者试图进一步将结构化理论与海德格尔现象学结合起来，分析社会结构与生活方式移民群体生活经验之间的相互作用，重点关注移民内部生活与结构环境之间的交叠作用机制，该视角为理解移民具体生活提供了新的解释框架。[4]除此之外，还有学者通过生命历程视角分析生活方式移民的移居过程及其在移居地的日常生活经历。[5]

近年来，流动性范式作为解释移民移居行动的强有力理论工具为诸多专家学者所认可。[6]他们强调，通过重组机构、社会和地方，改变旅行和移民模式，产生更遥远的家庭生活、积累多重风险以及通过“弱联系”将远方的人

---

[1] Park. *The immigrant press and its control*. New York: Harper& Brother Publishers,1922, pp.5–10.

[2] Danzer A M, Yaman F, “Do ethnic enclaves impede immigrants integration? Evidence from a Quasi-experimental social-interaction approach”, *Review of International Economics*, vol.21, no.2,2013, pp.311–325.

[3] O’Reilly K, “Lifestyle migration: expectations, aspirations and experiences”, *Contemporary Sociology*, vol.39, no.6,2010, pp. 753–754.

[4] Stones R, Botterill K, Lee M, et al. “One world is not enough: the structured phenomenology of lifestyle migrants in East Asia”, *British Journal of Sociology*, vol.70, no.1, 2019, pp.44–69.

[5] Dora Sampaio, Russell King, “It’s not everybody that wants to stay on a remote island: understanding distinction in the context of lifestyle migrants growing older in the Azores”, *Journal of Rural Studies*, vol.72, 2019, pp.186–195.

[6] Jing ru Zhang, Hazel Tucker, Julia N Albrecht, “The reflexive self-project of lifestyle entrepreneurial migrants”, *Journal of Travel & Tourism Marketing*, vol.37, no.5, 2020, pp.535–546.

联系起来，展现出极强的影响力。[1]“移动出行转变”和“新流动范式”为相关研究者提供了新的视角来理解当代中国人口流动的复杂性、多样性和挑战。有学者指出，新中产阶层的出现、消费主义社会的到来以及传统儒家文化对中国的“流动性转变”产生了重大影响，出现生产主导型和消费主导型生活方式移民共存的局面。[2]

还有学者关注到社会网络理论对于个体移居行动的解释效度，基于亲属关系、友谊以及同乡关系而形成的人际纽带增加了人们迁移的可能性，为其降低了迁移成本和风险。[3]伦德斯特伦（Lundström）亦使用该理论分析瑞典生活方式移民在西班牙社会的文化身份和自我隔离模式，并进一步关注到生活方式移民和当地居民如何通过文化相似性和平行差异来调整“边界”。[4]

我国学者从20世纪80年代开始关注“城市人口迁往农村”这一现象。[5]20世纪90年代，学者们主要侧重对西方有关理论的介绍，如宁越敏[6]、廖筠[7]、陈

[1] Sin Yee Koh, Bart Wissink, “Enabling, structuring and creating elite transnational lifestyles: intermediaries of the super-rich and the elite mobilities industry”, *Journal of Ethnic and Migration Studies*, vol.44, no.4,2018, pp. 592–609.

[2] Hong gang Xu, Yue fang Wu, “Lifestyle mobility in China: context, perspective and prospects”, *Mobilities*, vol.11, no.4, 2016, pp. 509–520.

[3] Taylor J Edward, “Different migration, networks, information, and risk in Oded Stark(ed)”, *Research in Human Capital and Developmen*t, no.4,1986, pp.147–171.

[4] Lundström C, “Creating ‘international communities’ in southern Spain: self-segregation and ‘institutional whiteness’ in Swedish lifestyle migration”, *European Journal of Cultural Studies*, vol.22, no.5, 2019, pp.799–816.

[5] 张善余:《逆城市化——最发达国家人口地理中的新趋向》,载《人口与经济》,1987 年第 2 期,第 57-62 页。

[6] 宁越敏:《论世界大城市的发展趋势——兼论我国大城市的发展问题》,载《城市问题》,1990 年第 4 期,第 2-8 页。

[7] 廖筠:《城市化进程中的“逆城市化现象”——“非转农”问题分析》,载《上海经济研究》,2003 年第 6 期,第 15-19 页。

伯君[1]等学者，之后沈东[2]、张强等[3]学者援引西方学者提出的相关理论结合我国城市人口逆向居住实践，具体从个体和社会两个层面分析该群体的移居实践历程，分析这一现象对城乡关系产生的双重影响。

2. 城乡户籍制度与农村土地制度演变研究

城乡关系是学界长期以来关注的重点议题。其中，户籍和土地制度是影响城乡关系的要素。我国户籍制度大致经历了四个阶段的变化，分别为：自由迁徙阶段（1949—1957年），这一阶段公民有自由迁移和选择居住地的权利；严格控制阶段（1958—1977年），以法律形式严格限制农村人口流动、划定居民身份，从而控制资源配置，以保证社会稳定有序运行；半开放阶段（1978—2001年年初），“农转非”政策开始松动；城乡一体化户籍构建阶段（2001年年中至今），全面开放大城市的户籍限制，并对特大城市的积分落户政策作了相应调整。[4]赵军洁和张晓旭认为，新一轮户籍制度改革需要适应经济社会发展，促进人口在城乡、区域之间自由流动，尝试探索以经常居住地登记户口制度，构建人才加入乡村机制。[5]

有学者指出，城乡二元分割局面产生的关键是农业和非农业制度，城乡户籍制度是限制人口在城乡间自由迁徙的国家治理工具。对新时代城乡关系的认识需要立足乡村振兴国家战略，国家有诸多公共政策支持人口进城，但少有支持人口下乡的公共政策。[6]李增刚表示，市民和资本下乡的制度障碍，

[1] 陈伯君：《“逆城镇化”趋势下中国村镇的发展机遇——兼论城市化的可持续发展》，载《社会科学研究》，2007 年第 3 期，第 53-57 页。

[2] 沈东：《当代中国逆城镇化研究的争鸣及展望》，载《湖南科技大学学报（社会科学版）》，2018 年第 2 期，第 107-113 页。

[3] 张强，霍露萍，祝祎：《城乡融合发展、逆城镇化趋势与乡村功能演变——来自大城市郊区城乡关系变化的观察》，载《经济纵横》，2020 年第 9 期，第 63-69 页。

[4] 吴旋，罗建文：《新中国成立 70 年来户籍制度变革的历史逻辑与未来展望》，载《宁夏社会科学》，2019 年第 5 期，第 20-27 页。

[5] 赵军洁，张晓旭：《中国户籍制度改革：历程回顾、改革估价和趋势判断》，载《宏观经济研究》，2021 年第 9 期，第 125-132、160 页。

[6] 邱泽奇：《乡村振兴与城乡关系再探索：人口生计何以可转换？》，载《社会发展研究》，2020 年第 4 期，第 1-16 页。

除户籍制度外，还有土地制度的制约，这些制度限制了城乡要素的双向流动，要促进要素之间的城乡流动，需要为市民和资本下乡提供条件，由政府或市场主导，调整、完善相关政策。[1]

农村土地制度改革与户籍制度联动进行，有学者指出，户籍制度自由迁徙时期助推了农村土地制度向“私有私用”变革（1949年）；严格限制迁徙阶段的户籍制度强化了农村土地“公有共用”制（1956年），中国农村土地完成由农民所有向村集体所有的转变；有限制条件的户籍迁徙时期形成了农村土地集体所有权与承包经营权“两权分离”的中国特色农村土地制度。[2]刘守英进一步指出，人地村关系的变化与农业发展方式的重大转型，原有制度安排存在的缺陷开始显现，2013年推动的农村土地确权和2014年提出“三权分置”都试图解决原有问题，并进一步增强村民的土地权能。[3]从乡土中国到城乡中国的转变过程中，相关顶层制度设计需进一步明确权利体系，保障主体的权能和利益。在城乡中国的时代特征下，邹一南提出，村集体既要通过“组织化承包地退出”取消已进入城市并实现市民化的原村民的成员身份资格，也要调整并赋予下乡市民和其他要素贡献者以集体成员资格，进一步推进集体经济组织的现代化转型。[4]全面推进乡村战略背景下，向社会主体（非农村集体经济组织成员、非农村户籍居民等）适度开放闲置宅基地和住宅的现象在我国多地发生，学者们强调，尽管这一政策有利于盘活农村闲置资源，但仍要坚守农民作为宅基地使用权基本主体的相应权能，保障其“居住正义”，审

[1] 李增刚：《农民进城、市民下乡与乡村振兴》，载《学习与探索》，2018 年第 5 期，第 100-107 页。

[2] 韩立达，史敦友，韩冬，等：《农村土地制度和户籍制度系统联动改革：历程演进、内在逻辑与实施路径》，载《中国土地科学》，2019 年第 4 期，第 18-24 页。

[3] 刘守英：《农村土地制度改革：从家庭联产承包责任制到三权分置》，载《经济研究》，2022 年第 2 期，第 18-26 页。

[4] 邹一南：《工农城乡关系演进下集体所有制的嬗变与重构》，载《经济学家》，2022 年第 4 期，第 99-108 页。

慎推进并创新、完善相关制度，进一步明晰各权利主体间责任关系。[1][2]

（二）研究述评

学界基于大城市居民移居乡村生活这一社会事实形成了大量研究成果。其间穿插着国内外学者对具体实践的观察，以及对全球经验与本土实践之间张力的深度反思。国内外学者的研究成果对我们了解和把握当前研究有着重要的意义，但也存在一些不足。首先，从研究对象来看，具有一定经济基础的群体往往成为生活方式移民研究的重点，其拥有的资产和资源（如金融资本收入、养老金、储蓄和财产所有权）成为影响他们迁移的重要因素。对于该群体的类型划分，国外研究者依据其在目的地停留时间的长短，将其划分为永久性移居者和暂时性移居者，依据其移居动机划分为亲乡村移居者和投资型移居者。

国内学者将研究对象聚焦返乡群体、因经济投资而迁居的投资者群体、旅居式养老群体以及教育移民群体等，尚未形成明晰且统一的概念。将所有被调查者视为一个群体，并没有考虑居住在同一社区内，有着不同文化背景、社会背景和经济背景，具有完全不同的生活方式的两个群体之间的差异，缺乏一定的描述和深度挖掘。

从研究内容来看，国外相关研究侧重在流动的现代性、特权和消费语境下考虑生活方式移民群体的迁居决策。一方面，生活方式被概念化为一个动机，解释了为什么人们想要迁移以及他们期望从迁移中得到什么。从具体理论视角论证生活方式移民群体迁居实践的文献数量不足。现有文献表明，生活方式移民长期在移居地生活，注定在价值取向、居住环境和行为方式等方面与目的地居民有所差异，这意味着双方在文化、社会、经济和环境方面会产生分歧。但是相关研究侧重分析移居群体对目的地的看法，从目的地居民

[1] 惠建利：《乡村振兴背景下农村闲置宅基地和闲置住宅盘活利用主体制度创新研究——基于公平与效率的视角》，载《兰州学刊》，2022 年第 9 期，第 1–14 页。

[2] 桂华：《当前农村宅基地制度改革的思路探析》，载《人民论坛》，2021 年第 16 期，第 68–71 页。

角度分析该群体与目的地居民之间的社会互动实践研究有限，且对目的地居民的行动回应很少作出解释。另一方面，有学者从移居群体的社会适应性、社会融入度及其心理活动等层面展开研究，忽略了其对移居目的地社会结构产生的影响。

学界对城乡户籍制度与农村土地制度改革进行了有意义的探索与研究，分别从历时性和共时性角度分析了相关制度的内在机理，深度剖析了不同时期制度的历史演变逻辑，对新时代城乡关系下的制度改革提出了相应建议。

从研究地域来看，相关研究主要集中在北上广等发达地区，近年来西南民族地区快速发展的交通系统以及自身的文化和环境优势日益被迁居乡村群体纳入迁居决策范畴内。从研究方法来看，既有研究倾向于采用质性研究方法，研究范式较为单一，对研究对象缺乏整体上的统计数据资料分析。

综观国内外研究成果，相关研究仍然存在一定争议。因此，将这一社会现象放置在具体的问题之中进行讨论就显得很有必要。基于一些特殊现象展开的研究，需要充分考虑当地实际情况，通过对研究对象进行多维度的差异化分析，对牵涉其中的行动者和经验事实进行深度分析并进一步阐释，挖掘其背后的实践逻辑。

三、核心概念与理论观点

（一）核心概念

1. 生活方式

20世纪80年代初期，生活方式研究被引入学术研究领域内；20世纪90年代中后期，随着我国社会经济结构不断发生转变，有关生活方式的研究数量不断增加。现代的生活方式研究既有马克思主义的渊源，又沿袭韦伯和凡勃伦以降的研究思路形成了一种历史的流变。作为一种阐释阶层和地位的变量，生活方式自身成为一种研究对象，紧接着出现消费研究的转向，在研究视野方面生活方式研究开始关注整体性与群体性，后来侧重个人“风格”的演化。[1]

冒君刚提出，“生活方式是在一定的物质条件下，不同的社会、民族、阶层中的人群为着满足生活需要，在具体观念支配下，于各种生活领域进行实践活动的行为习惯的基本特征”。[2]王雅林表示，生活方式是回答“人们怎样生活”的概念，即人们依据一定的文化模式为满足自身生活需要而运用社会环境提供的各种物质和精神文化资源的活动和配置方式。[3]李劼认为，生活方式即是民间的“过日子”，是个体或某一群体在特定的时间与空间中的生存状态及各种思想、情感、观念与行为的交织总和，这个“总和”有其特定的结构方式，既受制于特定的生计方式、群体的价值观，又渗透着主体的才能、“禀赋”、情趣偏好等难以言传的特质。[4]但生活方式不是一成不变的，在人们对自我的生活进行反身性调节时，它很容易发生变化。

由于学者们对“生活”的含义理解不一致，因而生活方式概念可分广义和狭义两种。一部分学者认为，人们的生活领域应当涵盖劳动、政治、物质消费、闲暇和精神文化生活等广阔领域，因而人们的生活需求和生活活动应当包括上面所指这些的“一切”方面。[5]另一部分学者主要将“生活”限定在日常生活领域，如物质消费、闲暇和精神文化生活、家庭里的生活活动等，或简单地限指衣、食、住、行、乐领域。狭义上的生活方式概念，在日常生活领域具体表现为人们在生活中的行为活动之形式和特征；在生活风格层面表现为个人由爱好、兴趣和价值观念决定的生活行为的独特表现形式。生活方式作为一个涵盖日常生活领域和非日常生活领域的概念，针对不同的个人

---

[1] 高丙中:《西方生活方式研究的理论发展叙略》，载《社会学研究》，1998 年第 3 期，第 61-72 页。

[2] 冒君刚:《试论生活方式》，载《社会学研究》，1986 年第 2 期，第 88-92 页。

[3] 王雅林:《生活方式研究评述》，载《社会学研究》，1995 年第 4 期，第 41-48 页。

[4] 李劼:《生计方式与生活方式之辨》，载《中央民族大学学报（哲学社会科学版）》，2016 年第 1 期，第 45-51 页。

[5] 康渝生，栾广君:《从“现实的个人”到“真正的共同体”——马克思生活方式理论的致思轨迹》，载《理论探讨》，2014 年第 6 期，第 49-52 页。

或群体应选用不同的指标来反映其生活方式。[1]

越来越多的学者形成了这样的共识：生活方式概念对于描述亚文化的构成、乡村与城市或城市与郊区的差别、民族性、种族、社会心理是非常有用的。[2]作为文化现象的生活方式，是被多重因素形塑的。王雅林在回顾学界多年对生活方式研究的历程时指出，其研究主体应该回归到“个人”身上，关注在现实的社会网络关系和生活资源供给条件下，人们如何通过价值选择建构自身生活需要从而获得自己中意的生活。[3]

从地域性特征来看，大都市生活方式在私人生活和生产活动分化的同时，也和社会结构发生有机关联，理性选择在个体日常生活中充分发挥了作用。[4]地方性生活方式是社会结构和传统生活方式的传承，所形成的与一定历史因素、文化因素等相对应的系统、稳定的行为方式策略。乡村生活方式在社会转型期发生的转变，具体表现在村民劳动、消费生活方式以及社会交往方式和婚姻生活方式层面，地方性知识体系仍影响着这些层面。[5]

本书侧重个体生活风格取向的生活方式，结合实地研究经验并借鉴英克尔斯对个体从传统到现代的分析指标（具体体现在不同社会行动领域中的态度、价值和行为之中），[6]分别将生活态度、价值观念、行为方式三个维度作为区分老村民群体和新居民群体生活方式差异的重要指标。

2. 新居民

学界对“人口迁移”这一概念有着不同的看法。有学者指出，人口迁移

---

[1] 刘冬：《中国生活方式研究指标体系建构：历程、特征与展望》，载《哈尔滨工业大学学报（社会科学版）》，2020 年第 5 期，第 64-71 页。

[2] 高丙中：《现代化与民族生活方式的变迁》，天津人民出版社，1997 年版，第 9 页。

[3] 王雅林：《生活方式研究 40 年：学术历程、学科价值与学科化发展》，载《西北师大学报（社会科学版）》，2019 年第 3 期，第 63-69 页。

[4] 夏建中：《社会分层、白领群体及其生活方式的理论与研究》，中国人民大学出版社，2008 年版，第 146 页。

[5] 林成福：《社会转型期农民的价值观与生活方式》，载《甘肃行政学院学报》，2004 年第 1 期，第 45-47 页。

[6] [美] 阿列克斯·英克尔斯，顾昕译：《从传统人到现代人——六个发展中国家中的个人变化》，中国人民大学出版社，1992 年版，第 155 页。

应是从已有地理位置出发到另一地理位置的空间转变过程。[1]还有学者认为，人口迁移主要是人类聚居位置在空间上的移动。[2]学者们关于人口迁移的定义主要强调空间上的移动，即个体或群体移动的过程。葛剑雄等学者撰写的《简明中国移民史》和《中国移民史（第一卷）》在对“移民”“人口迁移”等词语释义进行辨析的基础上对“移民”概念进行界定：“移民是具有一定数量、一定距离，在迁入地居住了一定时间的迁移人口，移民应该是迁移人口中的一部分。”[3]赵永春在此基础上认为，向异地迁移的居民应满足一定数量、一定距离，且在迁入地居住了一定时间，移民是人口迁移的结果，不足半年或一年的就是人口流动。[4]

西方学界将相对富裕阶层、拥有一定社会资本、为追求高质量生活而移居的这一类群体称为生活方式移民，在从一个地点到另一个地点的移动过程中对美好生活的不断追求是重要的影响因素。[5]此类移民本身在结构定位上与其他类型移民不同，可将其迁移行动作为一种消费形式来分析。生活方式迁移群体的流动性是复杂的，因为他们处于一般游客和永久移民之间。[6]

在本书中，对“新居民群体”的界定主要包含以下四个要素：①不同于返乡青年，原居地为城市且移居乡村非出生地；②在村中居住时间一年及以上；③租赁老村民房屋的年限在10年以上；④以在村中生活或创业（包括但不限于农产品的加工、种植、乡村文旅、餐饮等）为主要目的，其中生活的排序要优于创业。基于上述要素，将其界定为流动方向为从城市到乡村且在

---

[1] 毛况生主编：《人口学原理》，中国财政经济出版社，1989 年版，第 57 页。

[2] 陈伟明：《元代岭南少数民族的人口迁移》，载《中国历史地理论丛》，1999 年第 4 期，第 93–112、251 页。

[3] 葛剑雄，曹树基，吴松弟：《简明中国移民史》，福建人民出版社，1993 年版，第 11 页；葛剑雄主编：《中国移民史（第一卷）》，福建人民出版社，1997 年版，第 10 页。

[4] 赵永春：《关于“人口迁移”“移民”及其相关概念》，载《史学集刊》，2012 年第 2 期，第 24–28 页。

[5] Benson M, “How culturally significant imaginings are translated into lifestyle migration”, *Journal of Ethnic and Migration Studies*, no.10, 2012, pp.1681–1696.

[6] Salazar N B, Zhang Y, “Seasonal lifestyle tourism: the case of Chinese elites”, *Annals of Tourism Research*, vol.43, no.4, 2013, pp.81–99.

村中居住时间较长，区别于短暂性观光客和老村民的“中介性存在”。

3. 村落“生活共同体”

村落共同体概念广泛存在于乡村研究之中，成为与城市相对应的存在。滕尼斯指出：“关系本身即结合，这就是共同体的本质。一切亲密的、私密的、单纯的共同生活被理解为在共同体里的生活。”[1]这一概念强调群体内的共享道德感及其激发的归属感，“共同体”是建立在地理边界上的，因此具有地方性特征。

共同体在为群体内成员提供基本保障的同时，成员也需要遵守共同体内部的相关规范。鲍曼在其基础上对共同体进行了进一步的解读：“共同体依赖的是一种相互联结起来的情感。”[2]关于村落共同体的性质，有学者指出，村落共同体内部形成了一定的共同体规则并在此基础上确立了生活规范。村民之间有着共同的文化信仰，形成了超越个别利益在生命意义上的相互认同感。[3]经历了长时段、持续性对该概念的讨论，有研究者认为，需要解构国家与乡村基层社会的二元对立想象，立足个体的情感需求将乡村视为人与自然和谐共处的人文地理空间，这一空间能够提供城市空间无法给予的亲切感和归属感，同时为化解现代人的精神危机提供可能性。[4]

相关学者在前人研究的基础上提出了“村落生活共同体”这一概念，它基于村落的“共同体”性质提出。胥永强认为，其强调村民私人生活的自主性及在公共生活中的协同共作，村落内成员有共同道义权威中心。[5]黄剑指出，生活共同体内成员由于日常生活中长期面对面的互动形成了熟悉且持久的亲

---

[1] [德]斐迪南·滕尼斯，林荣远译：《共同体与社会》，商务印书馆，1999年版，第52页。

[2] [英]齐格蒙特·鲍曼，欧阳景根译：《共同体》，江苏人民出版社，2003年版，第7–8页。

[3] 李国庆：《关于中国村落共同体的论战——以“戒能—平野论战”为核心》，载《社会学研究》，2005年第6期，第194–213、245–246页。

[4] 张宗帅，邓小燕：《论村落共同体：地方共同体想象的形成及其问题》，载《甘肃理论学刊》，2020年第4期，第122–128页。

[5] 胥永强：《论作为“生活共同体”的村庄》，载《贵州民族大学学报（哲学社会科学版）》，2015年第3期，第61–66页。

密关系，其中“共享”是维系共同体成员间关系的重要要素。[1]

本书借鉴相关专家学者的定义，立足于研究经验提出的“村落生活共同体”概念是一种韦伯意义上的理想类型。新老居民共享共在相同的时（外在客观时间）空场域，身体在场的互动使彼此产生了直接联系并相互指涉，经由长时段、持续性社会互动形成的多层级交互关系结构使得共居同一村落空间中的行动者对村庄产生更深层次的归属感与认同感，在面对外部要素干扰时拥有互易性视域。

（二）解释新老居民社会互动的理论视角

1. 埃利亚斯原居者—外来者理论

埃利亚斯（Norbert Elias）将其文明化理论引入社区研究中，从动态的角度探讨社会结构的变迁，并着重讨论社区内部的社会关系。在埃利亚斯和学生斯科特森（John L Scotson）合作出版的《原居者与外来者》（*The Established and the Outsiders*）[2]一书中，它寻求回答的是一个普遍性的问题：从社会结构的层面上看，原居者与外来者之间究竟谁对谁拥有权力？为什么会如此，这种权力的展演以何种方式进行？[3]

通过对在英格兰中部一个名为温斯顿·帕尔瓦（Winston Parva）社区中三个不同区域（Z1、Z2、Z3）中居住的人进行研究，其中Z1区的居住环境能够满足中上层阶层的需求；Z2区以工人阶层为主，Z1区中某些家庭也曾来自Z2区；Z3区是外来者，其工资水平与当地工薪阶级家庭相差不大。但Z3区的外来者在习俗、传统和整个生活方式上与Z1区、Z2区居民有着明显差异。原

---

[1] 黄剑:《共享：一种关于生活共同体形成机制的分析路径》，载《江西师范大学学报（哲学社会科学版）》，2018 年第 2 期，第 113–119 页。

[2] 该书汉译本尚未发行，国内有学者将书名直译为“局内人与局外人”，并将埃利亚斯和斯科特森基于经验研究得出的结论概括为“局内人—局外人理论”。但笔者认为，在当前研究语境中，“原居者与外来者”的译法更符合当时研究者想要表达的内涵。

[3] Rachel Swan, Gordon Hughes, “Exploring micro-sociality through the lens of established-outsider figurational dynamics in a South Wales community”, *The Sociological Review*, vol.64, 2016, pp.681–698.

居者希望外来者能够适应其生活方式并主动“融入”其中；外来者群体由于其自身的开放性不愿遵循其行为规范，更愿意按照自己之前的生活方式生活。埃利亚斯和学生发现，在Z2区和Z1区的居民由于共居的历史久远，社区内部社会关系高度整合，居民之间除邻里、同事等关系之外，还结成了社区内血缘与亲缘关系交织的社会关系网络，诸多社会关系交织在一起。由于彼此之间对家庭过往的了解，再加上社区共同的宗教仪式，建构起一种其他人很难进入的地方边界。Z2区和Z1区的居民对Z3区居民的优越感并非源自一种阶层划分的差异而是一种文明心态的差异。在他们的自我意识建构中，秩序与向上整合成为一种基调，此种基调要求他们从行为举止、情感的表达到知识的把握都具有理性的自我认识。[1]

埃利亚斯认为，居住时间较长的群体因培育出繁复的社会关系网而有力地控制着社区内的资源从而使自己成为“原居者”；后迁入的群体以个体的方式存在于该地，对社会与个人都缺乏明显的控制，只能成为“外来者”。他们之间，不是阶层差异，而是自我与社会控制型构过程与结果的差异。[2]埃利亚斯的研究者门内尔（Mennell）认为，“社会长期的结构演变是与认得社会行为及习性相关的，群体之间的相互依赖与边界的确定是自我建构的重要前提，权利关系并非支配关系，而是基于文明想象基础上的相互关系”。[3]

在这样具体的经验研究中，埃利亚斯以其“文明化”的惯常思路提出了“原居者—外来者”理论模型，他们在相互比较的关系层次上于空间格局和时间历程中型构出不同的社会关系，共同形塑了真实或虚构的彼此不对等的想象与互动方式。埃利亚斯的研究者门内尔亦注意到群体内部的相互依赖与边界的确定是自我建构的重要前提，权力关系并非支配关系而是基于文明想象

[1] Elias N, J Scotson. *The established and the outsiders*. Dublin: University College Dublin Press,2008, pp.121–136.

[2] 谢立中:《西方社会学名著提要》，江西人民出版社，2007 年版，第 631 页。

[3] [德]诺贝特·埃利亚斯，斯蒂芬·门内尔，约翰·古德斯布洛姆编，刘佳林译:《论文明、权力与知识——诺贝特 埃利亚斯文选》，南京大学出版社，2005 年版，第 13 页。

基础上的相互关系。[1]

正如有学者指出，埃利亚斯所提出的“原居者—外来者”理论在一定程度上拓展了社会分层研究中过于强调阶层划分的传统研究视域，以新的视角诠释了群体间关系是如何被型构的，以及文明化关系在其日常生活中起到的作用。但该模式过于强调拥有权力话语的强势方对另一方的塑造，忽略了外来者也会运用“弱者的武器”对原居者进行行动回应，双方的互动过程对整个社区产生的影响埃利亚斯亦未进行深入讨论。[2]

2. 柯林斯互动仪式链理论

美国社会学家兰德尔·柯林斯（Randall Collins）提出的互动仪式链是基于情境的理论，它以微观的社会互动为分析起点，探讨互动仪式的发生机制、过程、结果、核心要素等，同时关注象征、社会分层、资本等因素的影响，柯林斯试图通过互动仪式链理论对微观社会学理论与宏观社会学理论进行整合。

理查德·蒙克（Richard Münch）指出，柯林斯在借鉴涂尔干、韦伯和戈夫曼等理论思想的基础上提出的互动仪式链理论，试图通过对仪式的分析，将微观的地方实践与宏大的社会结构联系起来。其研究是具有一定批判性和分析能力的创造性的综合。韦伯在其对地位群体（status group）的分析中，主张地位群体总是垄断某些“理想和物质产品或机会”。为了做到这一点，任何潜在的地位群体都必须排除其他群体。地位群体必须形成一个统一的实体，封闭外来者。[3]而对于柯林斯而言，社会交往是首要的，无论社会多么庞大和复杂，其基础仍然是由社会互动组成的，这是行动的必经之路，正是这样无穷无尽的互动循环与相对稳定的社会秩序相结合。柯林斯指出，互动仪式链理论由四个元素组成：群体团结、个体情感能量、社会关系符号和道德标准。

---

[1] Mennel S, *Norbert elias*: *an introduction*. Oxford: Blackwell Publishers,1989, p.138.

[2] 杨渝东：《社区与文明化理论——埃利亚斯的“局内人—局外人”理论及其反思》，载《学术研究》，2015 年第 12 期，第 42-48 页。

[3] Weber M. *Economy and society*: *an outline of interpretive sociology*. Berkeley: University of California Press,1978, p. 935.

进入互动流的个体经过一系列调整使彼此的节奏能够融合在一起。[1]

柯林斯认为，互动仪式的核心机制主要有两点，即仪式成员之间彼此相互关注和产生了情感连带。在互动仪式中，仪式成员通过身体的协调一致和彼此唤起兴奋的神经，很容易体验到集体兴奋。这种集体兴奋与良好的情绪体验不仅会为个体带来情感能量，还会形成与认知符号相关的集体身份感进而产生群体团结，从而对违反群体认知符号的人和事产生愤怒。如图1所示，柯林斯首先总结了互动仪式起始的四个必要条件：①两个或两个以上的人聚集在同一场所，因此不管他们是否会特别有意识地关注对方，都能通过其身体在场而相互影响；②对局外人设定了界限，因此参与者知道谁在参加，谁被排除在外；③人们将其注意力集中在共同的对象或活动上，并通过相互传达该关注焦点，而彼此知道了关注的焦点；④人们分享共同的情绪或情感体验。[2]

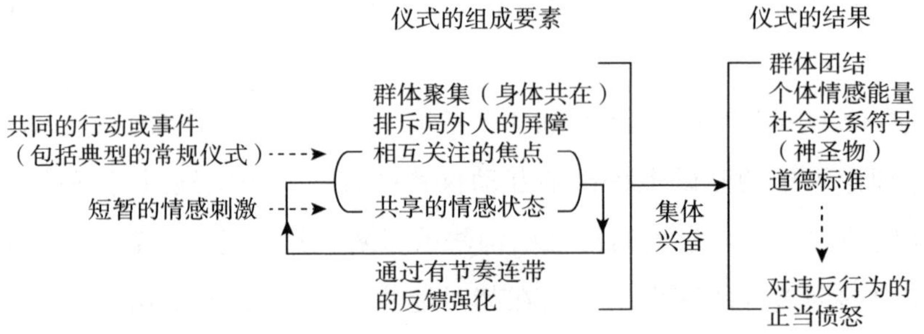

图1　互动仪式链

资料来源：原著第87页。

从上述四要素中可以看出，柯林斯强调的并非个人的行为与个人的感受，更多强调的是一种集体行动与感受。这几个要素之间相互影响，彼此形成反馈作用。其中，相互关注的焦点与共享的情感状态这两个要素彼此间会相互强化，当仪式成员的注意力被同一焦点吸引时会密切关注彼此共同的行动，知晓对方的感受，这时其就会产生相同的情感体验认知并形成强烈的共鸣，

[1] Richard Münch, “Interaction ritual chains by randall collins”, *American Journal of Sociology*,vol.110, 2005, pp. 1531–1533.

[2] ［美］兰德尔·柯林斯，林聚任等译：《互动仪式链》，商务印书馆，2009 年版，第 86 页。

引发集体兴奋，从而形成涂尔干所说的“集体意识”。柯林斯归纳出互动仪式会产生的四种主要结果：①群体团结：一种成员身份的感觉；②个体获得情感能量，一种采取行动时自信、兴高采烈、有力量、满腔热忱与主动进取的感觉；③产生集体符号，类似于涂尔干意义上的“神圣之物”；④集体性质的道德感。[1]

柯林斯在对互动仪式的分析中，认为情感能量是最为关键的要素，它是一种长期且较为稳定的情感状态。互动仪式链作为一个持续的统一链，经由最顶端的兴奋、充满活力、信心十足的感觉，到中端淡然无味的感觉，再到最底层的无趣、消沉，甚至厌烦的感觉。成功的互动仪式能够带给成员高额的情感能量，不仅能为个体带来愉悦的感觉，更重要的是能产生“集体力”以及创造象征符号进而形成集体道德感。这种道德感使得群体内部凝聚力大幅增强，仪式成员们会维护这种群体道德符号，同时对群体符号不尊敬、违反道德、破坏仪式的行为感到愤怒。

互动仪式链理论提供了一种关于个体动机从一个情境到另一个情境变化的理论。情感能量就是个体所寻找的东西：情境对他们有无吸引力取决于互动仪式是否成功地提供情感能量。[2]互动仪式链理论诠释了情感在互动过程中是如何转变的：仪式的开始伴随着情感要素（也许是全部类型的情感），它们增强了情感并变成了共有的兴奋，而后它们产生了作为结果的其他类型的情感（特别是道德团结，有时是诸如愤怒这类攻击性的情感）。这使相关研究者可以利用贯穿情境的情感流作为微观之间联系的关键因素，并进一步与宏观模型联结起来。

3. 吉登斯现代性理论

自20世纪以来，学界越来越面临从“本土现代化视野”向“全球现代性视野”的重大转变。人们越来越认识到，现代化仅是现代性的表征和具象，

---

[1] [美]兰德尔·柯林斯，林聚任等译：《互动仪式链》，商务印书馆，2009年版，第87页。

[2] Randall Collins, “On the micro foundations of macrosociology”, *American Journal of Sociology*, vol.86, no.5, 1981, pp. 984–1014.

而现代性是现代化的深层趋势和持久进程。现代性使得各个本土的、地方的、分散的生活场景逐渐融入了世界性、全球性的社会实践过程，成为其中一系列充满意义的、多种多样的环节和部分，现代性话语愈益强盛。[1]

吉登斯是在比较宽泛的意义上使用“现代性”这个术语的，因而他对现代性概念并没有给出一个精确、严格而统一的定义。在其著述中吉登斯在三个地方明确地提到现代性的概念。在《现代性的后果》一书中，他指出：“现代性是指社会生活或组织模式，大约17世纪出现在欧洲，并在之后的岁月中程度不同地在世界范围内产生影响。”[2]在《现代性与自我认同》一书中，他认为，现代性“意指在后封建的欧洲所建立而在20世纪日益成为具有世界历史性影响的行为制度与模式，大略地等同于工业化的世界。”[3]在与皮尔森对谈中，吉登斯又提出：“现代性是现代社会或工业文明的缩略语。”[4]

现代性如何从传统的社会中分离出来？为什么又分离得如此迅速、深刻？与先前的其他时代区别开来的最为明显的物质，恰恰是现代性的推动力。“现代世界是一个‘快速飞逝的世界’，不仅其社会变迁的步伐比以前更快，而且其范围和深刻性也与以前迥然有别。[5]借助这些（动力），现代性影响着预先存在的社会实践和行为模式。”[6]吉登斯认为现代性的动力具有三个方面的因素：时空分离、脱域机制和现代性的反身性。[7]

时空分离机制导致时间和空间的虚化，使得人们的社会活动的组合日益

---

[1] 郑杭生：《论“传统”的现代性变迁——一种社会学视野》，载《学习与实践》，2012 年第 1 期，第 5–12、2 页。

[2] [英] 安东尼 · 吉登斯，田禾译：《现代性的后果》，译林出版，2000 年版，第 121–146 页。

[3] [英] 安东尼 · 吉登斯，夏璐译：《现代性与自我认同》，中国人民大学出版社，2016 年版，第 16 页。

[4] [英] 安东尼 · 吉登斯，尹宏毅译：《现代性——吉登斯访谈录》，新华出版社，2001 年版，第 69 页。

[5] Anthony Giddens, “Classical social theory and the origins of modern”, *American Journal of Sociology*, no.4 ,1976, pp.703–729.

[6] [英] 安东尼 · 吉登斯，田禾译：《现代性的后果》，译林出版，2000 年版，第 149 页。

[7] 陈华兴：《现代 · 现代性 · 后现代性——论 A. 吉登斯的现代性理论》，载《浙江社会科学》，2006 年第 6 期，第 118–125、98 页。

便利，它为人们的社会活动在不同场所的协调、不同时空下的组合提供了基础。[1]脱域机制令个体的社会活动、社会关系等从具体的时空分离条件中抽离，从而使得自身日益摆脱现实条件的束缚而使其交往融合成为普遍。它可分为两种类型，即“象征标识”和“专家体系”。象征标识是交换媒介，具备标准价值，因而在多元场景中其指代意义可相互替换。专家体系通过技术性知识的利用将时间和空间联结起来，而这些技术性知识的有效性独立于利用它们的具体从业者和当事人。[2]现代性的反身性新知识或新信息以常规方式整合进行动的场景中，这种场景因而得以重组或重构。在这种反身性中现代和传统相互关联着，现代性不断重新组合旧有的观念。[3]通过时空分离、脱域机制、现代性的反身性的共同作用，现代性得以不断生成、显现和膨胀，使人类社会的活动日益超出时空、摆脱限制而趋向自由，世界也因此日益全球化，这些都是现代性的动力机制促成的。

一般而言，现代性是相对于传统或“过去”而言的，是指事物“当前”或近期所具有的一种性质或状态，可以划分为精神性维度和制度性维度，这个概念既可用于社会也可用于个人。从制度性维度来看，经济维度的国民经济产业结构、国民和个人收入、资源的构成、生产工具等都可以成为现代性的标志之一；文化领域的理性、积极、乐观、世俗等可以被视为现代性的内涵；就个体层面而言，个人态度的自主性、理性、主体性等构成了现代性的主要内容。本书涉及的现代性是指有别于传统样态的社会经济、社会、文化和个人维度方面的现有状态。

---

[1] [英]安东尼·吉登斯，夏璐译：《现代性与自我认同》，中国人民大学出版社，2016年版，第16页。

[2] [英]安东尼·吉登斯，夏璐译：《现代性与自我认同》，中国人民大学出版社，2016年版，第17–18页。

[3] Akahori S, “Introduction: rethinking modernity: challenges from East Asia”, *International Journal of Japanese Sociology*, vol.27, 2018, pp.3–4.

（三）基于上述理论观点对新居民与老村民群体社会互动过程的理解

本书将新老居民群体作为主要研究对象，探讨二者在动态互动过程中生活方式的发展变化逻辑。通过原居者—外来者理论、互动仪式链理论以及吉登斯有关现代性及其动力机制的理论，对两个群体持续性的社会互动过程进行阐释。现代性理论作为宏观分析视角有助于解释外部要素的支持和制约功能；原居者—外来者与互动仪式链理论建构起从微观理论层面阐释群体间社会互动过程中情感能量的生成机制。在此基础上回归对现代性的思考，以此链接地方与现代化发展经验。研究思路如图2所示。

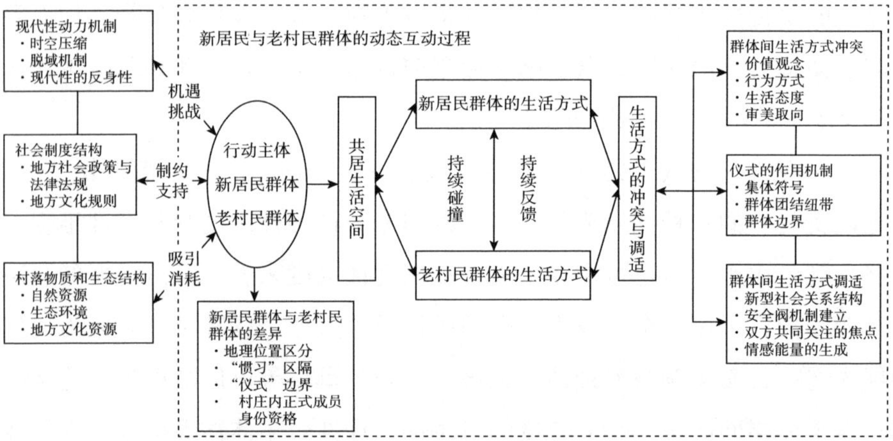

图2　新居民群体与老村民群体的互动过程

行动者必然会受到社会结构的影响，因此，研究行动者的社会行动就需要将其置于特定社会结构之中，进一步明晰这一社会现象产生的社会背景及特定时空框架，从而讨论社会结构中的行动者。在本书中，行动主体受到宏观社会结构的支持和制约，它为行动者的行动提供必要机会，亦对其具体行动策略进行限制。民族地区村落在历史实践中形成的地方性文化特征对关系主体的互动有重要影响。关系主体在特定情境中通过长时段、持续性的生活方式互动，建构起新型关系网络，其互动过程并非全然和谐的，亦有矛盾和冲突产生。关系主体的社会互动给村落原生生活秩序带来了挑战，互动发生过程“场”中的个体或群体与外界环境不断进行互动并相互塑造。个体和群体出于寻求利益最大化目标，不断调整相应行动策略，与此同时，情感能量从地方仪式场走向居民日常生活中并生成持续性情感联系，作为个体或群体行动驱动力的情感能量，亦在群际互动过程中呈现出动态流转变化特征。在微观互动场中，新老居民群体的行动策略历经从体验到情感，再到情感能量的转换，这些复杂元素的运作逻辑折射出其行动过程中不同阶段的变化。关系主体互动程度的强弱及其最终结果是影响群体有机团结是否能够成功的核心。结合互动仪式链理论、原居者—外来者理论、现代性理论中的重要观点可以解释微观特定情境中新老居民群体性互动。

从研究的具体关注点来看，由现代制度引起的日常生活之嬗变以最为直接的方式与个体生活相交融。现代性趋势下流动性话语日盛，全球化与本土化的交互辩证作用下，村落社会经济边界由相对封闭导向相对开放状态，在国家、社会、市场此类制度性要素的影响下，个体外部社会环境发生了重大变革，自身明显具有了“走出去”的现代性特征。作为现代性动力机制的初始条件——时空分离要素为个体的“缺场”提供了技术条件支持，通过时空范围的延伸，现代社会交通的便捷化和通信传媒的即时性、广泛性等特点，使个体已经完全处于共时性世界中。脱域机制在将社会关系从特定场所的控制中分离的同时通过时空距离对其加以重组[1]。具体而言，即“象征标识”与“专家体系”将时间和空间联结，社会生活脱离固有惯习的控制，使得互动不再受制于场所。在此基础上现代性的反身性得以产生，新信息和新知识的影响令个体对惯习和习俗的不确定性程度增加，对于“自我”的追问在后传统秩序下，“反身性”过程情境中成为核心问题。现代性社会意味着个体行动开放的多元可能性，机遇与机会并存的同时信任机制和风险社会带来的挑战和威胁相伴而生。

一方面，新居民群体在现代性动力机制的作用下，开始思考自身生活方

[1]　[英]安东尼·吉登斯，夏璐译：《现代性与自我认同》，中国人民大学出版社，2016年版，第2页。

式的多重可能性，意图通过技术条件实现替代性社会场景位移过程中现代性都市生活方式在乡村的移植。另一方面，村落经济社会边界在现代化的影响下呈现出开放状态，老村民群体经由传统向现代的村落社会结构转型发展，自身生活观念和行为方式更具现代性特征，个体也面临多样化的选择。新居民群体的移居行动带来异质性的生活方式，双方对生活的规划使得彼此能够于共居生活空间中展开社会互动。由于多重外部行动环境的存在，彼此间认知上的变化以及相对应的行动模式也存在阶段性差异。

原居者—外来者理论和互动仪式链理论提供了有助于解释行动者阶段性差异化行动回应的理论视角。埃利亚斯及其学生斯科特森基于温斯顿·帕瓦社区的实地研究经验将文明化和阶层观的理论关照纳入对原居者—外来者的分析中。研究核心问题在于：为什么以及在何种具体条件的作用下，同一阶层下原居者的长期生活经历和生活经验被赋予“权威性”和优越感，而外来者新的生活方式受到指责的同时被污名化。[1]经过长时段的持续性研究发现，外来者群体在不情愿的心理状态下接受了被另一群体的标签化，原因在于：具有优势地位的群体往往认为自身行为方式更具“文明”特征并以此保障自身优势和权力地位。文明差异可能是产生和延续权力差异的一个重要因素，同一圈层的群体内成员通过遵守共同的准则和特定的情感团结维系纽带维持群体内凝聚力。

柯林斯提出的互动仪式链理论以互动仪式为社会结构研究的起点，在具体情境中通过个体间的持续性接触进行延伸从而形成互动结构。互动仪式的核心机制是相互关注和情感连带，因此形成群体团结和群体成员身份的符号。[2]新老居民群体已然处于共居空间之中，必然会产生主动或被动的社会互动，互动结果就取决于其互动过程中不同阶段对于彼此的认知转变以及相伴随的行为表现。

---

[1] [德]诺贝特·埃利亚斯，斯蒂芬·门内尔，约翰·古德斯布洛姆编，刘佳林译：《论文明、权力与知识——诺贝特 埃利亚斯文选》，南京大学出版社，2005年版，第15–17页。

[2] [美]兰德尔·柯林斯，林聚任等译：《互动仪式链》，商务印书馆，2009年版，第3页。

社会互动展开的第一阶段，两个群体长期生活经历和生活环境的形塑导致双方生活方式截然不同，当地方性“知识”和“共识”遭遇“现代大都市生活方式”，双方因生活方式差异产生矛盾和冲突。埃利亚斯指出，原居者群体所具有的高度群体凝聚力和公共控制的程度能够保障既有群体的权力优势，而外来者群体由于彼此不够熟悉且未生成群体内需共同遵守的相关规则因此缺少这样的优势。移居初期，尽管新居民群体拥有着高于老村民群体的社会资本和文化资本，但其尚不具有内部凝聚力，当他们面对遵循村落地方性文化逻辑的老村民群体时，并不能在村落生活场域中占据有利位置。仪式活动作为群体边界的清晰存在，对社会群体所属资源进行了划分和确立，不具有正式成员身份的新居民群体不被允许参与村中相关仪式，它以其独有的象征方式实现对群体成员的外部区隔和内部认同。这一阶段，新居民群体的行动策略以顺应地方性规则为主。

第二阶段，两个群体的互动状态发生了新的变化，不同于埃利亚斯声称的外来者群体对于原居者群体给定标签的接受，[1]新居民群体利用自身优势通过一系列自觉行动融入村落生活之中，这一行动实践的结果是村落内部社会关系格局发生变化，老村民群体中的关键行动者对部分新居民表示认可，一部分新居民被允许参与少数仪式活动。柯林斯强调，仪式过程中的高度互为主体性和高度情感连带[2]才能达致成员身份感的获得和情感能量的凝聚，从而促进新的关系类型的形成和维持某一类特定的关系。新居民群体尚未被允许参与村中所有仪式也就意味着其未能被老村民群体完全接受和认可，只有两个群体有共同关注的焦点并积聚起情感能量才能有共同意志和协调行为的产生。

第三阶段，两个群体间的关系发生了实质性变化，个体私人情感关系类型的构建使得部分新居民已经可以参与到村中最重要的仪式活动中，尽管仪

---

[1] Norbert Elias, John L Scotson, *The established and the outsiders*. London: Sage Publications,1977, pp. xxi.

[2] [美] 兰德尔 · 柯林斯，林聚任等译：《互动仪式链》，商务印书馆，2009 年版，第 4 页。

式过程中的某些隐秘性环节仍然不被允许加入，但这也意味着其被认可。仪式带来的“集体沸腾”状态加速了新居民群体对于村庄的归属感和认同感，这一瞬间共在的情绪和情感体验的维持需要共同关注的焦点，另一外部要素（游客）的出现令新老居民群体处于被“凝视”状态下，这也促发了两个群体之间的群体团结，老村民群体和新居民群体的关注聚焦于外部因素，由此群体标志物得以构建，双方共同捍卫群体资源从而充满集体团结感，新型村落生活共同体也在双方的互动实践下产生。

最后，现代性所带来的影响是持续且深入的，同一社会空间内不同阶层的生活方式造成的社会关系的不对等社会互动是群体间区隔和不平衡产生的缘由，群体间边界也因此型构。权力结构不断平衡和变动是相互依存的。[1]吉登斯指出：“生活方式的选择与生活规划并非仅仅‘包含在’社会行动者之日常生活中（或是其构成要素），它们还搭建了有助于塑造行动者行动的制度场景。”[2]在不同社会阶层背景下，个体对生活方式的选择和规划展开方式亦不相同。新老居民在社会互动过程中彼此生活方式已明显具有现代性特征，同时产生相对应的适应性行动。当重新回到对现代性带来的机遇与挑战的反身性思考之中，传统和现代间的延续和转换成为新的命题，现代性的出现使得个体的思想和行动总是处于连续不断的彼此互映之中[3]，两种生活方式的互构共生正是个体反身性行动的投射。

四、研究方法与研究内容

本书采用实地研究方法，它的优势在于可以对具有一定时间跨度的社会

[1] Swann R, Hughes G, “Exploring micro-sociality through the lens of ‘established-outsider’ figurational dynamics in a South Wales community”, *Sociological Review*, vol.64, no.4, 2016, pp.681–698.

[2] [英]安东尼·吉登斯，夏璐译：《现代性与自我认同》，中国人民大学出版社，2016年版，第80页。

[3] [英]安东尼·吉登斯，田禾译：《现代性的后果》，译林出版社，2000年版，第33页。

事件-过程进行分析，研究者可以亲临事件现场了解事件发生的原因和过程，尽可能完全直接地观察与思考一种社会现象，而不是事后对事件进行重构。该方法尤其适合在自然情境下研究个体或群体的态度与行为。[1]本书将昆明市西山区团结街道雨花社区大墨雨村作为田野调查点展开研究，将研究者本人作为研究工具，在自然情景下采用多种收集资料的方法对社会现象进行整体性的研究，使用归纳法分析资料并在此基础上形成研究结论，通过与研究对象互动对其行为和意义建构获得解释性理解。在立足寻求理论与经验之间联系的基础上，上升到对群体间社会互动过程的讨论之中。

（一）研究方法

1. 资料搜集方法

本书将采用参与式观察法、无结构访谈法、问卷调查法对田野资料进行搜集，同时根据研究的问题收集田野调查地点的社会基础资料，包括地方统计年鉴、地方志等地方历史文献资料；人口、社会经济、生态环境、地方政策法规等官方资料；当地村规民约、文化习俗等地方性知识。

第一，参与式观察法。这种研究方法尤其适用于研究人类生活所体现的社会文化背景，从局内人而非局外人的视角研究事件的发展过程、人与事件的关系及组合、事件的时间连贯性和模式等。参与式观察更容易靠近被调查者、接近因果关系的本质并了解潜在关系的真相，避免将研究者的观点强加于被观察者。研究者通过深入的、完全的参与，对被观察者的生活世界和意义世界进行完整的呈现。在本书中，将运用参与式观察法参与到村民的家务劳动、农业劳动和休闲活动之中，通过分别入住到新居民群体和老村民群体的家中，进入其日常生活之中，深入了解共同情境中各类事件的发生与发展过程。由其日常行为活动直接获取信息，更清楚、深入地理解行动者的行动策略与目标，以局内人的视角分析研究对象的行为方式、行动动机及意义世界并对其行动策略作出解释。

[1] ［美］艾尔巴比，邱泽奇译：《社会研究方法（第 11 版）》，华夏出版社，2009 年版，第 286 页。

第二，无结构访谈法。无结构访谈通过深入、自由、随意以及细致的访谈，获得丰富生动的第一手文字性访谈资料，通过对具体事件的理性分析，提炼并归纳出研究结论。该方法能够理解行动者的复杂行为，并不强行地将这些行为纳入预先设计好的分类之中，从而能够在互动之中延伸出更广阔的意义。[1]这一研究方法的特点和优势在于可操作性强，有利于访谈过程中充分发挥双方的积极性和主动性，并且在访谈过程中往往会收集到许多预料不到的信息。在调研期间，分别对新老居民进行深度访谈，访谈时长从40分钟到90分钟不等，访谈过程中除解村落发展历史外，还需主动参与到当地人的日常生活中，寻求“文化持有者”自身对日常行动实践的理解与解释。进一步探究新居民进入过程及其与老村民进行互动并建立起特定关系网络的逻辑。访谈结束后及时进行回忆和记录，用大量第一手的资料丰富本文的内容以提高研究的科学性。

第三，问卷调查法。问卷调查法是向研究对象系统询问社会背景、态度和行为以发现社会现象和过程的原因或影响因素。本书试图获取研究对象的整体性资料，以此为基础设计调查问卷，问卷内容包括新居民群体和老村民群体两部分，通过问卷调查法收集两个群体的相关数据。通过这些数据了解研究对象的整体情况，更加直观地了解新老居民的年龄、性别、职业、受教育程度等人口统计学特征。本次共计发放问卷300份，其中，向新居民和老村民分别发放150份，最终回收有效问卷264份。其中，由于老村民中有部分老人不识字，有47份问卷由其与亲属共同完成，调查问卷男、女性别占比分别为47.1%、52.9%。

2. 资料分析方法

在本书中，行动主体在互动中所形成的复杂关系需要进一步解读和分析，尤其是老村民群体与新居民群体这两个群体在文化机制要素层面产生的更深层次的交流和变迁及其对整个村庄社会结构的意义。对双方群体的具体事件

[1] 诺曼·K. 邓津，伊冯娜·S. 林肯，风笑天等译：《定性研究（第 3 卷）：经验资料收集与分析的方法》，重庆大学出版社，2007 年版，第 691 页。

与过程的动态叙事性描述和实践逻辑的关联性分析符合过程—事件分析方法的研究策略。参照孙立平等的描述，过程—事件分析作为一种社会分析方法，试图摆脱传统的结构分析或制度分析方法，从社会的正式结构、组织和制度框架之外，从人们的社会行动所形成的事件与过程之中把握现实的社会结构和社会过程。[1]在农村生活研究中，观察人们的社会行动，特别是由他们的行动所形成的事件与过程具有重要意义。研究新居民群体与老村民群体之间的关系时，关注互动双方"有事情的时候"，就是一种可以展示事物逻辑的事件性过程。过程—事件分析的研究策略意味着，过程可以作为一个相对独立的解释源泉或解释变项。

过程—事件分析方法强调社会事实的动态性，同一事物内部不同要素之间的多元、复杂关系是通过行动主体所形成的事件和过程展现出来的。研究的目的，就是对这样的事件与过程，进行叙事性再现和动态关联分析。[2]关注、描述、分析这样的事件与过程，对其中的逻辑进行动态的解释，是过程—事件分析的研究策略和叙事方式。过程—事件分析研究策略的最基本之点，是力图将所要研究的对象由静态的结构转向由若干事件构成的动态过程。过程—事件分析策略包括"过程、机制、技术和逻辑"[3]四个环节。首先，从进入事件状态的社会现象入手，即在流动的现代性进程下有城市居民选择移居乡村生活这一具体的社会事实。关注双方互动过程中的"重要性事件"，在事件性的过程中充分呈现具体社会现象的逻辑。在关注事件性过程中，根据主题及相关线索获得关于这一现状的资料信息，并对所获得的资料进行归纳整理。其次，分析新居民群体与老村民群体的行动动机、行动结果。再次，找到行动者的行动逻辑，通过分析这一逻辑进一步阐释双方的动态互动关系。最后，探讨这一逻辑发挥作用的方式。

---

[1]　谢立忠主编:《结构—制度分析，还是过程—事件分析？》，社会科学文献出版社，2010年版，第239页。

[2]　谢立忠主编:《结构—制度分析，还是过程—事件分析？》，社会科学文献出版社，2010年版，第267页。

[3]　孙立平:《迈向对市场转型实践过程的分析》，北京大学出版社，2005年版，第426页。

（二）研究内容

本书试图以原居者—外来者理论、互动仪式链理论和现代性理论为理论基础，分析由城市移居至乡村的新居民进入村落场域与老村民进行互动的动态过程，关注双方互动过程中其生活方式的“变”与“不变”以及这一实践的最终结果。

首先，阐明新老居民进行社会互动的村落背景，揭示村落现代化进程中的现代性发展特征。一方面，该村落在外部多重要素的作用下呈现出新的发展样态；另一方面，村落地方性知识体系仍然在村民日常生产生活中发挥着重要作用，村落内成员有着独属本村的传统伦理道德和族群关系，并在此基础上形成了村落共同体。

其次，从新居民进入村落的过程、新老居民日常生活中的冲突与矛盾以及新型社会关系网的生成等方面呈现新老居民社会互动的复杂性、动态性和多元性，即文章第二、第三、第四章内容。本部分主要通过进入新老居民的日常生活中，深入了解其互动的发生发展逻辑。一方面，大墨雨村作为遵循村落内外有别文化逻辑的熟人社会，在现代化进程下，已然不是传统意义上完全封闭的存在。经济边界的开放无疑使其与更大范围内的社会大体系产生了更为密切的联系，但村落社会文化边界依然存在，其中，“村内人”与“村外人”有着明确分野，以血缘、地缘为本位是老村民人际交往的主要方式。另一方面，新居民的移居行动使得村落内个体社会交往范围逐步扩大，新的人际交往观念和特征在村中萌芽，经济理性因素不断渗透至乡村社会关系结构中。双方因生活经历和环境的不同呈现出从心理到行为多层级的具体差异，导致双方在生活态度、价值观念和行为方式层面发生不同程度的矛盾和冲突。同时，为解决彼此之间的“摩擦”，更好地适应乡村生活，新居民试图通过一系列行动策略主动融入其中。例如，筹办“千人宴”、修建“作为共享资源的南门二仓库”、成立“墨雨村学”等与二者生活密切相关的行动，进一步促进彼此之间的了解，使自身能够与老村民进行良性互动。一系列具体事件使得老村民的态度和行为发生了转变，并通过仪式中的情感体验和表达集聚起一定的情感能量。

再次，阐释群体间关系运作机制对整个村庄社会结构和地方性文化产生的影响。在多重因素的形塑下，新老居民的生活方式具有了新的适应力，新居民逐渐对村庄产生认同感和归属感，新型村落生活共同体开始萌芽。共同关注焦点的出现进一步促发了群体间情感能量的维系，村落内源性秩序也处于变动之中。

最后，以地方性文化为基础回到经验事实中，进而分析两种生活方式的现代适应性及其如何实现共生。现代性动力机制为个体或群体寻找“更好的生活”提供了技术条件支持，基于此，作为能动型行动者的个体才能够做出反身性行动。新老居民群体跨越边界的生活方式互动使得村落在现代化发展过程中更具现代性特征。

第一章　乡村田园

现代化是一个由传统社会进入现代社会的长时段过程，中国转型时期的乡村在这一过程中呈现出独特的社会属性。大墨雨村作为一个城郊村落，尽管受到现代化进程的多重影响，呈现出向外流动、不断与外界社会发生联系等特征，却仍保留着一定的地方性。村落发展现状是处于变革的外部社会和内部机制交互作用的结果。因此，需要从村落历史源流、区位条件等层面呈现其在现代化发展进程中的特征。

第一节　村落社会发展

大墨雨村是居住在同一地域内且有着极强群体认同感与清晰社会边界的村落共同体。村中有多重力量维系村民日常生活秩序，其中最为重要的要素即村民对于村庄的集体和历史记忆，它发挥着重要的凝聚功能。由于村落开放性的不断加深，其处于新的发展环境之中并呈现出传统与现代交互的多重特征。

一、村落社会经济发展现状

大墨雨村属昆明市西山区辖内，该区始建于1956年，位于美丽的高原明珠滇池湖畔、昆明市主城西部区域，因境内有著名的国家级风景名胜区西山而得名。西山区总面积881平方千米，下辖10个街道办事处111个社区393个居民小组。全区森林覆盖率达51.97%，空气质量优良率达100%，享有“半城山水半城湖、半城春色半城梦”的美誉。[1]

具体来看，昆明市西山区团结街道东接昆明主城，南接国家风景区西山龙门，西接螳螂江，北靠卧云山，与富民县、禄丰县、安宁市、五华区接壤，具有较长的县域边界线。2005年10月，由乡合并建团结镇，随着城镇化的不断推进，又于2009年7月撤销团结镇成立了街道办事处，团结镇政府所在地距昆明市区仅17千米，全镇总面积425.8平方千米，共辖16个村民委员会119个村民小组，总人口30750人。2015年年底，办事处总人口34463人，其中农业人口32656人，非农业人口1807人。辖区内山高箐深且森林茂密，立体气候明显。除此之外，辖区内拥有丰富矿产资源和生物资源，生态环境和自然条件较好，乡土特色浓郁。

昆明市西山区团结街道通过农业产业结构调整，在民风、民俗、民居生态旅游层面已打下良好基础。其中，“苹果、花椒鸡、滑草场等”已成为其标志性符号。目前，团结街道农业产业结构调整已初具规模并建起绿色经济示范园。在农业生态旅游发展基础上，依托山、水、林自然风光，以及处于昆明近郊环城市休闲旅游带的旅游区位和农业产业优势，经多年发展，形成以“农家乐”为主的乡村旅游模式。棋盘山森林公园、卧云山、豹子箐等原始森林生态旅游区沿线一系列旅游项目已初具规模，这些景区、景点风景秀丽、各具特色且在空间布局上与“农家乐”呈相对集中分布，促成了优势组合达到相互促进的效果，农业生态旅游的兴起对团结街道经济社会发展起到强推动作用。[2]

墨雨有大、小两村，1993年前后因村中土地资源无法满足人口大量增长的需要，于是村中部分人口从大墨雨村迁出。据村中老人讲：

[1] 《昆明市西山区人民政府 · 西山区简介》, 2021 年 1 月 12 日 , http://www.kmxs.gov.cn/c/2021-01-12/4856861.shtml, 2021 年 10 月 17 日。

[2] 《昆明市西山区人民政府西山区团结街道办事处简介》, http://kmxs.gov.cn/c/2020-12-31/4835210.shtml, 2022 年 6 月 4 日。

花红园的听瀑楼里曾住有道人，一天，龙打坝的一条青龙化作凡人来与道人下棋，棋未下完，青龙提出要走，道人说："你要输棋了，就借口要走吗？"青龙说："我要搭救田地里的庄稼，去喝一口水让它变成雨下到田地里去。"道人指着砚台里的墨水说："若不嫌弃，可以随便喝。"青龙就喝了一口墨水吐出，顿时，风云大作，雷电交加，黑色大雨从天而降，枯萎的禾苗得以复生。因此将村命名为"墨雨村"。[1]

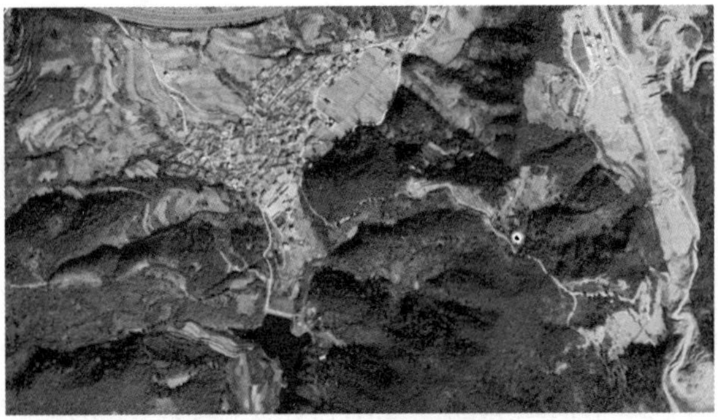

图1-1　大墨雨村卫星图

图1-2　大墨雨村航拍图

注：新居民 WMJ 提供。

[1] LJY，男，1948 年生；访谈时间：2020 年 5 月 10 日；访谈地点：LJY 家中。

大墨雨村位于昆明市棋盘山郊野公园西麓，平均海拔2200米。村庄面积29986亩，年平均气温13.2℃，年降水量920毫米。山上一年四季都有山茅野菜及药食同源的名贵中草药可采摘、挖取。例如，春季的棠梨花、野生蕨菜、可食用白花；夏季的野生菌、野生杨梅、黄泡果、青刺尖等；秋季的重楼、黄精、草乌、回心草、马刺根、千针万线草等；冬季的野生黏山药、白及等。另外，部分山上树林茂密的地方还能看见山鸡、松鼠等野生动物，拥有丰富的动植物资源。村中拥有优质山泉水资源，目前村中建有多处山泉水池，供村民日常饮用，其中龙潭最为当地人所看重，每年农历三月初当地村民会举行“龙王会”活动祈求龙王保佑全村风调雨顺。龙潭的水为天然山泉水，村民们修建了三级水池以满足日常生活需求，第一级供村民日常饮用（直接打水用来煮饭、饮用），第二级供其洗蔬菜瓜果，第三级则供洗衣物。龙潭水远近闻名，周边村民也会特意来打水饮用。除山泉水资源外，村中还有水面面积达70亩的水库，水质优良，生态环境良好。

从村落人口结构看，全村共286户901人，以能、熊、李、张为主要姓氏。[1]自2015年以来，随着昆明市西山区团结街道旅游产业的不断发展和自媒体的渲染宣传，大墨雨村的生态和文化环境进一步被外界认知。加之近年来发达地区空气污染加剧、生存压力增加等问题，陆续有北京、上海、深圳、武汉、成都、长沙等地城市居民选择到村中租住当地村民房屋并进行改造，他们离开自己曾经熟悉的原居地，试图在大墨雨村探寻一种新的生活方式。截至调查研究前，结合雨花社区工作人员提供的统计数据和问卷调查结果，村中新居民群体共有64户278人，且移居人数仍有持续增加的态势。

从村落文化习俗看，大墨雨村村民在迄今已有300多年的发展历程中形成了独属于自身的地方性文化。村中男性在举行重大活动时，穿对襟黑蓝粗布上衣黑布褂外罩，腰间系黑布带，蓝黑布裤子，纳底布鞋，头戴毡帽或遮阳帽。女子服饰依据结婚与否、年龄不同有所差异。青少年女性身着粉红、蓝、

---

[1] 资料来源：2020 年 5 月 25 日，由雨花社区工作人员 ZJY（女，1977 年生，负责社区文书、统计工作）提供，文件名称《雨花社区大墨雨村基本情况》。

绿斜式襟衣，外罩绣花领褂，绣花领褂图案颜色鲜艳，有喇叭花缠绕、牡丹绽放、芍药含放等。腰系天蓝色双层白带围腰，穿绣花鞋，头戴精美刺绣公鸡帽。结婚第二天，将公鸡帽摘下。中年妇女服饰和少女大致相同，但色彩较为单调。老年时期，女性围腰改为大系腰，长1丈2尺，多为黑色和蓝色，服饰不再绣花。日常生活中，村中女性保留穿传统手工刺绣民族服饰的习惯，中老年女性身着全套民族服装，年轻女性或儿童穿着传统刺绣的手工布鞋。村中建有土主庙、山神土地庙及关圣庙、龙潭等举行祭祀和拜祭活动的场所。当地较为重要的节日和仪式活动主要有龙王会（农历三月初）、火把节（农历六月二十四）、同年会（活动当年属相相应的年、月、日）、祭山神（农历八月十八）等。此外，还包括诞生礼、婚礼、葬礼等人生仪礼活动。

二、村落内源性秩序的维系

传统中国是在农耕基础上形成的乡土社会，乡土社会的基本单位是村落，聚村而居的农民是乡土社会的基本成员。在以土地为生的农民日常生活中占据主导地位的是村庄内以血缘、地缘为联结的传统社会关系网络和传统习俗。随着现代化进程的加快，村落呈现出多向度的发展形式但仍然保留着乡土生活的方式与秩序。

费孝通先生将村庄定义为由各户密集在一起、有明确的地理边界、具有综合各种社会职能的聚居区。[1]乡村社会中的传统秩序作为与村落社会结构相适应的文化制度，以一套完整的文化符号体系为其内在的精神架构，这一象征体系既包含仪式、习俗等世代传承的行为，也包括以祖先崇拜为核心的信仰以及传统的“孝”“相帮”等内在道德伦理观念与规范。传统乡土秩序即人际关系中的“差序格局”，关系网络中有着明显的先后划分才有进一步的交往合作。其中，人情法则是村落秩序的核心要素，是个体社会关系中平衡性维

[1] 费孝通：《江村农民生活及其变迁》，敦煌文艺出版社，1997年版，第83页。

持的重要机制。[1]人情法则的含义之一，是“由于关系网内的人彼此都会预期将来他们还会继续交往，因此，不管在任何文化中以均等法则分配资源是避免人际冲突的重要方法”。[2]

大墨雨村的人情法则体现在村民日常生产生活中，村落社会关系网络与当地的社会文化结构密切相关且有其自身运作逻辑，直接影响个体社会行动及结果。村落社会转型发展过程中，亲缘和地缘关系仍在村民社会交往中发挥重要功能，它是村民间实现信任和凝聚力的关键联系纽带之一。[3]村落熟人社会日常交往秩序呈现出礼治与法治秩序共存图式，人情法则嵌入村落社会结构之中并具体呈现出由近及远的三级圈层结构——以家庭和近亲为主的初级圈层，以邻居、朋友为主的次级圈层，村落内外有交往行为的末级圈层。

村落内圈层结构又有三套规则在起作用，第一种规则是以血缘为基础的村落内部交往规则。因村民曾遵循不与非本族通婚的习俗，所以形成了明确的依据家族进行交往的不同社交圈。[4]村内依姓氏进行划分的各家族内部形成了紧密的关系网络，基于共同血缘的认同以血亲情谊为依据，将每个人都当作自己人并将他人的事情视为自己的事情，从而确认其关系为内部关系，这一依据是处理日常生活事务的标准。老村民XFH曾讲道：

> 我们这个姓么就是一个大家族，如果有什么事情呢也是先跟家里人商量，我老公家呢再怎么说也是他家呢，比如我们去上坟祭祖呢时候也是要分开去上呢，有什么事情还是要先跟自己家人说。[5]

通过深度访谈和观察发现，村中以姓氏划分的四大血缘集团内部凝聚力

[1] 郭于华：《农村现代化过程中的传统亲缘关系》载《社会学研究》，1994 年第 6 期，第 49–58 页。

[2] 黄光国，胡先缙，等：《人情与面子：中国人的权力游戏》，中国人民大学出版社，2010 年版，第 14 页。

[3] 郭于华：《农村现代化过程中的传统亲缘关系》，载《社会学研究》，1994 年第 6 期，第 49–58 页。

[4] 江应樑：《西南边疆民族论丛》，广州清华印书馆，1948 年版，第 7 页。

[5] XFH，女，1965 年生；访谈时间：2020 年 5 月 1 日；访谈地点：XFH 家中。

较强。村民普遍认可的是，要先与自己家族内部的人商量生活中发生的事情，尤其是有关本姓族内的事情需要大家聚在一起共同商议，家族内直系亲属的交往在日常生产生活中处于首要位置，其次是与旁系姻亲亲属的交往。

第二种规则是以地缘为基础的交往规则，它与血缘关系有着不同的性质，且人情是其中的核心要素。作为一种馈赠性资源，其通过互送人情交往关系达成一套规则体系，人情具有长远的预期，目的是将已有的关系（家族间的关系）延续和强化下去，使村庄具有人情味并通过人情往来凝结成一个紧密的伦理与功能性共同体，满足人们的社会性、伦理性和功能性的需求。有村民表示：

> 平时和周围呢邻居么肯定是有走动呢，比如平时需要借个东西呀之类的，就会到邻居家去借，干活呢时候有时也是会帮忙呢，但是这个邻居也不是周围所有呢邻居都有来往，关系近呢，就多走动；关系远呢么，也不随便去人家家里。和关系好呢邻居住在一起，相处也是很好，平时各家都会拿东西给对方。和不好的人住在一起了么就是要吵架了噶。[1]

作为社会交易资源的人情不仅包含金钱、服务，还包含抽象的情感，其有着难以精确计算和清偿的特征。人情关系的维系需要信任并以此彰显村民行为逻辑，具体表现为生活资源的共享和生活事务的互助，个体只和特定关系网内的成员进行“人情交易”。社会行为表现包括礼物馈赠、拜访问候以及“做人情”后续的回报规范。[2]

第三种规则主要针对与“非我群体”之外的人交往所形成的典型工具性关系。尽管这一关系类型带有一定情感成分，但十分有限，该类型具体表现为将交往对象视为工具性对象并以公平法则与他人进行互动，它以利于个体

[1] MGP，女，1972年生；访谈时间：2020年6月5日；访谈地点：大墨雨村中心石附近。

[2] 黄光国，胡先缙等：《人情与面子：中国人的权力游戏》，中国人民大学出版社，2010年版，第17页。

的结果为导向且注重利益计算最大化效果。大墨雨村村民曾表示对非本村村民的普遍态度：

> 不是我们村呢人了么，我们是很不来往呢，如果是去龙潭卖菜么，认识的周围卖菜呢人，也最多问一下他们是哪个村呢，我们是很不跟外面不熟悉呢人打交道呢。年轻人在外面认识的人可能多一些，但是我们年纪大了，很讲不来话，不和不是村里呢人太来往。[1]

大墨雨村村民对待非本村村民以工具理性为准则，能够依据客观标准与他人进行互动。市场经济使得价值理性不断被弱化，而利益交换在个体或群体间交往过程中的地位提升并逐渐成为决定性要素，尤其是个体在进行交易的过程中自身可以向对方提出条件，并在不利于自己时与他人讨价还价甚至终止交易。这一互动规则是与陌生人进行交往时避开人情困境的有效策略，以公平法则处理自身所拥有资源能够使个体找到对自身有益的行动路线。村民们都熟知上述规则的内涵及其应用对象，并在与他人互动过程中进行具体实践。

第二节　村落地理位置

在内外部力量的双重作用下，乡村正以一种新的方式实现内部与外部的联系。乡土社会结构的弹性或开放性及开放程度影响着村庄接纳和融入外来要素的可能性和程度。[2]从整体上看，受主城辐射影响，位于城乡交界点的大墨雨村拥有相对便捷的交通和医疗资源，加之自身生态环境等优势使其具备吸引外部资源配置的社会性条件。伴随村落社会经济边界的开放村民开放程

---

[1]　ZLL，女，1974 年生；访谈时间：2020 年 5 月 10 日；访谈地点：ZLL 家中。

[2]　折晓叶，陈婴婴：《社区的实践："超级村庄" 的发展历程》，浙江人民出版社，2000 年版，第 7 页。

度亦呈现出逐步提升状态，乡土社会结构及村民价值观念也在发生转变。

一、都市区位优势

2019年《城市商业魅力排行榜》中，昆明与其他15个城市一起被评为新一线城市。[1]新一线城市是《第一财经周刊》根据商业资源集聚度、城市枢纽性、城市人活跃度、生活方式多样性和未来可塑性五大指标综合评比后划分的。能够入围新一线城市名单的城市，它们或为直辖市，拥有雄厚的经济基础和庞大的中产阶层人群以及可观的政治资源；或为区域中心城市，对周边多个省份具有辐射能力，有雄厚的教育资源、深厚的文化积淀和便利的交通；或为东部经济发达地区的省会城市和沿海开放城市，有良好的经济基础、便利的交通和独特的城市魅力。这意味着昆明在各个方面都显示出其新的强劲潜力，作为有着悠久历史文化的城市，昆明呈现出独特的城市特征和丰厚的文化底蕴，以及生活方式的多元性，其对外来人口的强大吸引力和城市综合活力持续上升。

（一）昆明市社会经济发展

昆明具有悠久的历史、灿烂的文化，是国务院公布的首批24个历史文化名城之一。早在旧石器时代，就有人类生活在滇池流域地区。战国至东汉初，滇池周围的“滇人”建立滇国并创造了独具特色的“滇文化”。昆明作为云南省省会，是西南地区的中心城市之一。地处中国—东盟自由贸易区、澜湄合作区域、泛珠三角经济圈交会点，是我国面向南亚、东南亚乃至中东、南欧、非洲的前沿和重要门户，具有“东连黔桂通沿海，北经川渝进中原，南下越老达泰柬，西接缅甸连印巴”的独特区位优势，[2]是著名的“春城”“花城”，

[1] 春城晚报:《昆明列入新一线城市》, 2019 年 5 月 25 日, https://ccwb.yunnan.cn/html/2019-05/25/content_1281913.htm?div = -1, 2022 年 8 月 7 日。

[2] 秦成逊，周惠仙:《桂、滇区位优势竞争比较研究》, 载《经济问题探索》, 2008 年第 8 期, 第 84-87 页。

以及休闲、旅游、度假、居住的理想之地。

从昆明市经济发展情况来看，2020年，昆明市地区生产总值在全国省会城市中的排名从第17位跃升至第12位，税收收入增速、增收规模居全国省会城市前列。经济社会保持平稳健康发展，高质量推进区域性国际中心城市建设取得新成绩。[1]

从昆明市发展现状来看，形成了区域性国际中心城市的建设格局。紧紧围绕云南建设面向南亚东南亚辐射中心的战略定位，开启了加快建设立足西南、面向全国、辐射南亚东南亚的区域性国际中心城市征程。中国（云南）自由贸易试验区昆明片区挂牌成立，沪昆高铁、泛亚铁路昆明段全面建成，开启了内陆城市走向国际化的崭新时代。城市格局实现从单中心向双核共兴突破，综合交通枢纽、能源枢纽初步构建，物流枢纽、通信枢纽加速成网，乡村建设整体提档升级，成功创建全国文明城市。空气质量优级天数和优良率持续保持高水准，五采区植被修复全面完成，荣获“国际花园城市”最高级别金奖，入围“中国十大美好生活城市”。[2]

昆明市拥有多向度优势。稳定的发展格局与地域生态资源优势使得个体生活幸福感持续提升。国家“一带一路”、新时代西部大开发等战略措施有助于其进一步扩大区位优势实现城市国际化水平提升。昆明市正积极融入国际国内双循环新型发展格局，积极加入面向南亚东南亚辐射中心建设进程之中。全市大力实施人才强市战略，以更加开放的姿态搭建人才平台并建立人才引进制度，鼓励人才来昆。坚持区位优势，实施高水平开放性的合作并持续性推进国际性都市圈建设，使得释放出新的发展活力并不断增强发展动力。

（二）昆明市和大墨雨村的位置关系

乡村与城市是两种基本的人类居所所在。有关乡村的描述不胜枚举，它

[1] 昆明市人民政府:《昆明市概况》, 2021 年 3 月 1 日, http://www.km.gov.cn/c/2021-03-01/3847904.shtml, 2022 年 2 月 19 日。

[2] 《中共昆明市委关于制定昆明市国民经济和社会发展第十四个五年规划和二〇三五年远景目标的建议》, 载《昆明日报》, 2020 年第 1 期。

成为人们理想生活状态的一种比喻。乡村因其安静、舒适、自在等特征成为逃离城市喧嚣的庇护所。[1]厌倦城市快节奏生活的都市居民迫切需要新的田园诗所来获得身心疗愈，这也是乡村旅游迅猛发展的重要原因之一。近年来，距昆明市主城区较近的城郊村落被打造为短途旅游的首选目的地。昆明市西山区团结街道因地理位置上的优势和独特的民族风情，已成为昆明市民的"后花园"，是短途出行的理想目的地。

大墨雨村属雨花社区辖内，驻地大墨雨村。1952年团结街道设乡时，取所辖范围内自然村"墨雨"之末字，"花红园"之首字，得名"雨花"，后沿用之。明、清时属石鼻里，清末属多依堡，民国属玉案乡，1952年为雨花乡，1958年为雨花管理区，1962年为雨花大队，1984年3月设为乡，辖区范围内有4个自然村。[2]

从大墨雨村区位条件来看，因受到昆明市社会经济发展的辐射增强影响，它所拥有的自然生态环境资源、民族文化资源优势得以充分发挥。其一，从地理位置来看，该村距昆明市主城区约17千米，驾车仅需40～60分钟车程即可到达市区，若选择从市区出发乘坐公共交通工具，有55路和C61路公交车，需花费10元，用时1小时40分钟左右即可到达该村。便捷的交通条件使得村落向外开放程度逐步提升，部分村民得以不断拓展自身社会网络并以村落为轴心从事非农经济活动。其二，村落生态环境优良，村中建有一座高17米，坝顶平均宽3.5米，坝顶长度100米，总容量40万立方米的水库，不仅供村民灌溉农田亦起到防洪作用，水库周围有山林环绕，一年四季有不同风景。优质生态环境不仅为村民日常生活提供舒适保障，也为村落经济进行多途径发展提供可能。村庄社会经济向外扩展以及扩展程度显然与主城区发展给予它的生存空间密切相关。其三，村落民族文化资源具有的内向聚合力是维系村落共同体的核心要素，同时以核心化方式为村落转型发展提供多元可能性，调

[1] [英]雷蒙·威廉斯，韩子满等译：《乡村与城市》，商务印书馆，2013年版，第3页。

[2] 昆明市西山区人民政府编撰：《昆明市西山区地名志》，上海市印刷四厂，1986年版，第22页。

节和平衡村落内复杂关系结构。上述优势若离开主城区依托，其竞争力将会减弱。

二、主城优势辐射

村落社会经济发展离不开区位条件的支撑和支持，靠近城市客观上具备接受经济增长及发展的辐射能力等，是村庄能够发展的前提条件。[1]从村落经济条件来看，村内耕地总面积940亩，人均耕地1.15亩。林地总面积11829亩，其中经济林果地800亩，人均经济林果地0.88亩，村民经济收入以农业为主，兼营运输和采集业。村民主要种植苹果、樱桃、杨梅等经济林果；主要农作物包括花椒、莴笋、白菜、洋芋等；石工技艺是当地人民的传家技艺之一和主要副业，也是家庭经济来源的组成部分。据碑文记载：清康熙四十二年（1703年），在花红园建盖法界寺，从河西县（今属通海县）请来很多石工。当时，花红园的青壮年男子，在建寺过程中学会了石工技艺，随后又传授到墨雨、石咀、车家壁等村。近年来，随着村落社会经济转型发展，部分中青年村民开始选择到龙潭镇上打工或成为个体户经营炸洋芋、米线店，老年人依然以种菜、卖菜为主要生计方式。调查期间，有村民表示，由于新楚大高速公路的修建和新居民的到来，部分村民选择到工地上拉大车或在新居民改造房屋期间做工，部分新居民经营的餐厅、咖啡馆等场所也为中青年女性提供了就业机会，村中共有小卖部两家，能基本满足村民购买基本生活用品需求。2020年，村庄集体经济收入548600元/年，人均年收入9480元。

村庄与城市的距离直接影响村庄的现代化发展。改革开放前期，村落社会经济发展基本处于内循环阶段，村民向外流动的机会有限，只能通过外出求学、参军等途径和机会离开乡村。改革开放后期，村落社会经济发展逐渐具有现代性特征，村民们的社会交往不再仅限于村庄内部，其外部交往形式呈现出以经济因素为导向的对外交往特征，交往范围拓展至乡镇集贸市场范

[1]　张军，王晓毅，王峰：《传统村庄的现代跨越》，山西经济出版社，2003 年版，第 87 页。

围内，此类型交往方式与市场和商品经济的发展有着密切关系。大墨雨村在现代化进程的不断影响下经历了由传统型村庄向现代型村庄的过渡阶段。2000年以来，在主城区和团结街道周边乡村发展的辐射带动下，大墨雨村村民开始有意识地利用当地丰富矿产资源优势发展交通运输业，家中纷纷购入拉矿石大货车，为一些建筑工地运输矿石。由于村内传统社会关系网络较为稳定，因此以血缘、地缘为主的社交网络成为村民获取信息来源、寻找就业机会的重要渠道。随着村落经济发展和向外扩张，村民流动性逐渐增强并不断调适自身行为方式，以适应现代化带来的由传统型村庄向现代型村庄的跨越。村落内社会关系、生计方式和生活方式也受到不同程度的影响，村落社会结构呈现出现代性发展特征。

第三节　村落现代化发展

现代化对人类影响深远，世俗化、理性化、城市化、工业化等都是现代化的构成指标，它以“传统”与“现代”两分的方式来指称现代化的进程，即现代化就是一个由传统社会进入现代社会的过程，理性化在各个方面的展开就是现代化的整体过程。[1]现代传媒是现代性形成的重要因素之一，是实现个体现代性发展的重要途径和手段。相较于不接触或接触频率较低的个体和村落而言受到现代传媒影响的个体和村落在认知方式和行为表现上更加积极主动。个体与村落的现代性发展在交通、现代传媒、工业化和城市化的快速发展下得到了快速发育。村落在根植于特定地域环境下受到现代化带来的强影响，显现出经济和社会发展相对开放性和独立性等特征。

[1] 彭大鹏：《现代化与现代性：理解转型期乡村秩序的一个视角》，载《理论与改革》，2010年第3期，第59-62页。

一、转型发展过程中的现代性进程

（一）土地制度变革促进闲置资源合理利用

土地作为一种重要的生产要素为推动村落经济发展起到了关键作用。在由众多制度构成的中国农村制度体系中，土地制度居于基础性地位。将血缘关系和地缘关系视为村落传统社会关系网络中最重要的两种关系，是学界所认可的。正如费孝通先生提到的："血缘是稳定的力量。在稳定的社会中，地缘不过是血缘的投影，不分离的'生于斯，死于斯'把人和地的姻缘固定了。生，也就是血，决定了他的地。世代间人口的繁殖，像一个根上长出的树苗，在地域上靠近在一伙。地域上的靠近可以说是血缘上亲疏的一种反映。"[1]血缘和地缘背后，更为直接和本质的是对于土地的依恋，土地在一定程度上决定了定居地和乡土关系的外延。"乡土关系涉及的不仅是人与人之间的关系，它的外延要大于仅仅作为一种社会关系而存在的地缘关系。"[2]村落的形成离不开土地，它是农民生活的根基所在。

土地制度是在特定时空范围内，人们针对土地这一稀缺资源形成的各类社会关系及规则的总称，它以土地制度为载体并表现为个体间关系，同时嵌于社会系统中且呈现出时序演变和空间的差异性。[3]我国土地制度的演变方式存在多层次和复杂性的基本特征，同一时期土地制度的内涵仍有一定差别。从乡村土地制度的演变轨迹来看，新中国成立后，社会主义农业经济体制的建立，首先从土地制度开始，而肇始于20世纪70年代末期的中国农村改革也是从土地制度破题的。"土地"这一概念非常宽泛，按照《中华人民共和国土地管理法》的规定，土地可分为农用地[4]、建设用地和未利用地。改革开放之

[1] 费孝通：《乡土中国》，三联书店，1985 年版，第 72 页。

[2] 周晓虹：《传统与变迁：江浙农民的社会心理及其近代以来的嬗变》，三联书店，1998 年版，第 41 页。

[3] 程雪阳：《重建财产权：我国土地制度改革的基本经验与方向》，载《学术月刊》，2020 年第 4 期，第 98–108 页。

[4] 农用地是指直接用于农业生产的土地，包括耕地、林地、草地、农田水利用地等。

初至20世纪80年代中后期，广大基层干部和农民群众在党的领导下，走出了一条独具中国特色的农村土地制度创新之路。20世纪90年代初至新世纪初，中央进一步强化相关法律政策保障，使得土地集体所有、家庭承包责任制为主的农村基本经营制度得以巩固和完善。2016年，中共中央办公厅、国务院办公厅印发《关于完善农村土地所有权承包权经营权分置办法的意见》，对“三权分置”作出系统全面的制度安排。实行“三权分置”，坚持集体所有权，稳定农户承包权，放活土地经营权，实现了农民集体、承包农户、新型农业经营主体对土地权利的共享，为促进农村资源要素合理配置、引导土地经营权流转、发展多种形式适度规模经营奠定了制度基础，使我国农村基本经营制度焕发出新的生机和活力。[1]2019年，中共中央、国务院印发《关于建立健全城乡融合发展体制机制和政策体系的意见》，鼓励农村集体经济组织及其成员盘活利用闲置宅基地和闲置房屋，允许村集体在农民自愿前提下，依法把有偿收回的闲置宅基地、废弃的集体公益性建设用地转变为集体经营性建设用地入市。[2]2021年1月开始实施的《中华人民共和国民法典》明确了集体土地所有权的主体是“农民集体”，强调土地承包经营权的身份属性和用益物权属性，并增设土地经营权制度。[3]

从我国土地制度的实践历程来看，乡村土地制度经历了从农民所有制到集体所有制、再到“两权分离”和“三权分置”的转变。土地制度的变迁赋予了村民更多元的资源配置方式，意味着资本、信息等要素能够更便捷地流向乡村。大墨雨村的具体实践经验表明，在顶层制度助推下，村民通过出租闲置旧有住宅和土地的方式实现经济收入来源多元化。2015年以来，由于新居民群体的移居行动，村中沉寂多年的老宅出现了新的转机，在新居民的影

[1] 中华人民共和国农业农村部：《中国农村土地制度改革》，2018年12月29日，http://www.moa.gov.cn/xw/zwdt/201812/t20181229_6165797.htm，2021年12月1日。

[2] 中华人民共和国中央人民政府：《中共中央　国务院关于建立健全城乡融合发展体制机制和政策体系的意见》，2019年5月5日，http://www.gov.cn/zhengce/2019-05/05/content_5388880.htm，2022年2月21日。

[3] 转引自刘守英：《农村土地制度改革：从家庭联产承包责任制到三权分置》，载《经济研究》，2022年第2期，第18-26页。

响下，当地村民意识到年久失修面临坍塌危险的老房子仍然有经济价值，新居民的移居实践盘活了村庄闲置土地和房屋资源，使村民获得一定经济收益。

（二）就地城镇化政策助推村民生计方式转型

就地城镇化是指区域经济社会发展到一定程度后，农户在原居地一定空间范围内，依托中心村和小城镇，就地、就近实现非农就业化和市民化的城镇化模式。[1]党的十九大报告指出，“以城市群为主体构建大中小城市和小城镇协调发展的城镇格局，加快农业转移人口市民化”。[2]具体来看，就地城镇化有三种模式：一是大城市近郊乡村的城镇化，二是地方精英带动的村庄城镇化，三是外部资源注入的乡村城镇化。就地城镇化有利于解决中国城镇化面临的一系列难题，包括降低城镇化的制度障碍、促进城镇化的合理布局与保障中国农业、乡村的可持续发展、城乡统筹的实现。实施能够承接城市职能、实现产业疏解同时辐射乡村、适度引导其发展的就近、就地城镇化政策已成为促进乡村发展的重要举措。[3]这一政策有利于村民生活方式和乡村产业现代化，并进一步激发村落活力。[4]

大墨雨村作为城乡接合点，通过就地化政策的引导，为农户提供了在离土不离乡的基础上实现生计模式多元化转换的可能性，并进一步满足其对于现代物质和文化生活的需求。从村民生计方式来看，目前以农业种植和牲畜饲养为主，种植洋芋、苞谷、蚕豆等蔬菜，养殖鸡、鹅、猪等牲畜，同时兼营运输业和其他副业。1949年以前，团结地区盛产石英砂和磷矿且质地纯真、

---

[1] 陈伟然，桂江丰：《中国就地城镇化及其战略研究》，载《江西社会科学》，2017 年第 6 期，第 217-222 页。

[2] 中华人民共和国中央人民政府：《习近平：决胜全面建成小康社会　夺取新时代中国特色社会主义伟大胜利——在中国共产党第十九次全国代表大会上的报告》，2017 年 10 月 27 日，http://www.gov.cn/zhuanti/2017-10/27/content_5234876.htm，2021 年 4 月 22 日。

[3] 乡村发现：《就近城镇化与就地城镇化》，2019 年 1 月 23 日，https://www.zgxcfx.com/sannonglunjian/114526.html，2021 年 4 月 22 日。

[4] 马海韵，李梦楠：《人口就地就近城镇化：理论述评与实践进路》，载《江海学刊》，2018 年第 6 期，第 105-111 页。

疏松，粒度得当便于开采、加工。[1]因村中有一座砂石矿，当地村民因地制宜，各家各户纷纷购买运输车辆运送石英砂到镇、市各个施工工地上，村中女性常跟随丈夫一起出车，同时帮忙寻找客源并共享信息资源。除此之外，村中擅长石工和木工技艺的村民会在离家较近的茨沟、小厂等村随房屋装修队伍干活。Z姓村民回忆起之前和丈夫一起拉大车的日子，感慨道：

> 你们年纪轻，是真呢不知道以前拉大车有多苦，现在想起来还是太不容易了。那时我们村里女呢都是跟车出去，几个人一起去工地上找生意，一个工地，一个工地呢挨着问人家，要不要砂石。有时候么，找到一个固定呢工地，也是很费劲。那会儿白天不让大车进城，就只能晚上拉，碰上检查呢人，一罚款好几天都白干了，罚呢太厉害了。么，现在有身上些毛病就是那时候落下的。[2]

通过对部分村民的观察和访谈得知，他们感叹往昔生活不易的同时对现在的生活状态表示满意，当前的生计方式显然是现代化进程下村落转型发展的适应性策略。学界普遍认为，我国农民外出就业的途径有两种：一是从本村、本乡转移到乡镇企业或个体私营企业、工商贸服务业等，即“离土不离乡”；二是到本乡以外的其他地区从事服务业等活动，即“离土又离乡”。[3]针对农村人口外出就业现象，有相关学者运用理性选择理论、结构化理论、“推—拉”理论等对这一社会事实进行深度分析。从宏观层面来看，相关政策的深入影响使得村庄与市场之间的联系越来越密切，村民生计方式也相应地发生改变。从微观视角来看，村民们奉行“离土不离乡”的内在文化认知并通过对外部信息和资料进行充分筛选作出“理性选择”。

农业产业振兴构成了村民生计方式转型的基础。砂石矿开采导致生态环

[1] 昆明市西山区人民政府编撰：《昆明市西山区地名志》，上海市印刷四厂，1986年版，第18页。

[2] ZFL，女，1966年生；访谈时间：2021年4月17日；访谈地点：素朴咖啡馆。

[3] 文军：《从生存理性到社会理性选择：当代中国农民外出就业动因的社会学分析》，载《社会学研究》，2001年第6期，第19-30页。

境遭到破坏被关停后，村民们决定另谋生路。得益于政策支持，团结地区形成了果蔬种植产业，并大力发展旅游业，为村民提供了更多就业机会。村中中青年纷纷到距离不远的龙潭镇上找工作或创业，如到镇上的药店打工、经营炸洋芋店、农家乐等。村中70岁及以上的老年人偶尔到地里种菜，不再承担较重的农活，三五人聚在广场上一起聊天、从事手工艺品加工等。不同于一些学者研究的村落“空心化”“原子化”等现象，外出打工村民务工半径范围较小（最远到昆明市区），整体上呈现出以农业产业为主导，与服务业相结合，轻手工业相辅的就地就业特征。

除此之外，新居民的移居行动也进一步拓展了老村民的生计方式。一是新居民租房子并进行改造过程中面临的重要问题：房屋装修。老村民要求其用本人或自家亲戚的装修队伍进行房屋修缮工作，之前需要到别的村庄找活儿干的老村民，现在在家门口就可以赚钱。村里慢慢出现了几支装修队伍，其中以LSH、XCM、SZL、LFH等为代表。[1]村内一部分年轻男性、女性分别加入其队伍当中，获得200～270元/天不等的经济收入。二是随着新居民人数的不断增加，村中部分年轻人看到了新的商机。新居民认为去龙潭镇上取快递是一件非常烦琐的事情，快递到了之后需要专门抽出一天的时间到镇上集中取快递。基于此，老村民MGP的女儿ZYY创建了“团结帮您忙”平台，在微信小程序上可以下单取快递或帮忙购买时蔬，顾客只需支付相应费用即可送至指定地点。三是村中老年人原需每周2～3天到镇上或市区售卖蔬菜和手工艺品，新居民的到来拉动了村中内需，他们不仅自身向老村民采买物品，同时牵头组织“摆摊儿”活动使老村民不出村也可在民族广场上销售物品，进一步使老村民在新的社会经济环境下选择相应策略适应环境转变。

[1] LSH，男，1968 年生；XCM，男，1964 年生；SZL，男，1988 年生；LFH，男，1963 年生。访谈时间：2021 年 4 月 19 日；访谈地点：新居民 HXL 正在装修的家中。（装修队伍信息由 LSH 提供）

二、现代传媒与乡村符号传递

（一）现代传媒塑造下的乡村形象

媒介塑造和控制着人类的联结方式、行动规模与形态，它的每一次变革都会改变人们对外界的感知和理解方式。[1]媒介技术的提升不仅会催发新生事物的产生，而且会引发社会结构的变迁。在现代传媒推动社会向前发展，个体接收信息方式更加多元化的今天，其为个体提供了实践自身理想的平台，建构起与传统血缘、地缘关系不同的社会关系网络。处于媒介化社会中的乡村，被形塑出新的乡村形象。菲利普斯（Phillips）等提出了中介化乡村（mediated rurality）这一概念，认为中介化乡村是一种经由媒体传递出的乡村感，给那些没有或较少有直接和真实的乡村体验的人们传导出的“乡村”。[2]

“乡村性”是一个复杂的概念，它是基于城市与乡村一系列的前提假设定义的。[3]第一种概念路径认为，乡村是被建构出来的理想共同体。它本身并非仅是一个地域单元，更是一种生活方式、一种社会建构、一种想象的共同价值观。[4]例如，哈尔法克里（Halfacree）在沿袭亨利·列斐伏尔（Henri Lefebvre）关于空间表征、表征空间和空间实践的思想基础上，进一步强调乡村空间是社会生产的集合。他们通过在特定实践中的交叉点，将乡村空间中的物质和想象的概念结合在一起，并将其视为与有血有肉的文化和现实生活关系内在的、动态的交织和体现，以表达农村的物质和想象世界之间的内部和外部联系。哈尔法克里认为乡村空间是由三个要素构成的，这三个要素之间相互作用，影响彼此：第一个要素是“乡村空间的表征”，指的是农村在正式制度语境下，如在政府的政策、规划文件中等是如何被建构的；第二个要素是

[1] 李林：《媒介化生活的社交圈子与人际关系重构》，载《中国社会科学报》，2013 年第 3 期。

[2] Phillips M, Fish R, Agg J, “Putting together ruralities: towards a symbolic analysis of rurality in the British mass media”, *Journal of Rural Studies*, vol. 17, 2001, pp. 1–27.

[3] Cloke P, Marsden T, Mooney P H (Eds.). *Handbook of rural studies*. London: Sage Publications, 2006, p.20.

[4] Paul Cloke, Mark Goodwin, “Conceptualizing countryside change: from post-fordism to rural structured coherence”, *The Royal Geographical Society*, no.3, 1992, pp. 321–336.

"乡村的表征空间"，指的是乡村自然空间、人文景观、美学等与空间地域有关的空间实践；第三个要素是"乡村日常生活"，指的是在第一个要素和第二个要素的共同作用下，乡村日常生活实践的再生产。[1]另一种概念途径遵循德勒兹（Deleuzian）的观点，即乡村性可以通过乡村参照和乡村经验的折叠关系来表达。乡村性可以被看作权力关系、社会习俗、话语实践和制度力量的复杂交织。

在中国语境下，长期以来传统村落被解释为"一个生产性的、以农业生产方式和生活方式为基础的地域共同体，其显著特征在于农业、土地、村民、乡村生活等要素是聚合在一起且相互依存和影响的，具有'独立封闭社会边界的社会实体属性'"。[2]国内学者通常将乡村视为一个对立的概念。由于我国长期以来的户籍制度影响，之前城乡流动有限，城与乡在很长一段时间内处于割裂的局面。城乡空间的异质化与不平等，使得在我国语境下乡村这一概念具有多重复杂性。当前学界关于现代化、城市化进程下村落社会结构转型的讨论大致有两种主张，即"村落终结论"[3]和"村落再生论"[4]，二者都关注在外部力量的作用下，村落内生活制度和社会网络所发生的变化。前者更加关注多重力量作用下传统村落社会结构的转型及乡村城市化形态，而后者强调村落的自主性，以及村落的存续与新生。将村落视作"共同体"的研究取向逐渐面临挑战，此后有学者试图跳出这一窠臼，开始反思村民行动与村落社会结构间的关系，并富有创建性地提出"有村民—有村落型、无村民—有村落型、有村民—无村落型、无村民—无村落型"[5]四种村落转型的基本类型。

[1] Cloke P, Marsden T, Mooney P H (Eds.), *Handbook of rural studies*. London: Sage Publications, 2006, pp.44–62.

[2] 毛丹，王萍：《英语学术界的乡村转型研究》，载《社会学研究》，2014 年第 1 期，第 194-216、245 页。

[3] 李培林：《村落终结的社会逻辑——羊城村的故事》，载《江苏社会科学》，2004 年第 1 期，第 1-10 页。

[4] 文军，吴越菲：《流失"村民"的村落：传统村落的转型及其乡村性反思——基于 15 个典型村落的经验研究》，载《社会学研究》，2017 年第 4 期，第 22-45、242-243 页。

[5] 文军，吴越菲：《流失"村民"的村落：传统村落的转型及其乡村性反思——基于 15 个典型村落的经验研究》，载《社会学研究》，2017 年第 4 期，第 22-45、242-243 页。

西方学界在经历对于乡村性论争的文化转向之后，更多的研究成果开始关注到“他者”“乡村空间变迁”等议题，注重从后现代性出发，提供看待乡村的多元视角。例如，一些学者强调乡村作为被建构的象征性符号在由城市向乡村移民群体的视角中，是田园诗般的表征。也有学者认为，现代传媒工具中的乡村形象是神话式的、静谧的、阳光明媚且适宜居住的，是被勾勒出的乡村元素的一些轮廓。而在乡村实际生活过程中所遭遇的一些实际问题被忽略了。[1]自然资源似乎是乡村最为显著的特征，乡村生活被认为比城市生活更“自然”。它的这种天然特征常常被肯定并被认为是其主要优势。[2]在大量的电视节目、媒体报道等现代传媒工具所传递出的乡村意象中，乡村成为一个代表平静与美好生活的象征符号，它所意指的是媒体所建构出来的完美乡村形象。乡村的概念存在于当代社会的普遍想象和日常实践之中。它既是一个重要的想象空间，与乡土性及各种文化意义相连，也是一些人实现其生活方式愿景的物质对象——一个可以进行修养、耕作、度假、接触大自然的城市替代性目的地。

处于“媒介化社会”的乡村在现代传媒的不断塑造下，以其自身的独特魅力吸引了一部分城市居民到这里生活。在移居群体的认知中，理想中的乡村生活是与城市截然不同的生活样态，对田园生活的高期望值根植于意图移居到乡村生活的群体认知中。在经历乡村转型论的文化转向后，有学者意识到，乡村正在被不断建构和创造成为中产阶层和其他群体逃避现代性的圣所。[3]移居到乡村生活的人普遍认为他们的移居行为是建立在对乡村的美好想象基础之上的，乡村的生态、休闲等功能正是他们所需要的，乡村生活意味

[1] Michael Woods, “Engaging the global countryside: globalization, hybridity and the reconstitution of rural place”, *Progress in Human Geography*, vol.31, no.4, 2007, pp.485–507.

[2] Toivo Muilu, Jarmo Rusanen, “Rural young people in regional development−the case of Finland in 1970—2000”, *Journal of Rural Studies*, vol.19, no.3,2003, pp.295–307.

[3] Beck F D, “Rural communities: legacy and change (3Rd Ed) ”, *Sociological Viewpoints*, vol.24,-no.4,2008, p. 695.

着能够获得更好的生活体验和更高的生活质量。[1]由于农村生活方式的明显优势，外来移民被吸引到农村地区，与此同时，该群体相携的城市生活方式、价值观念与行为方式，无疑会给迁居地带来新的机遇和挑战。

（二）作为消费空间的中介性乡村

当前我国农村面临的挑战比以往任何时候都复杂，尤其是近年来，有越来越多的城市居民选择离开城市到农村生活。乡村生活被描绘成一种闲散自在的生活方式，在那里人们有更多的时间与自然联结，彼此之间的相处方式更具价值理性，乡村已成为城市居民逃避日常生活的“避难所”。当越来越多的城市居民选择乡村，选择自然和田野，相关利益机构也应运而生，各式各样有关“体验乡土性”的旅行规划层出不穷。例如“未来村”机构，该机构是一个面向全国的农村闲置房屋交易平台，其运营目的就是为到乡村找房子的人提供一个平台。同时宣称能够为客户定制设计宜居的乡村产品，让市民以使用权转让、长租或短租的方式在乡村安家。对乡村田园生活的美好想象，已然被异化为商品化的交易形式，乡村不再能与城市分庭抗礼，要么成为城市的一部分，要么成为其“殖民地”。[2]我国当下的农村空间与过去相比有了很大差别，乡村空间遭遇了严重挤压。[3]

当前一些自媒体平台所描绘的乡村田园自然风光和“如何在农村生活”，以一种极具说服力的方式告诉读者农村优于城市，同时通过一些视觉图像将乡村进一步浪漫化，进而促进中产阶层家庭“出售”美好田园乡村理念[4]。这

[1] Mark C.J. Stoddart, Stephanie Sodero. “From fisheries decline to tourism destination: mass media, tourism mobility, and the newfoundland coastal environment”, *Mobilities*, vol.10, no.3,2015, pp.445–465.

[2] 刘少杰：《西方空间社会学理论评析》，中国人民大学出版社，2020 年版，第 259 页。

[3] 吴宁：《列斐伏尔的城市空间社会学理论及其中国意义》，载《社会》，2008 年第 2 期，第 112–127 页。

[4] Baylina M, Gunnerud Berg N, “Selling the countryside: representations of rurality in Norway and Spain”, *European Urban and Regional Studies*, vol.17, no.3, 2010, pp.277–292.

些因素的共同作用使得乡村性逐渐消弭，乡村话语被边缘化[1]并进一步演化为城市居民进行乡村旅游、消费的替代性景观，成为标志性田园符号与精神寄托。[2]都市中产阶层出于对乡村生活的想象，逃离城市生活，搬迁到农村地区，通过租用房屋的方式对乡村空间进行改造以满足自身对理想生活的追求，乡村空间正逐渐为城市中产阶层所占领。[3]城市移居乡村群体及乡村旅游者在给乡村带来一定经济收益的同时，乡村已然被塑造成为城市的消费空间，乡村空间的边缘化地位正在加深。[4]

大墨雨村当前所处局面正是在城市和乡村之间的“中介性存在”，一方面，紧靠昆明市的区位条件让其能够接触到更多信息和资源；另一方面，村落自然和文化资源决定了其生存和生活方式与城市不同，而新居民群体的移居行动带来了新的生活方式且以最直接的方式冲击着当地村民群体的日常生活。实质上，新居民的到来在一定程度上是为了达到自己的理想生活目标而“消费”乡村空间，尽管其为村落发展带来一定生机，但他们给村落原有生活秩序带来的负面影响亦是不争的事实。

小结

在大墨雨村形成的历史过程中，村庄与外部的联系也随着历史的发展而产生相应转变。由于该村距昆明市区较近，村民们对于祖先究竟是从哪里迁徙而来说法不一。以血缘性和地缘性为基本特征形成的村庄内部社会网络是仍然存在的，并以此维系着村落内部社会秩序，以及村民们对于村庄的归属

[1] 贺艳：《传媒中的“他者”：浅析乡村话语边缘化现象》，载《云南行政学院学报》，2010年第3期，第79–81页。

[2] 王丹，刘祖云：《国外乡村空间研究的进展与启示》，载《地理科学进展》，2019年第12期，第1991–2002页。

[3] 潘佼佼：《都市中产阶级对乡村空间的想象与改造》，载《文化纵横》，2016年第6期，第98–103页。

[4] 余斌，卢燕，曾菊新，等：《乡村生活空间研究进展及展望》，载《地理科学》，2017年第3期，第375–385页。

感。村落内村民将有着本村户籍的人，视为“自己人”，这个群体与其他群体有着清晰的边界。中国社会经济的高速发展使得城市与乡村处于不断发展变化之中，人口流动频繁，以往的人口流动方向大致可分为乡—城、乡—乡、城—城这三种类型。而城—乡是近年来发生的现象。这一现象的产生也从侧面折射出我国城市发展已达到一定高度，村庄社会结构产生了更为复杂的转变。城市化提高了人口的一致性程度，而邻近大城市处于变动中的村庄，也在不断适应村庄的新发展。从宏观层面来看，大墨雨村的现代化发展是在国家相关政策支持下进行的。从微观层面来看，老村民群体允许新居民进入村庄是个体“理性选择”作用下的结果。新居民群体的移居行动对村落原有社会边界造成挑战并不断影响老村民群体原有的生活方式和生活状态。

第二章　共居空间

人类社会的一切行为与活动都是以空间为载体的，它是行动的媒介或结果。“空间以自然地理形式及人为所构建的环境为其基本要素。人体不只使我们感受、生产、受制于空间，也使我们呈现于空间而成为空间的一部分，它使我们能包容周遭的各种物质。”[1]乡村空间为人们提供了生存和建立自身边界的机会，个体于其中能够实现不同价值。[2]“城市、工业、国家和市场作为‘时空压缩’的力量，导致了城市对乡村空间的入侵。”[3]乡村所具有的强吸引力使得越来越多的城市居民试图移居于此，但乡村空间的有限性和不平衡性在空间格局遭遇“挤压”时便会凸显，当异质性群体进入凝聚力和同质性较强的乡村空间时，其行动会导致村落空间结构发生变化。

第一节　移居行动与村落空间让渡

空间，对于行动者而言具有重要意义，在某地扎根即拥有一个可以面向世界的稳定基点，可以在各类事物的秩序中拥有属于自己的位置，对特定地

[1] 黄应贵主编：《空间、力与社会》，“中央研究院”民族学研究所，1995 年版，第 3 页。

[2] Mormont M. *Who is rural? Or, how to be rural: towards a sociology of the rural*. Marsden T, Lowe P, What-more S. Rural restructuring: global processes and their responses, London, UK: David Fulton Publishers,1990, pp. 37–40.

[3] 高新宇，许佳君：《空间重构与移民社区融入——基于“无土安置”工程的社会学思考》，载《社会发展研究》，2017 年第 1 期，第 73-93、243 页。

点有精神和心理上的眷恋。[1]有学者将空间视为一种人与人之间及人与集体之间的社会关系，另一种空间的建构，视空间为某种先验非意识的认知架构，可应用到其他事物层面上而具有共同类比，第三种，则是将空间视为宇宙观或一种象征。除此之外，空间还被建构为意识形态或政治经济条件，以及文化习惯与个人的实践。[2]空间的建构总体上是由于个体的活动和物质基础互构进行实践的结果。乡村社区空间应包括物质和非物质两种空间类型，物质空间是体现乡村社区各物质实体的空间组织，后者强调以人为中心，体现人的生存空间和活动空间形式及其结构，以居住空间分异为基础。[3]大墨雨村本土生活空间是一个完整的具有明晰社会边界的存在，其空间结构可划分为居住空间、公共活动空间、文化—心理空间三个向度，当新老居民共居于同一村落空间中，内部空间结构会因二者间社会互动进程而发生转变。

一、移居过程与成员构成

有学者指出，新居民的移居过程既包括自身的行动选择和物理空间的变动，又涉及居住空间品质和功能的改变，以促使新的居住空间能够完全满足其对高生活质量的需求。新居民移居的不同时间段呈现出阶段性差异化特征。

（一）新居民群体的行动过程

新居民群体的移居行动并非一蹴而就的，而是一个渐进式过程。在移居初期，新居民主要通过该群体中的先行者了解移居地相关信息，第一阶段（2016—2019年），关键行动者LTT、GP、WC等在其中发挥了重要作用。LTT首先租赁社区副主任XJN家的两栋旧式民居并进行改造，同时雇用XJN的姑姑XFH为其打理菜地等，除此之外，还邀请前期到村的3位新居民，用2个月的

[1] 杨雪云：《空间转移、记忆断裂与秩序重建——对征地拆迁安置小区农民城市融入问题的观察》，载《青海民族大学学报（社会科学版）》，2014 年第 4 期，第 111-115 页。

[2] 黄应贵主编：《空间、力与社会》，“中央研究院”民族学研究所，1995 年版，第 4-5 页。

[3] 乔家君：《中国乡村社区空间论》，科学出版社，2011 年版，第 25 页。

时间带礼物去慰问村中老年人，与村小组和社区工作人员建构起良好的关系，了解村中文化习俗等，其行动策略力求使老村民群体能够认识并了解自身移居乡村的目的。据LTT讲述自身移居过程：

我最开始的时候，也是选了好几个地方才到这里的，之前去的（上海、杭州、大理、丽江）那些地方房租太高、距离城市太远，各种生活条件都非常不方便。到团结之后，我在一个青旅（该青年旅社是LTT原工作单位的定点对接机构）工作了一段时间，就是在这期间我知道了这个村子，到这里看了之后，我觉得这里非常符合我的预期，甚至超出了我的预期，当天我就决定了要在这里生活。不过仅依靠自己的力量做成这件事情是很有限的，因此我就在朋友圈和一些关注朴门永续实践的平台上推送我租房的信息以及我在这里打算做的事情，提出“以工换宿”的形式，号召想要实现乡村生活的人一起在这里做点事情。让我没有想到的是，有很多人感兴趣并愿意参与进来，你现在看到的这个面包窑、食材花园都是当时的很多志愿者一起搭建起来的，借由这样的契机，我们又做了夯土建造营，之前参加营的很多成员现在留下来成了新居民。[1]

正是在LTT的影响下，大墨雨村走进关注乡村生活转型群体的视野中，吸引了越来越多怀有田园梦的人到这里生活。GP一家人是第三户移居至村中的新居民，作为古琴修复师，他将自己的工作室搬到村中并请业内有名的设计师进行改造，当提及移居乡村的过程时他表示：

我是听朋友说起LTT的事情，恰好那个朋友就是TT的好朋友。2017年吧，我和妻子就跟她到大墨雨村看了几次，在TT的介绍下我们了解了这个村子。有了要在这里改建房子的想法之后，我就和一个做建筑的朋友YX（大象书店、昆明当代美术馆建筑等建筑设计

[1] LTT，女，1985年生；访谈时间：2020年8月7日；访谈地点：LTT家中。

师）说了这件事，我就请他帮忙做房屋设计，你看到的现在的房屋结构分为两部分，一部分是白盒子，也就是我的工作室，我在一楼斫古琴，二楼是XF的画室也是一个影像艺术装置；另一部分我们保留了老房子的一些特征，我爸妈在墙上挂了玉米、辣椒、腊肠这些。我的工作性质加上父母都退休了想让他们有一个好的晚年生活，还想让女儿在大自然中有一个不一样的童年，这些都是让我下定决心搬到村子里生活的原因。[1]

移居初期部分新居民一起聚会见图2-1。

图2-1　移居初期部分新居民一起聚会

正如GP所言，最初到村中的几户新居民皆与LTT有着千丝万缕的联系，经过她的介绍使自身快速掌握旧宅租赁相关信息，能够放心地移居至村中。GP一家人的房屋设计风格被各类建筑自媒体平台争相报道，许多人慕名前来观看其乡村生活并请教如何能够在村中租房，大墨雨村在各类自媒体“一家五口搬进深山，邻居90%都是硕士”[2]的标题中声名大噪，也正式开启了新居民移居的第二阶段（2019—2020年）。第一阶段新居民的移居完全仰赖于个体

[1] GP，男，1985 年生；访谈时间：2020 年 3 月 12 日；访谈地点：GP 家中。

[2] 此类标题为微信公众号“一条”“CA 当代建筑”“环球观筑”所撰写，文章推送日期分别为 2019 年 5 月 25 日、2019 年 10 月 9 日、2020 年 4 月 5 日。

关系网络，第二阶段则是在此基础上社交媒介的推动。通过深入观察和访谈得知，有15户新居民是经由自媒体的推送了解到村落相关信息，其中受公众号“一条”的影响最为直接。新居民YWJ曾讲道：

我老家是四川的，之前完全不知道有这样的地方，就是看到了“一条”上面的信息，当时非常激动想要到这里看看。我们退休了也没事做，就一个孩子成家了也不需要照顾，我们来这里看了两次之后就决定留在这里养老，当时是过来找到了GP的父母，他们帮忙介绍认识了我们现在的房东。我们和他们一家人在来之前是不认识的，也是很贸然地前去打扰人家，特别巧，他父母也是四川人，我们就是老乡了噻，帮了我很多忙，装修房子期间也是他们帮我找住的地方，就这样我们两家现在成了很好的朋友。很多像我一样的新居民也是看到微信上面的信息来到这里的。[1]

新居民XJH亦认同自媒体平台促使其产生移居决定，在它们的作用下自身能够了解到远距离的事情，带着对乡土情怀的留恋投身“新上山下乡”行动中，她曾讲道：

我是在有个叫“一条”的微信公众号上面知道大墨雨村的，2019年，我看到视频号和几个公众号的介绍决定到这里来看一看。主要是我自己已经退休了嘛，我老伴还没有退，女儿、女婿工作也是比较忙的，我就自己一个人拉着行李箱从长水机场打车然后导航到这里。在这里待了3天，我大概把村里各个位置的房子都看了一遍，看到现在这个位置，我就决定在这里改造房子，花了两三个月的时间，花费30万元左右，我把这里改造成现在这样子。去年的时候，我看村里的新居民嘛像我这样年纪的人最开始其实不是很多，现在慢慢地我自己有一些好朋友看到我现在的生活状态，就过来

[1] YWJ，女，1958年生；访谈时间：2020年3月17日；访谈地点：YWJ家中。

看我嘛，有几个朋友开始决定来这里生活，还有很神奇的是我在这里遇到了很多不认识的，路过我家的房子进来聊天认识的人，后来他们就经常到我家来坐着喝喝茶，偶尔吃个饭聊聊天，就这样他们决定也要在这里租房子了，你看在下去右转这条街，这一排的房子几乎全部被租出去了，全是我在这里认识的人，我帮他们介绍老村民家的房子，他们都租了10年、20年。还有我那些退休的同事啊，朋友啊，她们也打算过来了，我也有在帮她们看房子。[1]

传播媒介能够为个体提供知识和经验，其传播过程也是对个人进行文化身份塑造的过程。[2]许多新居民正是在现代社交媒介的作用下知晓他人的新型生活态度，从而强化自身行动倾向，社交媒介使得个体与他人和异域之间产生新的联系，将许多不同的人纳入共同场景之中。在它的作用下，一部分新居民群体租赁的房屋改造后成为村中新型建筑符号，有移居意向的人在这些新居民的介绍下更加坚定自身在乡村生活的想法，由此开启了新居民移居过程的第三阶段（2020年至今）。

这一阶段新居民的移居过程除媒介促使个体充满想象新型生活方式的动力之外，弱关系在后续新居民的移居过程中发挥了关键作用。在实地访谈和观察过程中，有后续迁入的新居民表示，自身是在与之前迁居的新居民互动中建立起超地域的情感联系，面对面的相互信任感令个体社交圈不断扩大，尤其是身处陌生环境中的新居民。他们中的大多数人来自不同的城市，因此更加希望有相同身份属性的人形成较为团结的群体类型，此种类型的社会联系体现在具体的社会空间之中。新居民ZHG曾告诉笔者：

我们是从广州来的，当时我们来云南旅游，看到有介绍这个村子怎么好的，我们在村里走着看到一个房子建得很漂亮，刚好她家的房门打开着（新居民XJH），我们就进去聊了聊，X姐人很好，留我们吃

---

[1] XJH，女，1964年生；访谈时间：2020年1月15日；访谈地点：XJH家中。

[2] 李岩：《传播与文化》，浙江大学出版社，2009年版，第78–80页。

了饭，这么一来二去就成了朋友，我和太太年纪大了也没什么事情，再加上我们和X姐熟识了，就这样过来了，说实话，在这里住图什么呢，就是人和环境，有投缘的朋友一起谈天说地才有意思。[1]

由访谈资料可以看出，新居民间的社会联系由一种新的形式维系，通过参与式观察发现，此种关系联结形式嵌于后期部分新居民中并形成他们在村中独特的相帮方式。传统意义上以“亲带亲，戚带戚的”为核心的移居者网络发生了变化，移居行动的特殊性呈现出除亲缘联系外的偶发性地缘关系类型，新居民之间通过偶然性的结交与他人产生互动，并在日常生活中以高频率共同吃饭、喝茶等方式强化双方情感联结。在这样的背景下，经由关键行动者为核心的亲缘关系网、趣缘关系网、地缘关系网扩展，加之作为中介因素的社交媒介对相关信息的扩散推动，使得新居民社会联系圈得以拓展、维系并建构出新的社会联系方式，后期移居新居民依据先行者的经验和支持开始乡村生活实践。

（二）新居民群体的多元构成

有研究者指出，能够移居到乡村生活的群体具有一定经济基础，该群体试图寻求一种“回归到土地”且与主流生活方式不同的生活。[2]这些人是相对富裕的群体，如中产阶层、个体经营者或退休人员，他们往往赋予特定的时间以特定的意义，愿意将生活中的部分或全部时间花费在能够使生活质量更高的地方，平静的山区农村往往是其首选。当然，除高收入群体之外，在移居乡村的群体中也存在低收入群体。[3]哈尔法克里和里维拉（Rivera）将移居到农村生活的人称为“亲农村移民”，认为他们的行动选择是出于改变自身生

[1] ZHG，男，1957 年生；访谈时间：2021 年 6 月 27 日；访谈地点：ZHG 家中。

[2] Mackenzie F, “A working land: crofting communities, place and the politics of the possible in post-Land Reform Scotland”, *Transactions of the Institute of British Geographers*, vol.31,2006, pp.383–398.

[3] Milbourne P, “Re-populating rural studies: migrations, movements and mobilities”, *Journal of Rural Studies*, vol.23, 2007, pp.381–386.

活方式的需求。[1]本森和奥利认为，“这一群体或个体在空间上的流动性增强，他们要迁移到的是对自身而言有可能提供更好生活质量的地方”。[2]

随着我国城市化进程不断加快，大量人口集中于城市。城市人口激增的同时带来了城市快速发展的一些弊端，例如人口膨胀、住房紧张、交通拥堵、环境污染、食品安全问题频发等大城市病。在城市化迅猛发展和大城市病尚未得到完全解决的背景下，城市居民呈现出新的人口流动特征。传统的中国人口由农村地区向城镇地区的迁移路径发生改变，现开始出现城市人口逆向移居到乡村生活的现象。例如，城市人口在城乡间“候鸟式”的周期流动。[3]

通过深度访谈和问卷调查的方式，分别从性别、年龄、受教育程度、原居住地、居住频率这五个指标对新居民群体的基本情况进行呈现。结合研究对象实际情况，将其年龄段分为18～35岁、36～55岁、56～65岁、66岁及以上四个类型；受教育程度划分为大学本科及以上学历、高中/中专/技校学历、初中学历三个指标；居住地分为云南省省内和云南省省外两个类别；居住频率划分为长期在村中生活；每个月都会在村中待一周左右；每隔两三个月到村中一次；仅节假日、周末在村中；长期不在村中四个时间段。

从研究结果来看，新居民群体在性别分布上女性数量稍多，女性总人数占移居总人口数的57.2%，其中，36～55岁年龄段的新居民女性数量最多（表2-1）。通过观察和访谈发现，女性人口数居多的原因在于：一是女性退休年龄早于男性，二是女性对于自身生活节奏有更细腻和敏锐的察觉力。部分新居民表示，最初能够了解到大墨雨村的相关情况，得益于前期入住新居民的信息分享和社交媒介的推动。

---

[1] Halfacree K, “Heterolocal identities? Counter-urbanisation, second homes, and rural consumption in the era of mobilities”, *Popuationl Space Place*, vol.18, 2012, pp.209–224.

[2] Benson M, K O’Reilly, “Migration and the search for a better way of life: A critical exploration of lifestyle migration”, *Sociological Review*, vol.54, no.4, 2009, pp.608–625.

[3] 张开志，高正斌，张莉娜，等：《“候鸟式”流动亦或“永久”迁移？——基于社会融入视角的公共服务可及性与人口流迁选择》，载《经济与管理研究》，2020年第7期，第112-133页。

表2-1　新居民群体性别与年龄基本情况（n = 278）

年龄（n，%）	性别（n，%）	
	男（119，42.8）	女（159，57.2）
18 ~ 35 岁	15（12.6）	31（19.5）
36 ~ 55 岁	27（22.7）	52（32.7）
56 ~ 65 岁	42（35.3）	46（28.9）
66 岁及以上	35（29.4）	30（18.9）

新居民群体受教育程度显示，该群体整体受教育程度较高，具有高中/中专/技校学历者占总人数的50.7%，大墨雨村生活的第一批新居民群体，学历均在大学本科及以上（表2-2）。因此，在媒体报道中，该村也被称为“学霸村”[1]，这也是吸引后续新居民到村中生活的影响因素之一。

表2-2　新居民群体受教育程度（n = 278）

类别	受教育程度	频数（人）	占总体的百分比（%）
受教育程度	大学本科及以上 高中 / 中专 / 技校 初中	102 141 35	36.7 50.7 12.6

调查数据显示，在新居民群体中，云南省省内的新居民占总人数的62.9%，云南省省外的新居民占比为37.1%（表2-3）。这也在一定程度上说明，居住在大墨雨村的新居民群体以云南省省内城市居民为主体。对于居住在云南省内的新居民群体而言，在省内的乡村生活一方面可以平衡工作和生活间的距离问题。另一方面自身与当地村民之间的沟通交流会更为顺畅。原居住地的地理位置也在一定程度上影响了新居民群体在村庄内停留的频率。

[1] 搜狐网:《昆明近郊有个“学霸村”》, 2019 年 11 月 13 日, https://www.sohu.com/a/353206841_308361, 2021 年 11 月 20 日。

表2-3　新居民群体原居住地（$n=278$）

类别	原居住地		频数（人）	占总体的百分比（%）
新居民群体	云南省省外 云南省省内	昆明市 地州	103 121 54	37.1 43.5 19.4

长期在村中生活的新居民占总人数的42.1%，仅节假日、周末在村中居住的新居民占23.4%。而每隔两三个月到村中一次的新居民占18.7%。每个月都会在村中待一周左右的新居民占比最少，仅有5%（表2-4）。通过访谈和观察发现，新居民群体在村内停留频率主要受到工作性质、通勤距离和原居住地距离的影响，生活在昆明市区和来自其他城市的退休老年人在村中生活时间较长，有新居民表示自己春节也不会回老家，而是邀请亲朋好友到村中过年。部分中青年新居民则表示因自身工作原因只能周末或节假日在村中生活，除此之外，工作单位距村子较近的新居民会选择在村中生活。

表2-4　新居民群体在村中居住频率（$n=278$）

类别	居住频率	频数（人）	占总体的百分比（%）
新居民群体	长期在村中生活 每个月都会在村中待一周左右 每隔两三个月到村中一次 仅节假日、周末在村中 长期不在村中	117 14 52 65 30	42.1 5.00 18.7 23.4 10.8

长期生活在村中的新居民ZX表示：

我们老家离得村子里还很远呢，从内蒙古到这里么，也没必要总是回去，再加上我和老公本身都是自己创业（经营咖啡馆），所以也不存在必须到单位打卡这样的事情，我们在这里已经住了3年了，中间就回去过一次。[1]

[1]　ZX，女，1973年生；访谈时间：2020年4月12日；访谈地点：ZX家中。

居住在昆明市区的新居民DXD讲道：

> 我们也挺想在村里一直待着的，但是工作不允许呀，不过我们也算是住得比较近了，在昆明市区嘛，最开始的时候就尝试每天下班再到村里嘞，坚持了一小段时间，觉得实在太困难了，早上么昆明那个路堵得呀，整得人太恼火了，现在就只能是周末和节假日过来住。[1]

整体来看，大墨雨村新居民群体的迁移是以实现生活方式转型为主要目的的逆向迁移，该群体的迁移行动具有明确的动因和目标。当前城市居民到农村生活的现象看似是出于个体意愿的行动，但折射出社会流动与农村社区变迁这一重要的社会事实，呈现出城乡关系的多元可能性。因此，进一步分析新居民群体从城市移居乡村生活的原因，以及究竟是哪些因素促使新居民选择长时间在村中生活就显得很有必要。

二、异化城市生活与诗意乡村想象

现代性所带来的生活方式变革使人们以一种前所未有的方式远离一切传统意义上的秩序，它们改变了人们日常生活中最隐秘、最个人化的某些特征。[2]在加速社会，人们常会发生移居的情况，即使处于定居状态，也会因为快速的社会变迁而不断改变自身生活环境。[3]新居民群体意图移居到具有优良生态环境的地区，致力于探索一种全新的生活方式，他们所拥有的各类资本使其能够在需要时回到以前的生活环境和状态中，这一行为方式是个体认为自身可以实现自主、自我表达和超越的理想路径之一，是对当前生活节奏进行的深度反思。

[1] DXD，女，1988 年生；访谈时间：2020 年 8 月 7 日；访谈地点：DXD 家中。

[2] 包亚明：《现代性与空间的生产》，上海教育出版社，2002 年版，第 309 页。

[3] 郑作彧：《社会速度研究：当代主要理论轴线》，载《国外社会科学》，2014 年第 3 期，第 108–118 页。

（一）生活步调加速背景下个体异化感知加深

齐美尔认为，“生活越来越紧张、社会体验的变迁速度加快，是大都会生活（也因此是现代性的）核心特质”[1]。当今社会生活节奏和生活质量成反比，越快的生活节奏意味着越令人不满的生活质量。在社会大加速的意义上，社会行动者不可避免地形成一种竞争逻辑，个体的人生规划必须用于喂养加速机器。[2]高速运转的现代社会使生活步调持续加速，竞争原则随处可见，个体体验时间不断被“压缩”并逐渐被生存压力和焦虑禁锢。通过对被调查者的访谈发现，移居前的大城市生活状态使其深感迷茫和焦虑，需要在更短的时间内完成更多的事情成为常态。个体出现强烈的被“异化”、被“工具化”感受，渴望获得一种全新生活方式的念头不断在脑海中生根发芽。对于移居前的生活状态新居民HYM和SX有如下表述：

我们两个人从读硕到毕业工作一直是在北京，待了有六七年。在学校的时候就接触过生态相关的社团。但是朴门永续的课程非常贵，可能一次课程就好几千元。一次很偶然的机会，我原来的单位组织到大墨雨村团建，来了以后就觉得乡村生活挺好的，还认识了LTT、WY这些朋友，跟他们了解了村子的一些情况，回到城市之后也在反思自己的生活吧，就觉得城市的环境让自己觉得，不管是生存还是生活都挺难的，后来考虑了很长时间，中间又来了几次，最终决定离开北京到这里，我们是2018年过来的，那时候其实来的人还不是特别多，这两年越来越多了。我们当时在这里租房子的时候，价格也不是特别高，不到4000元吧一年，租了15年，你想这钱在北京能干啥呀，是不，赚的钱交完房租、日常开销，就不剩多少了。现在她在村学当老师嘛，也算有个相对稳定的收入。我因为喜欢木工，干脆就做了一个木工坊，跟随自己的节奏带一些夏令营、冬令

[1]　王小章：《齐美尔论现代性体验》，载《社会》，2003 年第 4 期，第 4–8、14 页。

[2]　[德] 哈特穆特·罗萨，董璐译：《加速：现代社会中时间结构的改变》，北京大学出版社，2016 年版，第 309 页。

营什么的，足够我们两个人日常开销了。[1]

通过观察和访谈发现，他们对移居前的城市生活感知普遍是“节奏快”“消费高”“环境不好”等此类形容词。现代城市的景象被置于消费社会的笼罩之下，而迁居地对于移居者而言意味着一个可以提供更高生活质量的地方，在移居地所停驻时间的长短，首先取决于待在特定地方的生活质量，是在人、地方和自然—文化关系的复杂交叉点上的日常生活经历所产生的结果，在农村地区生活是促进个体生活方式转型的一种积极体验，在放缓生活节奏的同时纾解自己的压力和焦虑。正如新居民YY所言：

我之前在城市生活的时候，自己对于自然生态的很多事物感知不是很明显，当时生活在市中心，“自然”显然不是我日常生活的一部分。在泰国盖娅生态中心[2]学习的那段时间，让我真正感受到与土地的联结，学习可持续的生活方式。对，可以说盖娅是我开始反思自己的生活的一个非常重要的阶段。从那里学习回来后，我就非常想要去实践像盖娅创始人那样的生活。因为我自己对朴门永续农业很感兴趣，在朋友的介绍下，认识了LTT。在2018年3月，我开始到大墨雨村生活，最让我自己觉得不可思议的是，从没想过自己会在30多岁的时候，真正到乡村扛起锄头来种地，更没想到一开始种地就停不下来。[3]

现代性的流动性也导致了人们生活方式以及沟通模式的变革。在传统制度逐渐被新制度替代的过程中，“一切坚固的东西都烟消云散了”。[4] 当前现代

[1] HYM，女，1989 年生；SX，男，1989 年生。访谈时间：2020 年 8 月 20 日；访谈地点：HYM、SX 家中。

[2] 盖娅生态学习中心（Gaia Ashram），位于泰国北部，由 Tom 和 Om 在 2013 年建立。

[3] YY，女，1983 年生；访谈时间：2020 年 6 月 7 日；访谈地点：YY 家中。

[4] 迟帅：《论现代性的流动性及其对社会学研究理论的重构》，载《社会科学辑刊》，2019 年第 6 期，第 69-75 页。

性的本质特性就是液态性、流动性和生存的不确定性，[1]在不断加速的现代社会中个体与社会的疏离感增强，个体压力与日俱增。新居民由于之前在城市生活方式和形式的快速运转，工具理性与商品化充斥在个体的日常生活之中。全面信息化的时代，不断流动的信息加速了个体感知所处的环境，个体通过空间的移动踏入所向往的乡村世界，意图暂时性逃离城市生活的压力与喧嚣。

（二）现代传媒形塑下乡村田园图式生成

科技高度发展的现代社会，不断迭代的新媒介技术已然嵌入个体的日常生活，各类新媒体平台在传递即时性信息的同时，也为个体的自我表达呈现出一个新的展演空间，乡村生活方式被营造为充满吸引力的“田园景观”。[2]怀旧式的田园主义传统将乡村视为都市现代性的避风港和实践生活梦想的理想园地。[3]在这样的乡村想象与再生产背景下，新居民的乡土情结被投射于其移居行动中。新居民GC提及移居至大墨雨村的原因时表示：

> 我很爱看一些比较慢节奏的乡村生活视频，喜欢视频里面的农村生活状态，太向往那种生活了。我自己对农村的感觉就是淳朴、安静，有山有水嘛，生活很舒适。我是东北人，大学毕业之后就在昆明找了工作，在市区和朋友一起合租的房子。知道这里，就是有一次和朋友到这玩儿，然后就挺喜欢这里的，又来了几次，就定下来想在这儿租个房子。我记得第一次来到大墨雨村的时候，就感觉这里是我想要的那种生活状态，它让我感觉非常平静，没有那么多吵闹的汽车声，早上醒来都能听到鸟叫声。当时觉得它的房租是很

[1] 许小委：《不确定世界中人的生存：论鲍曼之流动的现代性》，复旦大学出版社，2018 年版，第 3 页。

[2] 曾一果，时静：《从“情感按摩”到“情感结构”：现代性焦虑下的田园想象——以“李子柒短视频”为例》，载《福建师范大学学报（哲学社会科学版）》，2020 年第 2 期，第 122-130、170-171 页。

[3] 谭华：《乡村传播网络与共同体重建：少数民族乡村文化发展的传播社会学分析》，社会科学出版社，2018 年版，第 7 页。

便宜的，我在昆明也是租房子住嘛，在城里租房子的价格算下来够在村里生活很多年。我自己的积蓄并不多，是在父母的支持下开始改造房屋的，他们刚开始也特别不理解，觉得我就是不务正业，后面我带他们来了几次也就放心了，我现在收入来源就是炒股和在村学帮忙，自给自足嘛，倒是也过得去。[1]

浸润于陶渊明笔下“守拙归园田”“采菊东篱下，悠然见南山”的诗意田园意象，人们对于乡村生活的向往源于几千年来积淀在骨子里的农耕文明，寄托着人们对于耕读生活的情思。对于“乡愁”的集体记忆，对于乡村闲适、静谧生活的社会想象，在某种程度上进一步催发了新居民群体移居乡村的行动选择。当大都市式的生活方式已然成为城市居民的“惯习”日常，异质性生活方式反而更具吸引力。新居民XX表示：

我老家是广东，毕业后，我觉得在大城市工作机会比较多，就到了上海工作。在大城市的感觉就是多元和开放吧，收入也高。因为小时候生活的一些经历吧，所以我一直对乡村有向往，我特别想要接地气，接触大自然。我喜欢乡村的一切，可以充分享受阳光和空气。有一段时间，我觉得城市的浮躁状态让我很难沉静下来，到这里之后，我感觉自己能够真正静下来。虽然我现在每个月都有固定的时间回到村子里，但我自己还是想着说，能够慢慢地把那边的工作转移到这里，现在工作室也慢慢成形了，但完全到村里生活还是需要一段时间内的。[2]

久违的鸡犬相闻之声、宜人的自然生态环境，更容易使人获得生活上的满足感。在高度现代性的时代，远距离发生的事对近距离事件以及自我亲密

[1] GC，男，1993年生；访谈时间：2020年6月18日；访谈地点：墨雨村学。

[2] XX，女，1987年生；访谈时间：2021年4月17日；访谈地点：大墨雨村民族广场。

关系的影响变得越来越普遍。[1]个体迫切需要能够不为信息化碎片所裹挟，远离喧嚣的城市生活，重温久违的乡土与乡情，体验充满人情味的乡土社会。全新的乡村生活方式被表征为能够释放压力同时缓解焦虑的生活策略。对于移居到乡村生活的新居民群体而言，最重要的是内心的感受，能够掌控自我的生活节奏。F姓新居民亦言之：

> 我来这里，其实很大程度上是因为我儿子。我儿子患了抑郁症和焦虑症，现在处在休学的状态。医生建议让孩子换一个环境生活，在自然中，也许会对他的病情有所帮助。我们是成都的噻，成都周边的村子也去看过一下，不是价格不合适，就是没有很多人住在一个村子里，没有一起生活的氛围。我们是在一个朋友的介绍下来到这个村子里的，来了之后我和儿子就住下来了。感觉挺好的，是乡村田野的那种感觉，现在就是盼着他能尽快好起。[2]

新居民群体对乡村生活的体验感高于城市。从另一个层面赋予那句古老的格言——“家即是心归处”以新的含义。有学者提出“家”的概念与个体的自我意识是分不开的，这也意味着“家”不一定是一个人（或法律上）居住的地方。现代化的力量使这一点更加真实，而且倾向于使人的心（或身份）脱离其原有的场域，并像许多根茎一样在空间中重新蔓布。[3]对于选择全新生活方式的新居民群体而言，去往乡村并不再仅仅局限于回到自己的故乡，这个乡村可以是自己的“心”安处，是个体所认定的“第二故乡”。移居乡村生活不再是一时冲动下所作的决定，而是反复思量之后仍然坚定的移居抉择。从城市移居乡村这一行动蕴含着新居民群体对当前生活节奏和生活状态的重新思考。

---

[1]　[英]安东尼·吉登斯，夏璐译：《现代性与自我认同》，中国人民大学出版社，2016年版，第16页。

[2]　FF，女，1971年生；访谈时间：2020年7月6日；访谈地点：FF家中。

[3]　Scott A Cohen, Tara Duncan, Maria Thulemark, “Lifestyle mobilities: the cross roads of travel, leisure and migration”, *Mobilities*, vol.10, no.2, 2015, pp. 155–172.

在现代社会生活中，传统的控制力越发式微，人们的日常生活也越发为本土与全球的交互辩证所重构。根据西方现代性的主要文化逻辑，美好生活取决于人生中所拥有的经历体验和深度探索。体验人生各种复杂的高低起伏已成为现代人所追求的目标。一方面，流动的现代性下的参与者获得了不同程度的流动性体验，这种精神与反身的个人主义和被裹挟的消费主义的矛盾趋势产生了共鸣。另一方面，移居乡村生活的新居民群体期待更有框架感、全局感地去整体把控、安排与设计自己的生活。这种现象表达了对一种由过渡、连续的转变和协调的变化构成的同一性渴望。其在流动时空中获得舒适生活的前提下，想要拥有更多元化、富有趣味的日常体验，期待变化丰富的自我与生活。在极盛现代性下，个体不仅追随生活方式，而且在某种意义上不得不如此。个体化进程中的第一个命题，就是关于个体如何界定和保障自身权利，想追求和建立怎样的身份状态，展开怎样的生活方式，由此获得安全感。对日常生活进行规划和对生活节奏的掌控，一直是现代社会个体在寻求和建立自己向往的身份状态时所依赖的重要解决方案。

三、原生空间挤压与新共居空间形塑

新居民的移居行动直接导致村落物理空间分化，并主要表现为居住空间和公共活动空间被挤压，原本明晰的空间界线逐渐变得模糊，新的共居空间形态生成，新老居民混居于同一生活空间中使得村落空间的功能发生显著变化。

（一）村落原生空间形态

从村落物理空间来看，村中原有居住空间结构是在老村民群体长期的生产生活过程中建构的。如图2-2所示：①所示区域为老村民群体的居住范围，区域④所示是新居民群体移居到大墨雨村之后形成的新老居民共居格局。在新居民群体未移入之前，老村民群体整体的居住格局划分明确，可以清楚地看到有3条路可以进入大墨雨村。其中，每一个路口都需经过昆明绕城高速，进入大墨雨村之后可纵览村落空间格局，以村中中心石为界划分出上、中、下三个居住区。居住在村落靠高速公路位置的村民出入村庄常需要走村雨花小学方向道路。靠中间位置的村民常走麗日方向主路，从这条道路进入村庄之后，可以看到道路两旁村民新建房屋延伸至民族广场位置。村中的“龙潭”位于村委会不远处，龙潭水供村民日常使用。村中土主庙坐落于龙潭正上方密林中，农田嵌于居住区和山林之间。

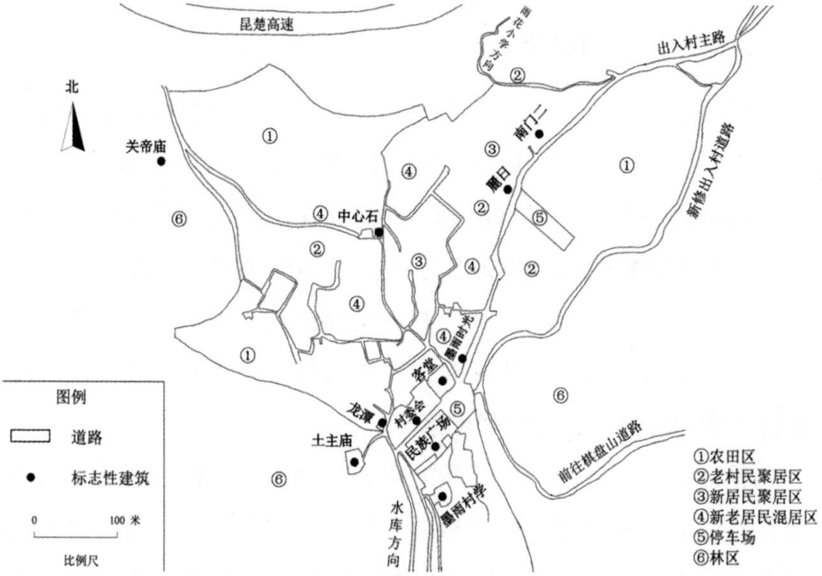

图2-2　村落布局示意图

村中土地与居住空间的位置是紧邻和混合的，方便村民日常劳作，村民与村民的房屋挨在一起有助于彼此互帮互助，形成地缘关系纽带。居住空间本身也承载了生产功能，如晾晒苞谷、制作农副产品及手工艺制品等。作为主要仪式场域的土主庙、关帝庙是村民重要公共活动空间，居住和公共活动空间兼具居住、交往、生产劳动和休闲娱乐等多重功能，它们在位置上靠近交织，在功能上多元协调，这样的空间安排维系着村落社会经济结构的稳定，使得村民们可以稳定地扎根于乡土之中形成独属于该村的地方性生活样态。

当新居民移居至村中时，其自身生活需求导致村落传统居住空间分化，原本居住在同一片区域的部分老村民为获得经济收入，选择出让自身居住空间。此外，公共活动空间也随之发生变化，其功能变得更加正式化和专门化，空间分化使得村落原生空间朝更加新型、现代化的空间转型，传统空间距离和分布密度增大。新居民的移居行动给老村民群体的生活节奏带来了明显的影响，原先围绕传统空间形态形成的生活节奏被打乱，劳作、社交、娱乐等一系列活动皆受到限制。

（二）村落新型空间形态

空间的物质基础决定了它是一个可以被占有、支配和规划的客体，社会关系亦能体现社会空间的基本形态，[1]空间结构的变化可以揭示出空间中的主体间及与外部主体的互动。所有社会活动都存在于特定的社会空间之中，并以一种独特的方式影响群际间的交往与互动。[2]由于村中人口数量不断增长以及原有旧式民居年久失修，因此陆续有村民选择在浑团路两旁或在村中再建新居，受益于新居民的移居改建行动，村中闲置民居得到有效改造，随着新居民人数日益增加形成了新的空间聚落。

具体来看，首先，村落居住空间的割裂，原有居住格局因新居民的介入而发生变化，进而出现混居型居住格局。这样的空间改变背后蕴含着新的社会行动逻辑，处于共居空间中的群体需遵守村落内部规则。老村民MYK对当前形成的空间格局表示：

> 现在好了么，以前那些老房子啊，比如李大爹牛棚那些，房子太久了嘛，不住人的话也没人想得起来修它，就是放在那里啦，我家呢老房子也是放在那里放着，没得人住了，我家里呢老人现在跟

---

[1] 王寓凡：《空间再造与扶贫人口的社会适应》，华中师范大学博士学位论文，2021年，第55页。

[2] 方亚琴，夏建中：《社区、居住空间与社会资本——社会空间视角下对社区社会资本的考察》，载《学习与实践》，2014年第11期，第83-91页。

我们一起住，老房子就放在那里。现在新居民这些来了嘛，人家把那些房子改的是很漂亮呢，我们也是很高兴。[1]

在老村民群体看来，新居民来租闲置旧式民居是一件好事，它不仅改变闲置房屋无人或少人居住即将被“遗弃”的命运，老村民也因此获得租金。有新居民表示：

我们来这里可真算是“精准扶贫”，要不是这里环境好，租金还能接受，也有好多志同道合的朋友在这里一起玩儿，谁会花那么多钱装修一个20年后不属于自己的房子啊，就当我们都为这个村做贡献了呗，能舒适地享受这20年也算值得。[2]

新居民群体普遍认为，在村中租赁并改造房屋对于老村民而言是一件极有益的事情。新老居民通过租房、改造房屋等活动与大墨雨村原有空间产生联结，从而建构起新的空间结构。正如黄应贵指出：“当人们在物质基础上活动而建构出社会关系的空间之时，它本身也同时将有关的人安置于社会关系的脉络中。”[3]在大墨雨村新形成的社会空间结构中，新的社会关系类型也在孕育。

其次，村落文化—心理空间结构发生复杂变化，村落社会结构的空间组合与地方性文化和城市社区有着全然不同的运作逻辑，新老居民的生活方式因不同生活环境和经历呈现出差异性特征。双方有着迥异的生计方式，一部分新居民拥有的物质经济条件使其无须再为生活奔波，处于享受生活的状态。另一部分新居民通过利用乡村地方性资源并雇用村民开展各类体验式经营性活动，以获得经济收益。而老村民以农作物种植售卖、工程运输业为主要谋生方式。此外，双方截然不同的生活态度和行为方式，地方性生活方式与都市生活方式于同一居住空间中孕育出张力。

[1] MYK，男，1988 年生；访谈时间：2021 年 4 月 19 日；访谈地点：墨雨村学。
[2] LYY，女，1974 年生；访谈时间：2020 年 4 月 5 日；访谈地点：新居民 XJH 家中。
[3] 黄应贵主编：《空间、力与社会》，“中央研究院”民族学研究所，1995 年版，第 13 页。

新居民的移居行动带动了村庄经济社会发展，带入了新的价值观念。与此同时，老村民对于新居民的态度充满矛盾复杂的情绪和情感。当新居民以其具有明显现代性特征的生活方式表达深层自我时，老村民也会在自我意识的深处敏锐地察觉到，自身与外来者不仅有地理位置上的差异，还有明显的“惯习”区隔。新居民基于村庄空间的符号化建构，在实践自身理想生活方式的同时不断改造、利用空间并实现权力的再生产。

老村民群体所遵循的地方性文化逻辑蕴含着其族群起源、演变和发展过程，群体内部日常生活经验揭示出村落地方性知识。大墨雨村村民的生活方式作为一种群体文化存在，向外界传递出独属于本村的文化形态，有着自身的文化—心理空间结构。随着村落居住生活场景的转变，新居民的移居实践进一步作用于老村民的心理认知模式和社会行为，文化和心理层面的行动认知因外生因素扩散至个体内部。

最后，村落公共生活空间发生变化。村落公共生活空间作为蕴含乡土情感的独特建构物，也是承载乡村空间物理特质的象征性场所和村庄集体性情感记忆的具象化物。在乡土社会中村落公共空间物理边界明晰，然而新居民的空间实践使得这一边界日益消解，其通过一系列策略性行动强势进入村落公共生活空间。村落公共生活空间内部权力配置，因居住空间的分割和文化—心理空间的区隔以及新空间的生产日益被颠覆。从直观化的空间再生产图景来看，村内原有的两家小卖部被市民经营的便利超市取代，村内土主庙里的“神灵和祖先”也变得不再“清净”并被转译为仪式性的文化展演符号。

村中广场、小卖部、客堂、土主庙等这类村民进行日常信息交流、举办人生礼俗仪式活动、祭祀神灵和祖先的公共活动空间，已逐渐被建构为符合城市生活方式取向的景观性造物存在。承载乡土记忆和乡愁的乡村空间被再生产，其中各个区域被进行功能性和工具性的分割和美化，在这样的空间形态中标识空间被支配和占有的范围。村落空间格局分化进一步表现为个体在这一客体中的行动逻辑，它包含着关系的建构与重构，以及主观情感和认知的变化，新老居民两大主体对新空间形态的改造涉及二者间生活方式的抽象再造。

第二节　生活方式差异表征与行动逻辑

文化是具体的日常生活世界中的经验性事实，这些生活经验的意义和价值总是能够通过特定的生活方式进行呈现。[1]文化在为个体提供行动策略的同时塑造着行动。长期以来，老村民群体和新居民群体在各自所处的生活环境中形成了不同的生活方式，有不同的行动逻辑。价值观念是乡村社区对客体能在多大程度上满足需要情况的感知、判断和认知，影响着个体的生活观念和目的，进而影响其整体生活方式。[2]

一、共居格局中群体行动差异化表征

在客观社会结构和个体长期形成的主观选择倾向的双重作用下，个体生活方式得到了稳定的传承，并内化于自身认知图式中，形成与社会结构、文化因素等相适应的生活系统。新居民群体和老村民群体所处的生活环境和经历差异使其形成了各自不同的生活方式，并具体体现于社会交往方式、生活态度和闲暇时间层面。

（一）截然不同的社会交往方式

社会不管形式如何，本质是人们交互作用的产物。[3]人类不同时期的社会交往关系可以划分为三种不同的形式：一是处于前现代农业社会时期，人

[1]　萧俊明主编：《现代社会生活方式的文化根源》，社会科学文献出版社，2013 年版，第 1 页。

[2]　王思斌：《民族社会工作：发展与文化的视角》，载《民族研究》，2012 年第 4 期，第 1–7、107 页。

[3]　中共中央马克思恩格斯列宁斯大林著作编译局编译：《马克思恩格斯选集（第四卷）》，人民出版社，2012 年版，第 320 页。

与人之间较为依赖的交往方式；二是在现代工业社会化，对物的依赖而形成的交往方式；三是在以公有制为基础的社会形态下，个体自由发展的交往方式。[1]在大墨雨村，老村民群体和新居民群体之间的社会交往方式呈现出特殊形式。

中国人的社会关系可以依据亲疏程度划分为家人关系（父母、子女、兄弟、姊妹及其他家人）、熟人关系（亲戚、朋友、邻居等）和生人关系（与自己无任何直接或间接联系的社会关系）三种类型。家人关系对社会交换的预期最低，责任与义务是家人关系的基础；熟人关系对人情原则适用，彼此之间交往要讲究人情并以人情累积程度为基础形成进一步的交往策略；生人关系对社会交换的预期价值最高，彼此之间遵循平等互换的原则进行交往。[2]除此之外，还可以将情感性关系、混合性关系和工具性关系作为个体所拥有人际关系的基本类型，最为典型的情感性关系是家庭关系、亲友关系；工具性关系的主要目标在于获得所需的资源，将此种关系类型作为一种工具；混合性关系是交往双方有一定程度的情感关系，但不足以完全以情感性关系对待。[3]

老村民群体的社会交往方式具有熟人社会特征，且呈现出对陌生人的原初排斥。在大墨雨村，“人情法则”不仅适用于村中日常交往，也是个体在所处结构性环境中对可用性资源进行争取的一种行动策略。人情社会规范的具体实践体现于两大类社会行为：一类是以礼物的馈赠、拜访问候、参加聚会等方式维系和维持关系，另一类是当关系圈层内的某人遇到困难时能够提供实质性的帮助。在这样的社交规范下，老村民群体认为“人情”是能够将交往延续下去并伴随一定交往预期的重要法则。新居民FZY也曾表示：

在城里生活哪儿有那么多人情可讲，窗窗相连，门对门，可对

[1] 中共中央马克思恩格斯列宁斯大林著作编译局编译：《马克思恩格斯选集（第四卷）》，人民出版社，2012 年版，第 322 页。

[2] 杨国：《中国人的心理与行为：本土化研究》，中国人民大学出版社，2004 年版，第 105-106 页。

[3] 黄光国，胡先缙，等：《人情与面子：中国人的权力游戏》，中国人民大学出版社，2010 年版，第 5-11 页。

门的邻居换了几茬了，我都认不得。但是我搬到大墨雨村就不一样了，这是城市生活所没有的情怀。我最明显的感觉就是这里处处都要讲人情，你想嘛，人家村里都是熟得不能再熟的人了，你对别人客客气气的，平时在村里遇到了，打个招呼，别人就会觉得你这人看得起人家，他们自然也会对你好一些，你帮人，别人自然也记得住你的好。[1]

尽管老村民群体和新居民群体之间的社会交往方式由于所处制度环境、社会结构不同，形成的社会交往圈层也有所区别，但二者都认为“人情”是日常生活中重要的关系润滑剂。老村民群体崇尚“人情”且认为有感情才能好办事，“自己人”的内部规则已内化于日常生活交往之中，群体内部有着共同的集体记忆和情感体验，以血缘和地缘为核心建构起来的关系网络，要求身处其中的人以情谊为基准，具有“人情味儿”的村庄凝结成紧密又兼具伦理和功能性的村落共同体。

相较于老村民群体，新居民群体更倾向于使用“公平法则”以平等合理的方式交往，获取彼此所需资源。因此，当两个遵循不同社会交往逻辑的群体同时处于相同的社会结构之内，其关系存在具有一定复杂性和特殊性。正如黄光国所言：“交往双方不仅预期将来他们可能再次进行情感性的交往，而且他们还会预期有共同关系网内的其他人也可能了解到他们交往的情形。”[2]新居民移居至村中生活后，对“人情法则”的体验感知不断加深。原先在城市中所遵循的社会交往策略不再适用于当下所处环境。在村中，对于老村民群体而言处于“陌生人”角色的新居民群体要建立起新的社会关系，首先需要适应地方性文化，对待他人的方式和原则也需作出相应调整，这样才能建构起新的关系类型。

[1] FZY，女，1957年生；访谈时间：2021年6月6日；访谈地点：FZY家中。

[2] 黄光国，胡先缙，等：《人情与面子：中国人的权力游戏》，中国人民大学出版社，2010年版，第12页。

（二）生活态度的不同实践情境

态度被视为主要是在参照社会世界时表现出的，并且首先要与某种价值相关联的一种心理过程。在个体身上存在特定行动倾向和价值态度。[1]生活态度是指人们在生活实践中形成的，如何处理诸种生活问题的一种稳定的心理倾向和基本意愿，其折射出个体和群体对行为选择的倾向性以及对于事物的评价，也是对长期生活环境满意度的直接反映。处于共居空间中的老村民群体和新居民群体的生活态度体现出对所处环境的满意程度。

在老村民群体看来，长期以来的生活环境是与城市不同的，村落自然环境资源特征决定了其日常生产方式。乡土情结与家族观念是中国农民的传统心理。[2]这样的传统心理对老村民群体的思想和行为产生了潜移默化的影响。老村民认为，口袋里的钱是生活的基本保障，有一定的经济基础并且能够把孩子教育好，家里生活和睦，就是好的生活，村民们对生活的态度大致相似，他们表示：

> 能苦着钱，养好小娃，生活就过得好（ZCJ）；现在的日子嘛肯定比不上人家城里人，但是比着以前嘛好了很多。有钱么，就能过上好日子，家里小娃要是学习能好一点，老人么身体健健康康呢，还图些什么，就是好日子了噶（LYZ）；给家里孩子结婚，又带孙子，再管管老人，哪久能空下，管了一茬又一茬，只要家里都好就是完成我呢任务了（NMF）。[3]

从整体上看，“过日子”便是村民日常生活的主轴，其将孩子的教育、婚恋视为人生任务，家庭本位是生活核心。对于以过日子为生活目标的老村民

[1] [比利时]威廉·杜瓦斯，赵蜜等译：《社会心理学的解释水平》，中国人民大学出版社，2011年版，第120页。

[2] 张勇：《中国农民传统心理探析》，载《广西师范大学学报（哲学社会科学版）》，2015年第2期，第140–145页。

[3] ZCJ，男，1963年生；LYZ，女，1967年生；NMF，女，1963年生。访谈时间：2021年6月19日。访谈地点：大墨雨村民族广场。

而言，只要能够把自己人生每一阶段的任务完成，将家庭生活经营好就意味着生活目标的实现，而个体的自我实现让位于核心家庭本位的代际伦理与责任。平淡而真实地过日子的生活哲学始终贯穿村民生命历程之中，尽管村落经济社会结构在发生变化的同时，村民生活态度也在发生改变，但其本质还是对现实生活的追求，自我在生活空间中所占位置有限。老村民日子的好坏并不完全取决于金钱的富足，人生任务的圆满完成才是其追寻的生活态度和意义。“家本位”思想嵌入村民人格结构中，当任务实现获得自我与他人的认同时，方真正实现人生意义。

新居民群体的生活态度是在物质生活得到一定满足之后，转而追求精神生活的丰富。相较于城市的生存和生活环境，在大墨雨村的生活更接近其意图建构的全新生活方式。前文已提及，新居民倾向于自我实现并期待自身能够逐渐从各种社会制约之中解脱出来，移居行动也是一种关于自我的体验。乡村生活能够带给他们异质性真实体验感，从而使自身内在情感需求得到满足。有新居民曾讲道：

> 对于大自然和宁静生活一直是我所追求的。在这儿是另一种生活状态，能够得到一种心灵上的平静和愉悦，是回归本真的感觉。这种在大自然中的奇妙体验感，让我重新和自我联结了。来这里，我没告诉家人，从公司辞职也没告诉他们，多年攒下的积蓄至少能够我维持在这里的生活。这一次，我想为自己活。[1]

从访谈资料可以看出，个体有越来越大的空间和自我决定权来选择自身所期望的生活方式。主导生活方式的标准从普适和功能转向独异和文化，原有的理性主义“生活标准”转换为中产阶层的“生活质量”，自我寻找“真”的经历成为相应动力。[2]从笔者对新居民群体观察的结果来看，每一位新居民都是有

[1]　WZJ，男，1970 年生；访谈时间：2021 年 7 月 7 日；访谈地点：村中水库。

[2]　[德] 安德雷亚斯・莱克维茨，巩婕译：《独异性社会》，社会科学文献出版社，2019 年版，第 75-76 页。

故事并在不断寻找和实现自我的人，他们的移居行动呈现出独异性逻辑下的独特生活态度，具体表现为对真实体验感的追求和对移居特殊性标准的要求，以此践行自身敢为人先，并进行真实自我呈现的“编曲式”主体行动逻辑。两个群体自身拥有的资源不同，决定了他们拥有完全不同的生活态度。

（三）闲暇时间的不同行动策略

时间在社会组织中扮演着核心角色，它标识文化边界与文化变动，个体和集体的生命阶段和节律，它创造稳定与结构。[1]社会时间是与个体的生活有着密切联系的，其本质在于社会建构，个体通过一系列社会行为将时间赋予新的表现与表达。社会时间在个体上呈现出强烈的结构性关系。在各种类型的生活时间中，闲暇时间是个体可支配程度最高的一类时间，这一时间段行为方式的选择在一定程度上呈现出个体的个性化特征。[2]闲暇时间是具有社会意义的，个体在闲暇时间中获得休息和放松，且其作为一种社会媒介，意义结构通过闲暇时间进行再生产，不同的时间观念也在一定程度上体现出个体在对闲暇时间的支配和获得上产生的巨大差异。[3]

起源于社会生活的时间能够成为集体表征的主题，时间被划分为多种类型的活动，这些活动又被组成一种总的文化节奏并赋予时间以意义。[4]时间包括线性时间与循环时间两种时间意象，前者代表一种工业的、客观的以及按时间顺序排列的时间形式，而后者则是一种经验的和具有时代性意义的时间。[5]老村民的时间观念更倾向是一种循环时间，是建立在对自然节律的体验

---

[1] [瑞典]洛夫洛伦，[瑞典]弗雷克曼，赵丙祥等译：《美好生活：中产阶级的生活史》，北京大学出版社，2011年版，第12页。

[2] 王琪延等：《城市居民的生活时间分配》，经济科学出版社，1999年版，第49页。

[3] 王越平：《乡民闲暇与日常生活：一个白马藏族村落的民族志研究》，民族出版社，2011年版，第183页。

[4] [英]约翰·哈萨德，朱红文，李捷译：《时间社会学》，北京师范大学出版社，2009年版，第3-4页。

[5] [英]约翰·哈萨德，朱红文，李捷译：《时间社会学》，北京师范大学出版社，2009年版，第10页。

基础之上的，各类活动被有序地分布在年度时间周期的结构性安排之中。而新居民的时间观念可以被指向为线性时间，是被时间结构化，将自己的生活节奏看作由钟表和日历主宰的周期性形式。

由于老村民群体和新居民群体是在不同的生活环境以及文化环境上构建的社会时间，因此，其时间观具有一定差异，其在闲暇时间活动的选择上具有明显区别。在老村民群体看来，其时间观念是与劳作周期和自然节律紧密相连的。新居民群体的时间观念是被格式化、专门化的时间单位。

乡村生活与城市生活在闲暇时间上的分野在于，村民们必须以自然节律来对自身的生活进行规划。就传统中国乡村社会而言，农业是最为主要的生产性活动，其他社会活动基本以此为轴心展开，因此传统中国乡村民众之时间生活具有强烈的农事节律特色。[1]闲暇时间也是与村内的生产活动紧密相连的。村民的闲暇时间是无法完全与日常生产活动精确区分的，尤其是年龄段在55～65岁的村民，闲暇时间的闲谈聊天也伴随刺绣等活动。村民们的主要娱乐和休息方式主要是串门聊天、跳左脚舞、唱小调、喝酒、看电视、打麻将等。在老村民群体看来，闲暇时间整体上可以分为两大类：一是日常生活中的交往时间；二是节庆和人生礼仪活动的时间，这两种类型构成了大墨雨村村民的闲暇时间安排。

新居民群体对于在村中的生活时间具有较为明晰的分配方式。相较于之前在城市生活时间的规范化和精确化分类管理，在村中生活不再受到制度时间的约束，个体能够支配的时间更为充裕。由于个体的生活节奏、文化程度、性别以及兴趣爱好不同，其对于闲暇时间中闲暇活动的选择也存在差异，但从整体上看，其闲暇时间以“慢生活”为主节奏，以个人兴趣为主旨。运动健身、看电影、玩剧本杀、喝茶聊天、听音乐会或去观看艺术展等是新居民群体在闲暇时间会选择的主要活动。[2]

---

[1] 王加华：《被结构的时间：农事节律与传统中国乡村民众年度时间生活》，上海古籍出版社，2015年版，第19页。

[2] 王琪延等：《城市居民的生活时间分配》，经济科学出版社，1999年版，第69页。

新型社群因“趣缘”而聚，新居民群人数较多且生活经历多元，其内部因各类兴趣爱好形成不同圈层。他们通过共同的交流话题精准识别陌生个体是否与自己具有同质性，从而构建具有共同爱好的社群。例如，有青年新居民建立的剧本杀、狼人杀等爱好者圈子，热衷于角色扮演类游戏的新居民常聚在一起进行信息共享，并以此为工具拓展自身社交范围。此类型交往方式可以使个体快速拓展自身社交关系网络。除此之外，还有热衷于健身、品茶等活动的新居民也建构起不同的社交圈。这一交往方式逐渐成为新居民进行情感互动的新形式。

品位是嵌入个体日常生活中的“惯习”的重要组成部分，它的形成受到历史性与社会性的长期形塑，个体品位来自其社会化过程，被内化为个体对自我及某一社会群体的认同。[1]同样地，在闲暇时间中闲暇活动的选择指向个体在社会位置上的某种行为偏好。这一偏好区分出两种不同的闲暇生活方式，表现出不同的文化特征。老村民群体的闲暇方式反映出以农事节律为基轴的生活轨迹，具有规律性、稳定性的特征，体现了一个相对传统村落村民的价值观。新居民群体的一些闲暇活动是老村民群体完全没有接触过的新兴活动，外来观念的介入对老村民群体产生了一定程度的影响。但其日常生活中仍以传统的时间观念为主，并遵循这一观念从事相关生产生活活动。

（四）居住空间功能设计和装饰风格的分异

在理解人类社会本质与结构的过程中，建筑形式被看作人工制品中最为卓越的代表。[2]建筑作为行为的实证和生活方式的“活化石”，展示出不断发展变化中的不同生活模式，同时显现出明确的建筑原则。[3]老村民群体和新居民

[1] 朱迪：《品味与物质欲望：当代中产阶层的消费模式》，社会科学文献出版社，2013 年版，第 49 页。
[2] [美]维克托·布克利，潘曦，李耕译：《建筑人类学》，中国建筑工业出版社，2018 年版，第 15 页。
[3] [美]维克托·布克利，潘曦，李耕译：《建筑人类学》，中国建筑工业出版社，2018 年版，第 26 页。

群体在建筑风格上呈现出差异化审美风格，亦折射出双方不同的生活方式特征。房屋建筑风格代表了个人风格特征，老村民对于自家新建房屋表示：

> 我们现在修的这些新呢房子么，和之前呢老房子不一样，你看以前老房子了么？它是方方正正呢，还有那些墙里面的木头了嘛，是防贼呢，现在不会了，家家都有防盗门了。还有以前也要有牲口棚，让鸡、鹅这些养着。现在家里养着这些也是单独有了一个地方。我家里现在建了有三层嘛，一楼就是厨房，要留地方能放下火塘烤火，还是很习惯用大灶了，煮出来的东西香。二楼就是放着沙发，看看电视了这些，人么也住在上面。三层也是住着人，有个顶就可以空着了，晒晒衣服、苞谷，养养鹅、鸡这些。有的人家的大门是要高一些，他们拉着大车嘛，大车开回来门高了才好，但是我家是住在靠着里面了嘛，不能修那个大门了，我儿子家的门就是要高着才好。[1]

老村民LSC家楼顶如图2-3所示。

图2-3　老村民LSC家楼顶

[1] XKX，男，1965年生；访谈时间：2021年4月23日；访谈地点：XKX家中。

老村民的房屋建筑风格从整体上看是其意识观念在建筑上的具体体现。实用性是其追求的首要目标，体现了对所处环境的适应以及对祖先传承下来的房屋使用方式的不断叠加和创新。新的房屋始终保有过去的历史记忆，不管是偶尔用来养家禽的楼顶，还是堆满各类农具的楼梯，专门留给火塘、灶台的位置等，都是对过去生活方式的再引用。房屋建筑风格和屋内功能区域的划分被抽象为一种潜在的生成性力量，使得过去和现在被重新连接起来。

对于新居民群体而言，他们更加关注房屋呈现出的视觉效果。新居民DXI看到老村民新建的房屋时表示：

> 你看到了，L大爹新盖的那个房子，和座庙似的，那颜色真是绝了。我是不明白，老村民这些审美风格，不是豪华宫殿就是庙，真的是……其实他们盖这些房子也不便宜嘛，就是审美水平上不来，每家每户都盖那么高，颜色不是黄红相间的，就是全部贴上那种砖，我真是欣赏不来。还有房间内部的布局感觉也不合理，就是浓郁乡村风。[1]

老村民XKX家新房如图2-4所示。

图2-4　老村民XKX家新房

[1] DXI，女，1989年生；访谈时间：2020年4月28日；访谈地点：DXI家中。

在新居民看来，老村民房屋设计上不协调的配色以及房屋空间上不合理的划分是其新建房屋无法呈现出视觉美感的主要原因。新居民群体所习惯的城市生活方式是私人领域与公共领域清晰划分下的社会生活建构起来的。城市建筑风格是视觉化的，有统一的建筑规模和装饰主题，外在的建筑景观很难区别，只有个体在房屋内的装修才能体现出不同的个人化表达。同时，城市住宅小区还存在一种预设的差异，高档住宅小区和普通住宅区有着显而易见的区别。

新居民群体对租赁房屋进行改造建构出的建筑风格与老村民群体迥然不同，具体体现为房屋前的布置、房屋的配色、装修使用的材料、各类区域的使用、家具的选择等。通过建筑传递出的是个体的创造性实践，同时附着着对家的归属感的营造。新居民在改造房屋之时意图建构符合自身个性化风格表达的理想住宅，家庭装饰与居家氛围皆由其精心打造。房屋装修改造过程是其确定“在场”的特殊方式，并由此进行生活特征性的扩展，正是有属于自己的家存在，新居民群体与大墨雨村之间的联系才不断加深。新居民HJ提到自己花费大量时间和精力改造的房屋时表示：

我们是2018年的时候租下来这个老房子，3月正式开始进行改造的，老房子的装修和在城里装修房子真的完全不一样。这个房子装下来前后总共花了60多万元吧，一些新居民戏称我们家是“豪宅”，其实还是想要住得舒适一些，我们用的材料都考虑了材料的再生性，我觉得合适的材质一定是能够和建筑呼应的，墙面上还嵌了一些不规则的艺术砖，这样看起来就更加活泼一些了。家里就我和女儿两个人住，她平时会在家里画画、健身这些。所以我们装修的时候就有设计多个可以满足不同需求的空间。之前在城市里生活的空间没有这么大，现在租的房子既然有足够的空间，就要好好利用一下。我自己也需要一个独立的空间看书、喝茶，所以也有这样的设计。厨房的设计也是完全按照我的想法来做的，我很喜欢烘焙，也喜欢邀请一些朋友到家里来做客，所以做了吧台的区域。女儿的画室区需要采光好，也作了一些调整。我们是北方人嘛，再加上我对养老的需求，所以在一楼和二楼的区域铺设了地暖，二楼的墙做成了有隔音效果的。我们在院子里装了卫生间，村里人没有在家里装卫生间的，广场那里有一个公共卫生间，老村民都在那里上厕所。但是我们肯定是不习惯的，所以必须有卫生间。后院的区域除健身的区域之外，还有我们租下的一个小菜园，种了苹果、樱桃、百香果这些，还有老村民送给我们的一些当地的菜种。把这个租来的房子打造成我们理想中的样子，让我们更加有信心在这里生活了，有时候短暂回老家啊，还是会对这里有种特别深的牵挂，毕竟有属于自己的家在这里了。[1]

新居民LTT租住老宅改造图如图2-5所示。

图2-5　新居民LTT租住老宅改造图

笔者观察村中新居民改造房屋发现，每一户新居民的房屋皆体现出自身

[1] HJ，女，1963年生；访谈时间：2021年4月15日；访谈地点：HYF家中。

强烈的个人生活风格特征。老村民和新居民对房屋设计的不同表达进一步体现于二者在建筑材料的使用、房屋布局以及家具选择上。海德格尔有言："建造的本质是能够让人栖居，建造乃是通过空间把位置建立起来。唯当我们能够栖居，我们才能筑造。"[1]建筑物通过人为的建造，为人们提供了一个空间，建筑物与建筑地以及在其中居住的人产生了联系，即海德格尔所说的"建筑物的物的本质"。[2]新居民通过租赁并改造房屋这一事件，不仅与村庄有了进一步的联结，也与老村民群体不断发生互动且深度介入其日常生活之中，群体间关系的生成源于对房屋的改造和使用。房屋装修使得原本就以帮人装修为生的几户老村民可以直接在村中从事相关活动，村中部分村民也因此获得新的就业途径（背砖、抹水泥、贴地砖、墙砖等）。村中较为有名的一支装修队伍的负责人LSH讲到在给几家新居民装修房子的过程中，他不理解新居民的一些想法：

我现在装的这个房子了么，是在村里装呢第5家了，我家老房子租给W姐家了，她家也是我装呢。有时候是真呢不明白他们想法了么，家里非要弄一个那个壁炉的，在我看来那作用不大，我们冷呢时候烧上一个火盆就好了，这个壁炉又占地方我们之前又没有整过这些，拿照片给我看，我才弄明白一点。还有现在这个房子里，非要弄一个什么古装电视剧里出现的帘子，说是下雨的时候好看，好看能做啥？房顶上放上一块防水布么，或者是整上一些防水的涂料才好。以前是真呢没有装过这种，有些新居民的要求太高了，讲半天才能整清楚，好多东西我们以前都没有见过，那我们干了这么些年活，都是在村里。那现在好多新居民家里弄的这些我们是长见识了，我们家里是整不来这些。[3]

---

[1]　[德]马丁·海德格尔，孙周兴译：《演讲与论文集》，三联书店，2005年版，第169页。
[2]　[德]马丁·海德格尔，孙周兴译：《演讲与论文集》，三联书店，2005年版，第163页。
[3]　LSH，男，1968年生；访谈时间：2021年4月16日；访谈地点：新居民HXL家中。

新居民XJH房屋改造内部格局如图2-6所示。

图2-6 新居民XJH房屋改造内部格局

在帮村里几家新居民装修了一段时间的装修队带头人LSH师傅看来，新居民选择的一些家装物是老村民之前未接触过的，对于在物的实用性及其带来的体验感中的取舍，老村民和新居民有不同的选择倾向。卡斯特纳（Kastner）指出，“房屋就如同它们将成为的那样，可以从里到外根据居住者的物质和心理需求加以设计。”[1]作为制造物的建筑在个体的实践意识下完成了再生产，在其产生过程中，“惯习”被明确显现。建筑物投射出的是双方群体对自身特征的一种具象化表述，客体化的建筑物在大墨雨村这样的共居空间之内造就了不同的个体风格。新居民群体与老村民群体在建筑物上呈现出的不同建筑风格，本质在于双方在文化程度、职业类型、价值观念等方面存在的差异。

一切社会活动都是在特定的空间中发生的，空间以一种特有的方式影响行动者的行动。[2]大墨雨村首先是一个具有边界的居住与生活空间，是一个由

[1] [美]戴安娜·克兰主编，王小章，郑震译：《文化社会学——浮现中的理论视野》，南京大学出版社，2006年版，第187页。

[2] 方亚琴，夏建中：《社区、居住空间与社会资本——社会空间视角下对社区社会资本的考察》，载《学习与实践》，2014年第11期，第83-91页。

特定的村庄内成员及其社会行为构成的社会空间，兼具物质与社会属性。居住空间中住宅建筑的外在建筑风格形成了村庄内部居住空间的基本空间样式，在居所内外进行的活动建构起村庄内的社会空间。居住空间实质上是整个村庄生活空间的社会表征，居住空间内不同的空间样式反映出两个群体之间的差异，影响着其社会交往的方式。大墨雨村原有居住空间具有高同质性、是地缘与血缘关系互嵌的稳定性居住格局，村庄内成员彼此熟悉，守望相助，交往频率高，有独特的情感联系纽带，并且在这样的居住空间形塑下形成了具有地方性文化特征的生活方式和行动逻辑。而大部分新居民群体在城市的居住空间，邻里之间互动频率较低，关系网络的范围有限，加之城市社区邻居更迭速度较快，异质性和流动性程度较高，邻居间缺乏紧密的情感联系纽带，因此，对于所居住社区的认同感和归属感有限，在这样的城市居住空间中，新居民群体形成了与老村民不同的生活方式和行动逻辑。

二、遵循地方性文化逻辑的乡村生活方式

20世纪初，有人类学家将文化定义为人们的生活方式，或个体在社会中生存必须了解的知识，以及可以由个体在社会中习得并传承下去的事物。[1]从最为一般的意义上来讲，文化是代代相传的人们的整体生活方式。大墨雨村作为一个完整的村落共同体具有其自身独立存在的文化系统。制度是"稳定组合在一起的一套价值标准、规范，它围绕着一种基本的社会需要而形成，提供了一种固定的思想和行动范型，提出了解决反复出现的问题和满足社会需要的方法"[2]。生活方式所构成的是在某一时期或社会发展的某一阶段通行制度的综合，从心理学层面来讲，可以将其概括为一种流行的精神状态或生活理论。[3]

[1] 曾小华:《文化·制度与社会变革》，中国经济出版社，2004 年版，第 5 页。

[2] [美]伊恩·罗伯逊，黄育馥译:《社会学》，商务印书馆，1994 年版，第 100 页。

[3] 秦海:《制度范式与制度主义》，载《社会学研究》，1999 年第 5 期，第 38-67 页。

在大多数人类学者看来，文化的制度层面是与文化相关的习俗、习惯和规范。此类非正式规则包括了习俗、习惯、传统、伦理规范等。[1]非正式规则是由文化传统继承的、人们的社会交往形成的，以及自然演进的连续性习惯等。因此，大墨雨村的地方性生活方式是指当地社会传承下来的，在习俗、习惯等一系列非正式规则作用下形成的生活方式。这些非正式规则并非完全受到法律约束，它经由经验演化，并伴随生活模式内化为共同体成员需要遵守的地方性规则。

（一）村落生活秩序的精神主轴

以祖先崇拜为代表的传统宗教伦理一直是中国社会结构变迁的相对稳定因素，并成为乡村生活秩序的内生性基础力量。[2]大墨雨村祭祖仪式是村内最为隆重的仪式活动。有学者曾到大墨雨村调查并对村内祖宗树作出如下记载：

> 大墨雨村土主庙广场上方有两株大树，每株粗约二尺直径，高十余丈许。右株系白子人祖宗树，左株系夷人的祖宗树，他们各自象征白子及夷人的祖宗。白子被夷人同化，这两棵树合而就为夷人的祖宗树，同受夷人的敬奉。[3]

祭祀祖先作为大墨雨村村民的共同信仰，在村庄中依然保持着极大的影响力，并在村庄不断发展的过程中，被赋予新的意涵。在每年的固定日期（大年初一、同年会）都会有相关的祭祀仪式。祭祀仪式不断强化着集体记忆，存在于集体欢腾和日常生活之间的明显空白，由集体记忆来填充和维

[1] 曾小华：《文化·制度与社会变革》，中国经济出版社，2004 年版，第 143 页。

[2] 夏当英：《祖先崇拜：支撑乡村生活秩序的传统宗教内核》，载《安徽大学学报（哲学社会科学版）》，2017 年第 3 期，第 119–128 页。

[3] 刘兴育，马雪峰主编：《魁阁文献 . 云南大学社会学田野调查老照片：1939—1954》，社会科学文献出版社，2019 年版，第 131 页。

持。[1]在日常生活之中，集体记忆承担着促进认同和整合的功能。“纪念仪式”和“身体实践”作为传递社会记忆最为重要的两种方式，其功能在于维系集体认同感，将习惯和认知结合起来。村中M姓村民作为大墨雨村年轻一代同时是村主任，曾感叹道：

我们这些年轻人，对于祖先的事情么，现在了解得越来越少了，只是听家里老人讲过一些，但是叫我们自己来讲么，讲得也不是很好噶。我们这一代人就是同年会那天，还有就是大年初一、大年初二到土主庙里面去磕头。我记得么，我很小呢时候，很不懂得同年会是做什么，就是觉得那一天热闹，很多人要去到土主庙，后来才知道是咋个回事。现在年轻人出去打工的人也多了，但是大家对于祖先的事情还是非常在意，村里有什么活动肯定都是要参加，习惯了。[2]

祭祖仪式是集体的共同回忆，在村庄不断发展过程中尽管有所更新，但仍旧发挥着强大的凝聚功能。大墨雨村一代又一代村民的群体认同感在其中得到满足，形成了群体内凝聚性结构。长时间的历史记忆成为村庄内成员共享的集体记忆，具有传承功能的集体记忆带有专属于该村内部成员的情感共鸣，是其获得认同感和归属感的重要来源之一，也是区分原居者与外来者的边界。作为村落内成员，其对村庄集体历史和情感记忆的感知是外来者无法感同身受的。大墨雨村成员对于集体记忆具有微妙且深沉的依赖情感，通过这样一种情感关系使自身对所属文化产生强烈、高度认同，成为群体内得以凝聚和传承的资源。村内成员生活方式随着现代化发展发生了相适应的改变，但是对祖先的记忆顽强地保留了下来，使村内成员拥有独属于本群体的特殊记忆，在特定的时间内被不断强化，并于日常生活实践之中保持活力。为群体成员所共享的过去的事件，在群体内成员社会交往过程中被不断记忆和

[1]　[法]莫里斯·哈布瓦赫，毕然，郭金华译：《论集体记忆》，上海人民出版社，2002年版，第44页。

[2]　MLS，男，1989年生；访谈时间：2021年3月12日；访谈地点：MLS家门口。

传承。

（二）村落熟人社会交往方式

大墨雨村是典型熟人社会，村落内成员在长期共同生活的基础上，形成了村中约定俗成的交往方式。由于农业生产对于土地的依赖，以及土地的不可流动性和共同的祖先记忆，村落内部成员得以面对面的频繁交流与互动，并建立起自己内部的熟人社会运作机制。村落中的交换行为以人情为基础，通过连续且相对稳定的交换行动，达到增进彼此间感情、维系社会关系的目的。

村庄发展受到市场经济影响，向外开放程度以及村民社交范围逐渐拓展，但村落内社会交往仍以人情为基础。Y姓老村民讲道：

> 我当时是入赘过来呢，我们那个村是很穷，我家里弟兄又多，后来就到这个村里来了。我来到这个村里呢时候就觉得村里的人是很团结呢，都是互相帮忙，谁家有事就去帮一下。村里是有不同姓呢，他（她）们也是跟自己一样姓呢，有亲戚关系呢最好。我们自己么，我老婆姓S，我和S家、Z家呢人肯定往来呢更多，邻居么，村里其他人也是往来呢。[1]

以血缘和地缘为基础的村庄内村民社会交往方式延续至今。熟悉的人情道德和关系网络在其中发挥着重要的功能。由生育和婚姻事实建立起来的社会关系是最为直接的，这一类型关系最为亲近的是父母、子女、兄弟姐妹，其次是父母的父母、兄弟姐妹的子女等，依次向外延续至整个家族。而以地缘关系为依托的社会交往，以居住范围的远近向外延展。此类社交原则构成了村庄社会交往方式的基本样态，并且社会关系网络较为固定。村落内人与人之间的交往方式是影响村庄生活各个面向的结构性要素。

---

[1] YKY，男，1974 年生；访谈时间：2021 年 4 月 13 日；访谈地点：YKY 家中。

（三）日常生活中的闲暇时间

时间是与个人的生活紧密相关的，因此其根本性质在于社会建构。[1]闲暇是个体生活方式选择中的一种形式，以消耗时间为前提，同时以一定的活动为载体，具有一定的文化属性和社会属性。乡村社会中的闲暇与劳作往往不能进行较为明晰的划分。村民们在日常生产生活活动之中也伴随闲暇时光的共度。村民在闲暇时间内行为方式的选择是体现其生活方式的重要指标，是当地社会文化时间的形塑。“乡村闲暇嵌入于乡村日常生活之中，是其一个有机组成部分，乡村社会的文化传统、社会秩序等都对闲暇时间产生了约束。”[2]作为一种时间性的活动，闲暇同样是个体对于时间的运用。王越平依据乡村闲暇的内容将其划分为民俗性闲暇和大众性闲暇两种类别。民俗性闲暇是指嵌入乡土生活之中，同时具有地方性文化因素，呈现为以某种稳定结构的闲暇方式。大众性闲暇是指为广大民众所接受并传播的闲暇方式。[3]老村民群体的闲暇生活中，这两种闲暇方式是并存的，既有以跳左脚舞、刺绣、唱小调等蕴含当地文化特征的民俗性闲暇方式，也有打扑克牌、去KTV唱歌、在快手、抖音此类短视频软件上记录个体日常生活等大众性闲暇方式。

农事活动是村民一年四季都需要参与的。村中部分年轻人选择在离家不远的地方打工，不再完全仰赖传统生计方式。中老年人承担起照顾孩子和做农活的责任。在当地人的认知中，由于当地自然环境的特点，一年四季都有相应的农事活动，受到自然节律的影响，农作物从播种到收割一整套流程表现出相对应的节律性特征。这一时间序列受到大墨雨村村民的广泛认可，在充分保证农事活动得到完全参与的情况下，区分出农闲与农忙的时间来安排日常闲暇活动。老村民群体农事活动安排如表2-5所示。

---

[1] 王加华:《被结构的时间：农事节律与传统中国乡村民众年度时间生活——以江南地区为中心的研究》，上海古籍出版社，2015 年版，第 22 页。

[2] 王越平:《乡民闲暇与日常生活：一个白马藏族村落的民族志研究》，民族出版社，2011 年版，第 43 页。

[3] 王越平:《乡民闲暇与日常生活：一个白马藏族村落的民族志研究》，民族出版社，2011 年版，第 125 页。

表2-5　老村民群体农事活动安排

月份（公历）	主要农事活动
一月至二月	翻地、覆盖腐殖土、撒种
三月	照管秧苗，种瓜、洋芋
四月（清明节过后进入农忙阶段）	清明、立夏、小满栽秧
五月（循环种）	种白菜、花菜、萝卜、生菜、包菜、苞谷
六月至八月（雨季）	捡菌子、水果成熟摘水果
九月至十月	收瓜、洋芋、苞谷等种得早的农作物
十一月至十二月	收菜

时间的文化建构是能够透过研究对象的日常生产生活活动的实践来进行社会文化的活动。[1]对于当地人而言，做活[2]是与自然季节变换紧密相关的，四季更迭，所进行的农事活动也有相应的变化。村中一年四季都有农事活动，在农忙时节，家中常常找不到人，早上六七点就早起开始一天的劳作，直到傍晚七八点才回到家中。农忙之时的闲暇时间显得难得，因此三五朋友一起去吃饭聊天、打扑克牌等是其日常交往活动中的重要环节。X姓村民对农事活动之余的闲暇时光进行了如下表述：

> 4、5月就是最忙的时候呢！农忙，以前我们特别忙的时候就是栽秧，下着雨也要出去，早上就需要一个人先去背秧，把秧给它背上去，用箩筐背，那一箩筐要给它栽完。到冬天么就不种这些了，就稍微休息。我们是女人男人一样苦呢，女人么不种地呢时候就绣绣花鞋、围腰么这些，晚上去亲戚或者朋友家串门吹吹牛、打扑克牌。男人么就是一起喝喝酒、吃着饭这些。现在我们有几个关系好呢也去龙潭那地有一个KTV，去唱歌呢，不常去，就是偶尔会去玩一下了么。就这两年么会用这个抖音了，以前很不会用，不会打字，但是这个视频只要说话拍一拍就可以，还是好玩呢，你看，可以看

[1] 黄应贵主编：《时间、历史与记忆》，“中央研究院”民族学研究所，1999年版，第17页。

[2] 老村民群体形容在日常生活中进行的农事活动。

> 着我拍的这些内容嘛，这是我家呢小孙子，我们出去玩也喜欢拍着呢，这里还有一个就是，你能找着我们村里这些人，我们都是加了好友，跳舞啊、唱歌还有村里面么各样活动，我都是很愿意拍着呢。年纪大的怕是不会用，他们么手机就是只打打电话。[1]

从老村民XTY的陈述可以看出，在老村民群体的日常生活之中，闲暇生活随着现代化发展也做出了相适应的改变，但基本的生活节奏仍是按照自然循环的轨迹进行周而复始的生活实践。自然节律深嵌其生活世界之中，并以此划分出两种时间序列，构建出具有不同文化内涵的闲暇生活。在闲暇时间的共度中，通过多样的人际交往方式，村落内部社会关系的联系得到了进一步强化，村民对村落的认同感也在其中不断加深。与老村民群体不同的是，移居到大墨雨村生活的新居民群体已然习惯在城市的生活方式，其时间规划按照城市工作生活节奏进行，具有城市生活方式的鲜明特征。

三、遵循法理逻辑的城市中产生活方式

（一）新居民群体原职业分类

生活方式主要包括两个方面的意义：一是作为活动和时间利用模式的行为表征，二是作为产生特定行为模式的行为偏好。[2]从城市到大墨雨村生活的新居民群体，长期在城市生活的经历形成了他们与乡村生活方式具有明显差别的生活方式。城市生活方式是由城市人口的规模、密度、异质性形成的一种特殊的都市性文化或都市特性，这些特性在一定基础上决定了城市居民拥有和农村居民截然不同的生活与交往方式。沃思将城市生活方式称为“城市

---

[1] XTY，女，1965年生；访谈时间：2021年6月7日；访谈地点：XTY家中。

[2] 塔娜，柴彦威：《理解中国城市生活方式：基于时空行为的研究框架》，载《人文地理》，2019年第2期，第17-23页。

性”。[1]其中，城市生活方式的本质从六个主要的方面表现出来：生活发达程度、社会化程度、分化程度、理性化程度、开放程度和变迁速度。[2]

“中产阶层”这一概念自诞生以来，一直随着社会关系构成的变化而发生改变。新马克思主义理论家基于市场能力来界定中产阶层，工业化和后工业化理论家依据职业来划分中产阶层，后现代主义和文化主义取向的理论家则以文化消费特征和主观认同来分类中产阶层。[3]对于该阶层群体的确定，学界多从经济生产变量、经济消费变量、资讯变量、文化变量、与权力或权威有关的变量、法律地位、社会参与等变量来确定社会分层的测量指标。[4]郑杭生指出，中间阶层指占有一定的知识资本及职业声望资本，以从事脑力劳动为主，主要靠工资及薪金谋生，具有谋取一份较高收入、较好工作环境及条件的职业就业能力及相应的家庭消费能力，有一定的闲暇生活质量；对其劳动、工作对象拥有一定的支配权；具有公民、公德意识及相应社会关怀的社会地位群体。[5]在中国当前经济社会发展的语境下，中产阶层并非指马克思主义所有制关系意义上的阶级，而是指社会上具有相近的自我评价、生活方式、价值取向、心理特征的一个群体或一个社会阶层。[6]更进一步来说，中产群体是生活在城市中，掌握一定技术的人才，且大多受过高等教育，有较高的文化修养和高质量的生活。[7]

---

[1] 肖小霞，德频：《冲突与融合：城市生活方式的变迁》，载《学术论坛》，2003 年第 3 期，第 123-126 页。

[2] 陆小伟：《城市生活方式的主要特征和功能》，载《社会学研究》，1987 年第 4 期，第 116-122 页。

[3] 李友梅：《中国中产阶层的形成与特征：基于特大城市的经验研究》，社会科学文献出版社，2018 年版，第 94 页。

[4] 萧新煌：《变迁中台湾社会的中产阶级》，巨流图书公司，1989 年版，第 79 页。

[5] 郑杭生：《中国社会结构变化趋势研究》，中国人民大学出版社，2004 年版，第 157-159 页。

[6] 周晓虹：《中国中产阶层调查》，社会科学文献出版社，2005 年版，第 35 页。

[7] 徐赣丽：《中产阶级生活方式：都市民俗学新课题》，载《民俗研究》，2017 年第 4 期，第 16-26、158 页。

依据2022年颁布的《中华人民共和国职业分类大典》[1]同时结合对新居民群体进行问卷调查的实际情况，将新居民群体原从事职业分类，如表2-6所示。

表2-6　新居民群体原职业分类（n=278）

职业类别	频数（人）	占总体的百分比（%）
国家机关、企事业单位人员	107	38.5
艺术、专业化设计服务人员	69	24.8
监察、法律相关人员	24	8.6
社会生产服务和生活服务人员	58	20.9
自由职业者	20	7.2

调查结果表明，大墨雨村新居民的职业分化较为明显，在大众认同的中产职业阶层职业中，占比高达38.5%。从业于体制内单位的新居民群体可以划分为两部分：一部分新居民是在退休之后拥有固定数额的退休金和较为充裕的时间，使其可以在大墨雨村租房屋并进行改造；另一部分依然在岗的新居民，可利用周末、各类假期时间在村中生活。除此之外，在体制外就业的新居民多以私营、个体企业主为主，其经济条件完全可以负担在村内的日常生活开销。周晓虹指出，中产阶层认同是价值观念和行为方式的趋同，是一种思想上和行为上的趋同，当一个阶层内的成员对所属阶层有归属感，其行为方式也会作出相对应的调整。[2]

我国长期存在的城乡二元体系导致城乡之间存在发展不平衡的局面，形成了城市与乡村不同的生活方式。在大墨雨村生活的城市居民以北京、上海、深圳、成都等此类大城市为主要迁出地，这也决定了其与大墨雨村老村民的生活方式与生计方式不同。新居民群体从其群体属性来看属于中产阶层，这一阶层是社会结构转型下的产物。与此相适应，该群体有其自身所拥有的

[1]　中华人民共和国人力资源和社会保障部：《关于对〈中华人民共和国职业分类大典（2022年版）〉（公示稿）进行公示的公告》，2022年7月12日，http://www.mohrss.gov.cn/xxgk2020/fdzdgknr/jcgk/zqyj/202207/t20220712_457477.html，2022年8月10日。

[2]　周晓虹：《中国中产阶层调查》，社会科学文献出版社，2005年版，第60页。

“惯习”并具体体现在生活方式的多个面向上。

（二）追求高品质生活质量的生活风格

尽管在对生活方式概念的界定上，学界存在一定争议，但也有一些共同之处：生活方式可以作为区分社会地位的标志；生产方式制约生活方式，生产方式是决定生活方式形成的客观条件；生活方式既可指称某一阶层的生活方式，也可指称某个家庭、个人的生活方式，是个多层次的概念；生活方式可以通过一定的消费模式来呈现。[1]新居民群体的长期生活条件和经历使其形成了符合自身思想和行为的独特生活方式。

在研究过程中，当笔者问到为何选择移居乡村生活时，大部分新居民表示对之前在城市的生活方式有所反思，加之喜欢乡村的生态环境，因此，意图通过改造旧式民居的形式来获得更为舒适休闲的生活体验，同时彰显自我的生活品位。其中，J姓新居民表示：

> 我这个房子当时租的时候价格不高，但是装修下来还是挺贵的，前前后后总共花了60多万元，就想让自己住得舒服一点么。你看家里这些壁炉啊，还有我设计的这些景观阳台啦，家里还装了一部小电梯，为的就是方便舒适嘛，要经常在这里生活嘛，肯定是要自己住着舒心，这些日常生活用的东西，我都是买比较好的品牌，能耐得住用。[2]

新居民在房屋改装过程中对房屋装修所用材料的选择、装修人员的选用，皆体现出其对生活品质的追求，同时带有鲜明的个人风格。客观的社会结构和长期形成的主观选择作用，成为生活方式的生成基础。[3]部分新居民花费高

---

[1] 夏建中等:《社会分层、白领群体及其生活方式的理论与研究》，中国人民大学出版社，2008年版，第106−108页。

[2] JMQ，女，1974年生；访谈时间：2021年4月19日；访谈地点：JMQ家中。

[3] 夏建中等:《社会分层、白领群体及其生活方式的理论与研究》，中国人民大学出版社，2008年版，第140页。

额费用改装房屋的意图在于打造出符合自身理想的乡居小屋，满足自身对生活环境和生活品位的双重需求，这也让自己愿意在此停留的时间更长。改造过程在一定意义上给予新居民以家的想象，使自身更具归属感。空间的边界会强化符号的边界，[1]更加符合自身理想居住地的构建，使得这一居住地更具吸引力。一个地方可能塑造什么样的生活方式，是定义它能否成为一个有吸引力生活场所的关键因素，场景激发了人类的栖息地意义。[2]正如大墨雨村新居民群体所构建出来的社群。尽管他们来自不同的地方，有不同的生活经历，但其群体属性是一样的，因此能够赋予村落新的空间氛围感。提及最初到村中生活的经历，新居民LYQ讲道：

> 我们是从上海来的，也是因为听朋友说这里有这样一个挺舒适的地方，就过来了。刚开始过来的时候还是很不适应，和我们之前的生活差太多了，不来到这里真是不知道，现在农村里竟然还有人家和鹅、鸡这些动物一起住。后来我们把房子装修好，这里空气还是很好，就是生活太不便利了，我们几个一起来的，就想让这里变得更加舒适，我们能想到的一些活动设施都给它加进来，足不出村，就能满足基本生活需求。[3]

在新居民看来，各项设施健全的村庄能够极大地提升其对村庄生活的满意度，一切生活用品都需精挑细选，家中各类物品的陈设亦要被赋予个体审美，以求能够更好地达到享受生活的理想状态。通过观察发现，由于部分新居民物质经济已达到一定水平，因此其对乡村生活的态度更大程度上是追求精神层面的享受，移居行动本身实质上是增进其物质和精神双重享受的愿望策略。群体生活方式是对群体生活特征的概括，呈现出群体内不同个体在群

[1] [加] 丹尼尔·亚伦·西尔，[美] 特里·尼科尔斯·克拉克，祁述裕等译：《场景：空间品质如何塑造社会生活》，社会科学文献出版社，2019年版，第153页。

[2] [加] 丹尼尔·亚伦·西尔，[美] 特里·尼科尔斯·克拉克，祁述裕等译：《场景：空间品质如何塑造社会生活》，社会科学文献出版社，2019年版，第192页。

[3] LYQ，男，1982年生；访谈时间：2020年8月10日；访谈地点：LYQ家中。

体内生活的各个方面特点。[1]新居民群体所试图践行的生活方式反映出该群体“有闲、有趣、有品”的精致生活风格。

（三）寻求自我实现与独特体验感交织的闲暇生活时间

对于“闲暇”这一概念的界定，学界较为认可的是：闲暇是以工作或劳作以及家务劳动之外的剩余时间为大前提，单纯的休闲活动。[2]受到凡勃仑“有闲阶级”思想的影响，布迪厄指出，在西方工业社会中，闲暇成为一种特定的象征符号，闲暇时间的获得以及闲暇方式的选择是社会地位体现的标志之一。鲍德里亚认为，个体在闲暇时间中实现了社会阶层符号的再生产。[3]嵌入个体日常生活实践中的闲暇方式不仅体现在社会地位上，同时是利用时间的一种方式。对新居民群体闲暇时间的调查分析，也是对其生活方式的一个维度进行探讨。通过问卷调查和深度访谈的方式并结合对该群体的观察，将其闲暇方式分类，如表2-7所示。

表2-7　新居民群体的闲暇活动（$n=278$）

闲暇类别	频数（人）	占总体的百分比（%）
去距离较近的地方泡温泉、针灸、按摩	74	26.6
和关系好的新居民一起聊天、烧烤、唱歌等	27	9.8
在家看书、看剧、烤茶、烘焙等	106	38.1
在村中健身、玩剧本杀和狼人杀、结伴旅行	71	25.5

由于新居民群体的年龄段不同，所以除日常工作和家务劳动时间之外的闲暇方式选择亦存在差异。从整体上看，年龄段在50～75岁的新居民更倾向于轻松、简单的闲暇方式。D姓新居民就表示：

[1]　王雅林：《生活方式概论》，黑龙江人民出版社，1989年版，第293页。

[2]　王越平：《乡民闲暇与日常生活：一个白马藏族村落的民族志研究》，民族出版社，2011年版，第40页。

[3]　[法]让·鲍德里亚，刘成富，全志钢译：《消费社会》，南京大学出版社，2006年版，第125页。

> 来这里生活每天也有很多事情要做呢，感觉比自己之前在市里呢时候还忙，当时租下房子来的时候，房东还带了一块地给我们种，要翻地、种菜、浇水、施肥，前段时间我们就去养鸡场下面嘛，拉腐殖土，天气热就需要覆盖一些，让它保湿。来这里和当地人学到了好多种东西的办法，都是以前没接触过的。做完农活，收拾一下家里，一天很快就过去了。休息的时候主要就是喝喝茶、到熟悉的新居民家里串个门，聊一聊，有时候也会邀请别人过来吃饭。[1]

对于年龄段在50～75岁的新居民而言，原居住地距大墨雨村较远的新居民除日常的生产性活动之外，闲暇时间更愿意和年纪相仿的同龄人一起聊天、唱歌、喝茶、吃饭等。而居住地距村落较近的新居民，闲暇时间除和村中的新居民一起参与活动之外，在节假日会邀请朋友到村中聚会。另一部分年龄段为25～45岁的新居民偏爱趣味性、多元化的闲暇方式。J姓新居民表示：

> 最开始来这里的时候，谁也不认识，每天除了完成自己的事情，就是在家里喝点儿酒啊，看看书。后来慢慢就认识了好多新居民朋友，我闲了就喜欢叫大家一起过来吃饭，热闹。我自己喜欢攀岩、健身，有兴趣的大家就一起。也有其他新居民喜欢玩剧本杀、德州扑克等，也挺有意思的。我自己觉得这里和城市里面比较不一样的地方就是，这里更有人情味儿，是自己觉得很舒服。我现在住的地方可比城里大多了，也能喊朋友过来了。我那些岩友们可以随时过来住，大家一起热闹热闹。[2]

从访谈和观察资料可以看出，新居民闲暇时间的选择从整体上看是闲逸舒适的，他们能够完全按照自我意愿完全掌控生活节奏。自我文化化的生活方式是中产阶层的重要表征，通过日常生活的全面审美化和伦理化追求实现

[1] DWJ，女，1962年生；访谈时间：2021年4月23日；访谈地点：DWJ家中。

[2] JJW，男，1985年生；访谈时间：2020年5月16日；访谈地点：JJW家中。

自我和美好生活。[1]新居民群体认为自身有能力、有条件实现自我，追求独特的乡村生活方式正是为自身生活赋值的合理路径。个体选择的符合自身旨趣的行为方式在特定的闲暇时间中表现为个体独特的生活风格，并具体体现在其对乡村生活的体验和感受上。个体能够不再完全按照社会性时间安排活动，而是出于满足内在情感需要将闲暇活动成为可设计之对象，更加关注自我内在动力。而老村民群体在生活经历、文化和社会资本上与其存在差异，生活方式亦反映出明显区别。

第三节　村落资源共享与地方身份表达

社会边界中断、分开、限制或隔离社会领域中人口或活动的分布状态。有些社会互动的临时中断或者两个人群之间难以建构人际关系，有可能是社会边界的原因。[2]作为有明确社会文化边界的大墨雨村，尽管新居民群体跨越物理边界进入村落生活空间内部，但群体间文化—心理层面边界依然存在。从心理—社会—文化视角可以分析移民的移居行动对迁居地文化造成的混乱影响与破坏，以及由此导致的移民的各种心理问题与社会问题。目的地居民在心理文化适应过程中存在一个渐进的过程，即原有的习惯性文化被打破并进一步出现文化混乱的局面。[3]

---

[1] ［德］安德雷亚斯・莱克维茨，巩婕译：《独异性社会》，社会科学文献出版社，2019 年版，第 211 页。

[2] ［美］查尔斯・蒂利，谢岳译：《身份、边界与社会联系》，上海人民出版社，2021 年版，第 162 页。

[3] Downing, Theodore E&Carmen Garcia. *Routine and Dissonant Cultures: A Theory about the Psycholocio-cultural Disruptions of Involuntary Displacement and days to Mitigate Them without Inflict Damage*. Development and DL Spossession, The Crisis of Forced Displacement and Resettlement. Santa Advanced Research Press,2009, p.137.

一、地方资源共享与相对剥夺感

大墨雨村的自然资源包括三类：一是化石资源等不可再生资源；二是村中生物、水、土地等资源，这类资源可以通过循环而实现再生产；三是风力、太阳能等资源，这类资源的利用不会导致资源贮存量的减少。文化资源是一切资源中所有与文化或文化活动相关的客观存在，即一切可被人类开发、利用的，可为人类提供物质财富或精神财富的文化。民族文化资源与民族文化是不能画等号的，民族文化资源应该是民族文化的一部分。民族文化通过发掘、整理，进而转化为可为人们在现代生活中带来一定效益的文化衍生品。作为一种有形或无形的客观的存在物，它既包括民族精神文化资源，如民族节庆、技艺等，也包含作为文化的物质载体的建筑、服饰、工艺品等。[1]大墨雨村拥有适宜老村民群体进行日常生产生活活动的自然和文化资源。

（一）村落资源共用导致部分村民不满

大墨雨村生活空间在新居民群体进入之后发生了重构，从居住空间和文化—心理空间层面来看，尽管双方群体的生活方式具有各自的文化特征，但随着双方生活在同一物理空间之内，居住空间形态的演替必然改变居民之间的互动频率和互动方式，从而对社区社会结构产生影响。新居民群体和老村民群体之间由于共居格局的形成开始产生互动。进入村庄的道路、树丛以及石头等标志物，构筑起属于本村的物理边界。这样的物理边界是本村与外村的明确区分。除物理边界之外，在村庄内部还存在无形的文化—心理边界，这一边界的产生不仅是由物理边界建构的，还与村庄的历史和文化，以及村庄成员的社会身份相关。这样的边界造成了村庄内成员对自身与社区外人员的心理区分，“我们”的意识在遭遇外来群体时会更加强烈。

长期以来，村落经济社会结构相对稳定，村内资源也能基本满足老村民

[1] 秦会朵，范建华：《论民族文化资源开发利用的原则和模式》，载《中华文化论坛》，2021 年第 2 期，第 114－124、158－159 页。

生存所需。最初仅有几户新居民来时，老村民尚未意识到自然资源的共享问题，当新居民人口不断增加引发了一系列问题后，老村民开始关注村中生产、生活资源的稀缺性和有限性。老村民NWB就曾向笔者提及：

> 以前最先来的那些新居民么还是好呢，后来来的这些人真是不太好，你看那村里那些垃圾堆呢到处都是了么，还有家里排出来呢污水。他们来了以后装房子整的总是断电，电力局的人说是装修房子的人太多了，还有人说是弄那些上网的东西，说是需要整很久，有时电压供不上来，会出现断电的情况。还有些人也是很不自觉，去水库那些地方，带着狗到处走，那狗在那里也不知道会不会污染水，还有么就是有些人是很不自觉，在水库里游泳。那些垃圾随便丢的，也是整得村里看起来乱七八糟，以前没有这些情况，都是把垃圾扔到垃圾站，这些人来了以后整得垃圾站的垃圾都装不下了，哎，有啥办法呢，人家租了房子了。我也是去村委会反映过这个事情，他们也是说去和新居民说这些，还不是那样。[1]

在老村民看来，自己才是村中的主人翁，由于新居民的到来，村中垃圾随处乱丢、频繁停电、水库水源存在被污染等现象更加凸显，这些情况的出现使得一部分老村民在心理上对新居民的好感度降低。自然资源存在的潜在威胁令其不满情绪增加，并在思想和行为上对外来群体产生抵触。在新居民群体和老村民群体实际的社会互动情境中，互动双方都可能掌握某些能够满足对方需求的社会资源，也有可能期望对方将其掌握的资源做有利于自己的分配。因此，在交往的过程中双方扮演的是双重角色，在某些情况作为资源占有者，在其他时候作为意图获取资源者。[2]新居民移居行动初期对移居地产生的影响使得部分老村民产生危机感，主观上认为新居民的移居行动对自身

[1] NWB，男，1962年生；访谈时间：2021年4月12日；访谈地点：NWB家中。

[2] 黄光国，胡先缙，等：《人情与面子：中国人的权力游戏》，中国人民大学出版社，2010年版，第5页。

生活状态造成干扰，并进一步表现为语言上的指责和行为上的排斥。

（二）部分新居民利用地方资源获得经济收益

老村民群体普遍认为，尽管新居民群体的到来为其带来了一定的经济收益，但新居民群体始终是“外人、城里人”，是和本村村民不一样的。除此之外，也有老村民提及，一些新居民利用当地文化资源获得了一定的经济收益，NJH曾表达：

> 以前我们也是很不懂，这些来的人那么有钱，都是城里人还要在我们村赚钱。后来我们村有些人就在LTT开的餐厅那里干活了，说是生意还是很好呢，说我们以前老房子是咋个样，她来了以后房子变化啥样了，有好多人在那里拍照了，她也在我们村赚下钱了。还有人整了那些夏令营什么活动的，都是些学生那些，他们就喊那个拿着土主庙钥匙的阿奶把土主庙门打开，让他们去看这些。人闹哄哄的，以前是不让外人随便去土主庙呢，现在这些人来了尽整那些游客过来，他们是赚下钱了，我们地里的菜都晓不得被谁摘了，还有些小孩么就在我家田里大小便，还有人在小卖部里买的那些零食的塑料袋就随便扔到路上，我真是很不愿说这些事情，太多咯，让人生气了。[1]

通过观察和访谈发现，部分老村民认为个别新居民利用村中自然资源和文化资源获得了一定经济收益，村中资源成为其重要生计方式。老村民认为在新居民没有来村里之前，村庄是平静和谐的，尽管收入不是很高，却很满意之前的生活状态。但新居民入村后，并非为整个村集体带来经济收入，获益的仅是能够将闲置旧宅出租的村民，未能获得经济收益的老村民要共同承担新居民因享受生活而带来的村落生态环境威胁，因此在心理和行为层面均表现出对外来新居民的排斥。

[1]　NJH，男，1981年生；访谈时间：2021年4月28日；访谈地点：大墨雨村民族广场。

一部分新居民对老村民发表的言论表示知情，他们认为尽管自己已经在这里生活了一段时间，但对村庄始终缺乏归属感和认同感。LY就表示：

我觉得我们这些新居民做点儿啥都落不下好。你看最近垃圾站这个火一直烧着，都烧了4天了，天天冒着烟，那气味也实在难闻，我们几个人决定来灭火。一个老村民立马跑过来看我们在做什么，张口就来，说这些垃圾是我们烧的，要不是我们这些人来了哪会有这么多垃圾。我实在不知道该和他说点啥了，太难了。在他们的眼中，好像什么坏事都是我们做的。[1]

其他新居民亦表示曾产生相同“过客”感受，城乡户籍制度的限制决定了城市居民不能将自己的户籍转换为农村户籍。尽管新居民群体通过租房的途径获得了能够享受乡村生活的可能性，但其对于老村民群体而言仍然是外人，无法在村庄公共事务中拥有发言权和决定权。老村民群体和新居民群体在同一个社区之内形成的是两种成员身份，这两种不同的身份决定了新居民群体无法很快地融入老村民群体之中，而老村民群体也很难在短时间内完全接纳与自身有较大差异的新居民群体。

二、村民身份的不同表述与适应

身份是社会成员在社会中的位置，其核心内容不仅包括特定的权利、义务、责任、忠诚对象、认同和行事规则，还包括该权利、责任和忠诚存在的合法化理由。身份系统的基本功能是对社会成员所处的位置和角色进行类别区分，通过赋予不同类别及角色以不同的权利、责任和义务，在群体的公共生活中形成“支配—服从”的社会秩序。[2]社会身份是基于具体个人的自然（性别、年龄）属性以及社会（教育、收入、等级、地位、关系）属性形成的

[1] LY，女，1984年生；访谈时间：2020年12月3日；访谈地点：大墨雨村垃圾站。

[2] 张静：《身份认同研究》，上海人民出版社，2006年版，第3–4页。

身份，其背后有社会承认的角色及其权责期待，如果没有达到这些角色期待，则会被社会理解为行为不当。[1]在村庄内，老村民群体都具有明确的村民身份，彼此被成员接受、认同且遵循一定的行事规范。当村落内部出现有异于内部成员的外来群体时，个体或群体通常会经历较为复杂的互动过程。来自各地具有不同文化、不同背景的新居民群体移居至村中，需要适应地方性文化和规则及新的社会身份。

（一）作为主人翁的老村民群体

在新居民和老村民群体的日常互动实践中，双方拥有与自身社会身份相适应的“惯习”，表达出对于自身身份的认同。正如布尔迪厄所言：“审美配置依赖过去的、现在的物质生活条件以及文化资本的积累。个体的审美配置是世界和他人的一种关系的维度，一种生活风格的维度，它决定了群体间客观存在的距离。”[2]新居民与老村民在房屋建造过程中体现出的差异正是其审美配置存在的差距。审美配置也是社会空间中起到区隔和聚集作用的中介物，能够将有相似审美风格的人聚集在一起并与其他人分隔。笔者曾就老村民是否会主动和新居民建立联系这一问题对数位老村民进行访谈，他们表示：

> 我们么，是很不会和人家主动往来呢，人家来这里是不想被打扰，再说人家都是城里人，我们都是农村呢，和人家有什么好讲呢么，噶或。有呢人在路上碰见主动和我们讲话，我们就也和人家讲几句。你看那些人家呢房子装修得那么漂亮，比我们农村人整着好，我们比不上人家。你看看人家穿着那些衣服，和我们村里人很不一样，我们穿不来。[3]

---

[1] 张静：《身份认同研究》，上海人民出版社，2006 年版，第 200 页。

[2] [法] 皮埃尔 · 布尔迪厄，刘晖译：《区分：判断力的社会批判》，商务印书馆，2015 年版，第 88 页。

[3] LYF，女，1967 年生；访谈时间：2020 年 11 月 6 日；访谈地点：大墨雨村古井水小吃店。

在老村民群体看来，在村中租房子的新居民群体是有钱、有闲的城里人，不愿主动与其交往，认为其会瞧不上自己。客观上和主观上的行为偏好让老村民群体意识到自身和新居民群体是不同的。新居民群体表现出一种拥有时间的社会权力，从容不迫地度过闲适乡村生活的状态，与忙于“苦钱”的老村民群体有所区隔。新居民对于所改造的房屋内物品的陈设无一不显示出居住在房屋内人的经济状况和审美配置，物品被赋予了社会身份。

老村民群体内部共有的历史文化记忆和共享的群体情感结构，使得村落内生秩序在社区内部得以维系。老村民的村落内成员身份使之与村庄保持着紧密的联系，并因这种身份资格与新居民群体有所区别。新居民群体所面对的是一个具有强身份认同感和群体凝聚力的群体，村落内地方性文化始终是维系村庄运行的重要保障。在村落不断向外开放的过程中，随着外部制度力量的介入，村庄边界也相应地发生改变。尽管村庄处于向外开放的过程中，但乡土性依然存在于村落内部，老村民在日常生活中对“本村人”“本地人”和“外来人”这三个概念有着清晰的划分。

乡村社区内部的空间结构与地方性文化积淀是与城市社区的运作逻辑全然不同的。新居民群体和老村民群体拥有的不同“惯习”，决定了双方在文化—心理层面适应对方必然需要一个渐进的过程。新居民群体的生活方式在老村民群体看来是值得羡慕但无法完全理解的，是自己从未接触过的、全新的生活方式，由于与新居民群体存在差距，容易产生相对剥夺感。“我者”与“他者”之间产生的陌生感和疏离感，以及两个群体之间对彼此价值预判的转变需要一定时间。

（二）作为租客的新居民群体

访谈过程中，大部分新居民通过居住时间、空间及自身行为特征表达自己与“游客”是截然不同的，但自身又好像是大墨雨村的“过客”，因为其无法实现永久性移居，故而呈现出矛盾且复杂的心理状态。城乡户籍制度决定了他们无法像老村民一样享有完全参与村庄事务的权利。在村庄中存在明显的“本村人”和“非本村但在本村居住的人”之间的区别。新居民在村落社会结构社会身份决定了自身所处的位置。当老村民在处理一些集体性政治、经济问题时自然将其排除在外。在交往方式上，老村民对待本村村民、新居民群体也有着不同的行动策略。新居民ZR表示：

> 我们这些新居民对于这个村来说，就是来了这样一些在这里生活的能够把他们闲置的老房子改造的人。我们是生活在人家地盘儿上的，最后我们改造好的房子可能也只可能留给我们的房东。我们在这里能够享受的只有这十年、二十年的时间。我们是没有权利完全占有这个房子的，那当地的村民对待我们的态度肯定是和对待他们村的人是不一样的，一个村子里的人和我们这样外边来的，还不是昆明人的人，肯定是疏远的。我们的身份不一样，就享受不到在村子里的福利。[1]

从上述访谈记录可以看出，新居民群体清晰认识到，自己与老村民群体的身份完全不同。自身在村中的社会角色类似于租客且需要遵循地方性规则，但新居民长期以来生活在法理社会中的经历，使其无法完全适应熟人社会的地方性文化，因此就产生了张力。村落内成员身份有着严格的限定，是区分内与外的重要规则。村民身份是一种特定的、内外有别的身份，它的覆盖范围限于小共同体之内。身份限定的合法性来源于传统习俗、乡规民约以及它所属成员的承认。[2]村庄“户籍制度”这样的制度性结构，一方面，可以用来明确限定村庄内成员的身份，作为一种制度性保障，当村庄内涉及村集体福利分配之时，可以确保村民的权益不会受到损害；另一方面，当有外来人口进入本村时，可以限制其获得本村资源。在大墨雨村，新居民群体是无法拥有村庄内成员身份的群体。新居民WC曾向笔者提及这一称谓的由来：

---

[1]　ZR，男，1986年生；访谈时间：2021年6月7日；访谈地点：ZR家中。

[2]　张静：《身份认同研究》，上海人民出版社，2006年版，第156页。

> 其实最开始的时候是我们自称“新居民”的。2018年的时候，当地雨花社区和团结街道办事处在面对如上级政府来访、媒体采访的时候，将我们这群人定义为“新居民”。因为我们和一般的只是来租房子的要区别开来。这样的称谓主要出现在各级政府和自媒体的描述中。老村民群体其实只有和我们接触比较多的人，以及年轻人会这样称呼我们，其他接触不多的老村民怕是还认为我们只是“租房子的人”吧。[1]

通过观察和访谈发现，新老居民因在村中具有的社会身份不同，所以无法完全获得相同村民待遇，但村落内地方性规则仍需双方共同遵守。老村民群体和新居民群体之间产生的“我者”和“他者”观念，建构出属于各自的社会身份表述。行动者产生了自我利益和身份的定义，形成了彼此在对方视角中的形象并依据这样的形象进行价值判断。新居民的移居行动给村庄带来了更高水平的教育理念和教育环境，新的思想观念和经济理念在村内蔓延，并进一步驱动村落社会经济向外开放，且在社区中发挥积极变革者和推动者的作用。但其价值观念、行为方式、生活方式与当地居民的价值观念、生产和生活方式形成鲜明对比，且其给老村民的文化规范、价值观念和生活方式带来的挑战是持续且深入的。相关研究也表明，外来者的移居行动会因自身与当地人之间各个层面的多重差异，导致彼此间产生相对紧张的关系状态。

尽管双方目前生活在同一社会空间之内，但双方在日常生活的节奏上大相径庭。同时，具有严格限定的内外有别逻辑，将二者进一步分化。这些差异和限制成为各自社会身份的一种象征表现，造成了双方在文化—心理层面上的区隔。

[1] WC，女，1982 年生；访谈时间：2021 年 7 月 28 日；访谈地点：墨雨村学。

小结

随着现代化进程的加快，乡村向外开放的程度逐渐提高，大墨雨村在逐渐向外开放的过程中吸引了越来越多的新居民。在新居民群体未移入之前，该村是一个稳定的熟人社会共同体，新居民的移居行动加速了该村的发展变化，使老村民群体看到了自身与新居民群体之间存在的多重差异。在乡村社会中，村庄内成员身份具有稳定性，同质性和集体意识较强，有强烈的集体认同感和内外有别的边界感，这也是新居民群体和老村民群体间存在区隔的重要因素之一。新居民群体人数日益增加使得村落居住空间不断被使用和改造，从单一的老村民群体聚族而居格局，到新老居民群体混居的物理居住空间格局，双方在同一生活空间有着不同的生活节奏和状态，群体间互动程度不断加深。大墨雨村特有的集体记忆和认同感使得新居民群体与老村民群体之间存在无形的边界，限制着他们的行动抉择。处于共居生活空间中的老村民群体和新居民群体，在建筑审美风格、生活态度、社会交往方式以及闲暇活动的选择上都呈现出较大的差异，囿于双方的生活经历，群体间互动范围有限。新居民群体内部因各自不同的年龄、兴趣偏好等形成了不同的圈子。对于新居民群体而言，移居动机中最为关键的影响因素是现代社会中社会媒体对乡村的“田园景观”塑造及由此产生的强吸引。处于媒介社会中的个体为现代传媒塑造出的“诗性乡村”所吸引，并在此信息条件作用下萌生出移居乡村的想法并付诸实践。新居民群体对于移居地，最为重要的是归属感和认同感的获得，家的构建是在物质和生活层面上给予自身的，理想的家被视为想象和体验的复杂可移动实体，对提供更好生活质量理想场所的想象，以及对充满归属和异化的替代生活方式的体验。对于地方融入和归属感的获得，营造出家的感觉使其与迁居地之间产生更为直接和强烈的联系。老村民群体和新居民群体各自拥有不同的生活经历、社会资源、价值观念、行为方式以及生活环境，因此在具体的日常生活中，双方不可避免地会产生矛盾和冲突，而村落内社会关系网络也会被重新建构。

第三章　互嵌网络

社会关系概念自古以来就以某些形式出现在哲学和社会思想中，关系不仅表示一种逻辑指示物，其自身也具有实质性。[1]“社会生活的整体”可以被视为一组“由线段串联起来的点”形成的“整体关系网络”。人际关系的非正式领域可被视为这张整体网络中的一部分，即“局部网络”。[2]内外环境交织作用使得大墨雨村内部整体社会关系网络发生变化，随着新老居民的社会互动其交往边界得到拓展，彼此间认知发生转变的同时，群体内个体社会关系实现扩容并孕育出新的关系类型，共需空间的出现使得二者互动程度不断加深，新型互依和互动网赋予行动者新的行动特征。

第一节　群体交往边界延伸与物理空间功能拓展

大墨雨村具有明晰的物理边界和文化—心理边界，村落内成员有约定俗成的社会交往规则且形成了具有地方性文化特征的生活方式，新居民群体的进入不仅在物理边界上介入老村民日常生活之中，还与其进行多层面持续性的社会互动，随着双方互动频率不断加深，新居民群体通过具体行动策略与部分老村民建立起新的社会关系类型。

[1] [意]皮耶尔保罗·多纳蒂，刘军，朱晓文译：《关系社会学：社会科学的新范式》，格致出版社，2018年版，第80-81页。

[2] 林聚任：《社会网络分析：理论、方法与应用》，北京师范大学出版社，2009年版，第10页。

一、新互动形式与群体认知转变

自我认知是个体认知图式的重要组成部分，社会认知加工心理学认为，个体的行为参照是由不同的判断标准组成的，个体的自我认知也会受到固有图式的影响。[1]主体的自我认知活动是主体自我对作为具有价值客体属性的主体自我的认知和评价等活动，价值客体评价是主体自我认知的基础，反射性评价是主体自我认知的关键环节。[2]当一个群体对另一个群体产生评价，关涉该群体明确的情感态度并反映在双方进行社会互动的过程之中。新居民通过具体的行动策略进一步转变老村民对自身的印象，从而更好地融入乡村生活之中。

（一）墨雨村集创建群体互动新形式

市场在我国南北方有不同的称谓，北方称为“集”“墟”，南方则称为“场”“街”。老村民群体将在固定场所进行物物交换的地方称为“街”，因集市位于团结街道办事处所在地龙潭社区，故而将其称为“赶龙潭街”。赶街的时间是固定的，即每月（农历）逢四和九的日子。在龙潭街售卖物品具有当地文化符号属性，且商品类型呈现出季节性和地方性的特征。集市可以为人们提供物物交换和日常所需的商品，也是当地经济文化进行交流的重要场所。新居民来到大墨雨村之后，开始像老村民一样到龙潭赶街，并产生筹办村集活动的想法。截至2022年前，墨雨村集已成功举办10期且对其日常生活产生了重要影响，它进一步加深了新老居民以及新新居民之间的了解程度，促进个体积极参与到村落公共生活中。作为村集主要策划人的新居民HYM提及筹办村集的初衷表示：

> 最开始办村集，是因为我们本身的需要，想要通过这样的活动

[1] Beck A T, “Cognitive models of depression”, *Journal of Cognitive Psychotherapy*, no.2,1987, pp.5–37.

[2] 张元：《自我认知的实现路径》，载《宁夏社会科学》，2013 年第 5 期，第 127–131 页。

让来这里的新居民彼此都认识，还想把农村的赶街和这两年流行的农夫市集形式混搭，从2018年9月23日开始一直到2019年7月27日，尽可能保持每个月一次这样的频率。每期集市都会有一个主题，我们大家会一起出谋划策，同时会在微信公众号上发布一些招募摊主的信息，也会为参与者制定一些准入规则，比如认同可持续生活的理念、自己DIY的东西、能够以物易物的。我们也邀请了老村民展示当地的美食、刺绣、应季蔬菜等，这也是一个让新居民和老村民能够进一步了解的机会，我们非常想让老村民参与到我们这个活动中来。一些对我们在这里的生活比较感兴趣，想看看自己能否在乡村生活的人也可以近距离了解我们的生活状态，我们也会分享一些在这里的生活经验，他们可以认真考虑一下自己是否能够适应乡村生活。后期因为一些原因，村集在时间和形式上都进行了调整。它最初的意义已经实现了，我们通过这个活动让新老居民进一步认识彼此，新居民之间也通过这样的活动更加熟悉对方。老村民的变化你看到了，他们现在在周末会在广场上自发地摆摊卖蔬菜、水果等，不管是新居民还是到村里游览的人都会去买他们售卖的东西，年纪大的阿奶不用走很远的路去买菜了，现在这个村集的目的已经达到了。[1]

交易和消费在个体日常生活中不可或缺，它是满足物质基础和基本生活需求的重要环节。新居民通过筹办墨雨村集的形式，将老村民熟悉的赶街活动和自身践行的生活理念融入其中，将“街子”的文化内涵及其在村落社交网络中所发挥的功能嵌入创新村集活动中，使其成为地方社会文化特征和社会关系网络衔接的窗口。尽管墨雨村集规模有限，但它已然成为二者进行认识和沟通的桥梁，固定日期内进行的物品售卖和交换呈现出地方性文化特征与现代交易形式的互构。新老居民也因这一活动被置于特定情境之中，并与他者进一步产生联系，双方开始适应彼此的存在（图3-1）。

[1] HYM，女，1989 年生；访谈时间：2010 年 3 月 9 日；访谈地点：HYM 家中。

图3-1　墨雨村集上进行当地时令蔬菜买卖的新老居民

施坚雅指出，农民实际社会区域的边界不完全是由其所住村庄的狭窄的范围决定，而是由其基层市场区域的边界决定的。[1]长期生活在团结街道附近村庄的居民早已习惯“赶龙潭街”，乡村集市为其提供基本生活生产所需物品，亦是进行社会交往和信息交流的重要空间。对于老村民而言，在新居民的组织下举办的墨雨村集是一件看似熟悉又新鲜的事情，作为几期村集固定参与者的老村民NSM表示：

以前么，去赶龙潭街是要买一些东西呢，那些吃呢、穿呢、用呢都能买着了么，我妈她们么还爱去赶海源寺街，我很不常去，平日里还是有些忙呢。那些新居民们整这个活动，我开始也是很不明白，是我女儿了么，她和新居民那些关系好，她说是就和龙潭街上那些卖东西一样的，就喊着我过来，我就把我之前绣的鞋子、围腰这些拿来摆着。我也喊着我家亲戚这些，看他们有什么卤腐、面酱、羊汤锅这些，也拿来摆着。就是觉得好玩了么，没想到真有人过来和我换东西。我开始以为是拿钱买东西，后来么才知道是互相换东西，和赶街又有着一些不一样呢地方，不过还是好玩呢。我们也喊

[1]　[美]施坚雅，史建云，徐秀丽译：《中国农村的市场和社会结构》，社会科学出版社，1998年版，第40页。

> 着村里呢人都来玩玩。[1]

墨雨村集试图以老村民群体熟悉的“赶街子”方式打开彼此间的沟通新局面。在集市这样的社会空间中，各自的生活方式形塑着村集的特色，来自各地的多样化饮食及风俗习惯和当地的地方性风俗进行了交流，成为彼此进行社会活动的新场域。随着村集不断渗入老村民日常生活之中，墨雨村集的设立改变了部分老村民的生活观念并向他们呈现出“市集”的特殊运作方式。原本作为交流空间的民族广场被赋予新的意涵，村中年纪大的老年人不再需要背着货物走很远的路到镇上去售卖物品，可以直接在家门口出售。有着定期主题和日期的墨雨村集成为群体间互通窗口，村集中自主选择和以物易物的形式以及当地文化衍生产品的展示令其超越单向经济意义，新居民以新的社会互动方式嵌入村落社会关系网中。

（二）千人宴促使群体互动加深

人际关系的非正式规范是调节个体社会行为的关键机制，[2]社会关系影响着村民日常生活中的行为方式。对于老村民群体而言，新居民移居初期，他们只是到村中“租房子的人”，对其价值的判断源于他们的社会身份和生活方式。通过墨雨村集多期活动的展开，部分老村民与新居民开始了解对方。由于村中新居民的不断增加，他们决定举办千人宴活动，以此种形式加深彼此间的熟悉程度并感谢老村民能够接纳他们在村中生活。提及新居民举办的村集和千人宴活动，老村民LXM表示：

> 最开始呢时候，很晓不得这些人么是来做什么，LTT装房子呢时候，我们村好多人都在门口看着，看看是要做些什么。后来，我们也是听家里呢亲戚说，我们的老房子能被人家租着，还给租金，就是觉呢好了。开始来呢人也是不多，我们和这些人也很不来往，

[1] LXM，女，1969年生；访谈时间：2020年3月20日；访谈地点：NSM家中。

[2] 边燕杰：《关系社会学：理论与研究》，社会科学文献出版社，2011年版，第18页。

不知道和人家说什么，不是我们当地人么一些话我们也听不懂。村集我是没有参加，我家里要领着小娃，我媳妇刚生了娃娃，家里要人做饭，还要去地里这些，很没有时间。千人宴噶，是到前年（2019年）呢时候，外面来呢人多了，都来我们村租房子，那还请我们全村呢人吃了饭，在客堂了么，见着了好多人。我家亲戚在LTT那里干活了，喊着我们几个也去帮忙了。这是第一次么和这些新居民在一起吃饭，热闹。大家一起做饭、吃饭，我们是很高兴。[1]

大墨雨村新老居民的千人宴活动如图3-2所示。

图3-2　大墨雨村新老居民的千人宴活动

新居民的主动性行动策略有利于与老村民构建社会关系并获取信息资源。经由这些活动，部分老村民不仅为相关活动提供了支持和帮助还与之建立起良好关系。作为“关系联结点”的新居民已然嵌入村落社会关系网之中，成为新老居民之间的联结点，群体间潜在关系类型被不断激活并实现生产与再生产。作为此次活动组织者之一的新居民CR回忆起千人宴活动时讲道：

我们办这次活动的初衷其实就是想要请村里所有老村民吃顿饭，感谢一下他们对我们的接纳。其实通过前期的村集活动，大家都已

[1] NSM，女，1967年生；访谈时间：2020年5月11日；访谈地点：大墨雨村客堂。

经认识了，但是认识的那些老村民比较有限，都是平时和我们接触比较多的那些，可能其他不熟悉的村民只是通过同村的人知道有我们这样的一群人存在，不完全了解我们是怎么样的，甚至连我们的名字和长相都不清楚，那么我们就想通过这样的方式。一是我们这些人来到这里也有两三年了，最早的LTT他们到这里已经4年了，我们希望表示对老村民的感谢；二是想让新来的新居民能更快地融入我们，也让之前不熟悉的老村民和我们有面对面的沟通机会，可以了解我们究竟在这里做什么。有了这个想法之后，我们几个就尝试和其他新居民沟通，大家很快就同意了。每个新居民都出了一点钱，一共筹到了24814.8元。我们把这些钱收起来，统一商量要买的菜。我们是挨家挨户到老村民家里，邀请他们来吃饭。在这个过程中，也请教了和我们非常熟悉的老村民，请他们帮我们一起做这件事情，切菜、抬菜、洗碗、做饭我们大家都是一块儿去做这些事情，最后还算做得比较圆满。[1]

新居民未曾想到千人宴活动举办顺利且成功，原以为老村民会本能地拒绝这些活动，但其用行动表示了认可。从新居民的行动逻辑可以看出，为了在陌生环境中与他者构建新的关系，需要采用特定行动策略，同时投入一定物质成本实现关系的拓展与维系，从而在新居住地获得新的信息和资源。从本质上讲，个体天然地倾向于建立起与社会的联系，个体身份、自我意识均与所属的群体休戚相关。[2]村落中社会关系性质决定了新居民若想快速适应乡村生活，需调整自身行动策略并通过建立新的关系类型扩大自身社交范围。当社会信任尚未形成之时，他们就无法在村中获得足够支持，因此需要不断投入、建构并维护关系网并以此增强自身行动能力。

社会关系首先是一个主体通过自己在关系上所属的社会（通过文化、生

[1] CR，女，1981年生；访谈时间：2020年6月17日；访谈地点：CR家中。

[2] ［美］马修·伯利曼，贾拥民译：《社交天性：人类社交的三大驱动力》，浙江人民出版社，2016年版，第6页。

活方式、兴趣和身份）条件对另一个主体的参照。[1]个体寻找关系的逻辑顺序是一个从强关系到弱关系扩展开来的过程。[2]村落熟人社会关系网中，关系的运用无处不在，不同新居民有自身建构新关系类型的条件和特征。通过观察发现，其倾向于与村中精英阶层建立起强关系类型，从而使自身关系网络达至最优化配置。个体进行社会交往的方式往往与自身生活经历息息相关。

二、公共空间构建与功能发挥

从空间社会学的意义上讲，空间结构的变化是一个永恒的命题，只是不同时空流动的方式、形式、规模有差异。[3]乡村社会空间主要指乡村居民社会活动、社会交往的地域结构。[4]村落社会空间随着经济社会的发展呈现出不断演化的趋势，村落内空间格局的变化并非单一的区域现象，而是多重因素共同作用的结果。[5]大墨雨村生活空间由于新居民群体的介入已然发生改变，村落内部异质性逐渐增强，在此基础上，村落内部也出现了新的空间形态。新居民群体为满足日常生活需求，在共居生活空间之中构建起能够满足双方需求的共需空间，并赋予其城市生活方式特征。

（一）物品存放和交易的南门二仓库

新居民入住大墨雨村之后潜移默化地将自身生活观念带入村落内部。村中南门二仓库便是基于日常生活中拿取快递以及物品置换、售卖等需要而建立。2019年3月30日，仓库作为村落公共性空间正式投入使用，其功能主要是为新居民提供便利，同时具有的开放性特征使得老村民在特殊情境下亦能参

[1] [意]皮耶尔保罗·多纳蒂，刘军等译：《关系社会学：社会科学的新范式》，格致出版社，2018年版，第88页。

[2] 刘林平：《外来人群体中的关系运用——以深圳“平江村”为个案》，载《中国社会科学》，2001年第5期，第112-124、207页。

[3] 张鸿雁：《侵入与接替——城市社会结构变迁新论》，东南大学出版社，2000年版，第2页。

[4] 张小林：《乡村空间系统及其演变研究》，南京师范大学出版社，1999年版，第36页。

[5] 乔家君：《中国乡村社区空间论》，科学出版社，2011年版，第206页。

与其中。笔者通过访谈南门二仓库筹建者之一的新居民WY进一步了解其成立过程，他回忆起这一事件表示：

> 这个仓库是我们几个新居民有这样一个想法，也是我们自己有需求。就想有这样一个地方可以卖点儿自己做的东西，去镇上取了快递可以帮忙临时放在这里，就会方便大家。为啥叫“南门二”，其实挺简单的，就是它是一个门朝东南的二手物品仓库的简称。当时请老村民吃饭嘛，吃完之后还剩下2000多块钱，我们就用这些钱还有老村民L大爹家提供的猪圈，把它简单清理、收拾了一下改成现在的样子。仓库是没有人看着的，就是一个自助式的空间，登记、扫码就可以使用及购买里面的物品。门上密码锁的密码是村里火把节那一天，这样老村民和新居民都可以进来。我们也建了一个微信群，名称就叫“南门二”，群体既有新居民也有老村民，比如谁去镇上了，就可以帮忙把大家的快递带回来放在南门二，还有跟老村民买的一些蔬菜什么的也可以暂时放在这里等有空了过来取。自己不用的衣物也在这里放着，别人有需要从箱子里拿走就可以，方便了大家拿来拿去的。现在主要是闲置的书、玩具、旧衣服、包包在这里

图3-3 “南门二”仓库

放了一些，老村民有需要的话可以在这里进行物品的交换。我们闲置的东西放在这里大家也可以来共享，这个地方的存在让我们的生活更加方便。[1]

老村民表示他们如果需要一些物品也会到库内自取。其中，与新居民联系较为密切的老村民在日常生活中会较为频繁地出入仓库。出于日常生活所需建立的南门二仓库，成为两个群体间形成自然联系的过渡带，同时仓库密码所指的符号意涵也令老村民感到自身被尊重。在老村民LDD原有猪圈的基础上建构生成的新物理空间成为村落空间中的一部分。南门二仓库的意义不仅限于最初新居民对它的功能定义，即二手物品存放及售卖仓库。它作为一种隐喻和媒介承载了多重意义，并且让老村民意识到自身与新居民之间存在的确切联结。老村民LXC提及南门二仓库时表示：

么，是我爹家呢地方了么。以前么养着猪这些。现在没养了，我爹妈年纪大了，就把养着鸡、鹅这些挪到院子里了。这个地方就是闲下了，WY他们说想要整一个仓库放放快递、卖卖东西这些，我爹就说让他们用着这里就可以了。密码这些我们都知道呢，是我们呢火把节这天。平日我们有一些快递了，还有买着的一些东西，有时也会放在这地。娃娃们很爱去这里拿着一些书去看。别人不需要呢东西如果我们需要可以拿去呢，是很好。他们人是太好了，像我爹妈年纪大了，他们就送着一些特产这种给我爹妈，么我是觉呢很好，这个地方方便了大家。[2]

南门二仓库的空间类型传递出新居民意图进一步和老村民建构关系的行动策略。具体化的物理空间成为一种维系性纽带，使得两个群体之间的互动频率不断增加。这一仓库的建立过程本质上实现了村落生活空间的再生产，

---

[1]　WY，男，1978 年生；访谈时间：2020 年 5 月 1 日；访谈地点：大墨雨村水库。

[2]　LXC，男，1975 年生；访谈时间：2020 年 5 月 10 日；访谈地点：大墨雨村南门二仓库门口。

这一表征性的空间存在承载了新居民群体的情感寄托，而在其中的社会关系也得到进一步拓展。

（二）教育创新和信息共享的墨雨村学

教育具有延续、更新和普及文化以及交流、整合不同类型文化的功能，在个体成长过程中教育起着重要的主导作用，具有促进个体社会化和个性化的功能。[1]墨雨村学的建立有两方面因素的共同作用：第一，部分新居民家庭自身出于儿童教育的需要；第二，当前农村教育体系不能满足部分老村民的教育期望及对高学历新居民的期待。

新居民WC为解决自家孩子教育问题以及试图让老村民的孩子接受新的教育理念，决定在大墨雨村筹建一所村学。在多方行动者的帮助下，墨雨村学于2019年7月底正式投入使用。提到村学创立初衷，WC表示：

> 首先还是自己的需求吧，我的一对双胞胎儿女需要上幼儿园了，考虑到雨花小学的实际情况，我们不太愿意让孩子过早地接受比较程式化的教育，再加上我们一家现在在农村生活，去上城里的幼儿园距离又太远，就萌生了一个想法，想尝试看看能不能在村里面建立这样一个学习场所，不仅让像我一样的新居民能够解决孩子上幼儿园的问题，也尝试让老村民的孩子在这里学习。之后通过筹款的方式募集了30多万元的资金，和村委会签了半亩集体用地的租赁合同。就这样在朋友的帮助下，村学大概修建了一年，之后正式开始运转。对于它的定位就像门口的标语上写的吧——“一座村庄就是一所学校”。有这样一个公共学习场所在村里的话，我们和老村民之间的联系也越来越多了，想想最开始的时候只有4个小朋友，到现在有13个小朋友，新居民和老村民的孩子一起学习、成长，还有昆明市区的一些家长了解了这里，也把孩子送过来。除此之外，在周末

[1] 钱理群，刘铁芳主编：《乡土中国与乡村教育》，福建教育出版社，2008年版，第183页。

> 的时候，我们也尝试给年纪大一点的孩子补课，孩子们还可以在这里看书、打篮球。我特别希望这些孩子除了获得书本上的东西，也能看到、学到更多不一样的事物。寒暑假也会筹办一些夏令营、冬令营。平时新老居民有一些大型活动也可以在这里办，一起看电影、纪录片，有的时候组织跳舞都可以在这里。[1]

墨雨村学如图3-4所示。

图3-4　墨雨村学

墨雨村学对于村落空间而言是公共空间的开拓，它承载着新居民意图扎根乡村生活的决心和将其作为强纽带联系两个群体之间的希冀。它的成立不仅解决了一些新居民家庭的教育困境，还促成了部分居民生计方式的转型，更为重要的是为老村民家庭提供了接收多元教育观念和价值体系的机遇。

从村落教育情况来看，农村教育承担的是基础教育的职能，村中多数适龄儿童就读于村口团结和平中心学校雨花分校（有幼儿园和小学），初、高中须到龙潭镇上读书，也有家长出于让孩子能够获得更好教育资源的目的，将孩子送到昆明市区读书（村中仅有3名孩子在昆明市区读书）。相较于城市学校，雨花小学师资力量和配套设施并不完善，老村民LHY提道：

[1]　WC，女，1982 年生；访谈时间：2020 年 3 月 19 日；访谈地点：墨雨村学。

希望小学三—六年级只有一个英语老师，教了四个年级所有呢娃娃，一个班主任带了语、数、英、美四门课，语文和数学就是凑合教，美术、音乐这些几乎没有。[1]

通过深度访谈和观察发现，村中经济条件相对较好的家庭对希望小学的教育配置和教学质量表示担忧。村落向外开放程度的增加和村民接收外来信息的渠道扩宽，令他们愈加意识到教育是孩子走出乡村的重要途径之一，自己的孩子若能获得更好的教育资源，实现阶层向上流动的可能性亦能增加。XZJ谈到孩子的教育问题表示：

我们么就是吃了没有文化的苦，现在就要成天去苦钱。肯定是不想自己呢娃娃和我们一样没有出息，就是想着说现在多给他学一些文化，好好呢读书在现在这个社会才有出路，不要像我们一样，一辈子就这样了。新居民里面有这么多有文化呢人，能帮忙给孩子讲课是好事。[2]

在老村民看来，新居民不再是他们之前所认为的“在城里混不下去的人”，而是“有钱有闲有文化的城里人”。[3]尽管2020—2022年有大量老村民愿意将自己的孩子交给村学教师，但村学招生历程并非一帆风顺，最初曾因招不到学生一度出现负收入状况，后期才逐步实现收支平衡。

墨雨村学成立之初，由于对村学高价学费的接受程度低以及对教育理念的担忧，没有村民愿意将孩子送到村学。经过新居民WC的多次劝说，村支书LSC最终答应将孙女送到村学，此后才逐渐有老村民将孩子送至墨雨村学读书。LSC回忆起当初的经历时表示：

她们来我家里喊我把LHQY送到村学去，她妈妈家在小墨雨村，

[1] LHY，女，1993 年生；访谈时间：2021 年 7 月 2 日；访谈地点：LHY 家中。

[2] XZJ，女，1987 年生；访谈时间：2021 年 7 月 9 日；访谈地点：XZJ 家中。

[3] MYK，男，1988 年生；XLN，男，1984 年生。访谈时间：2021 年 7 月 13 日；访谈地点：MYK 家中。

她妈还要上班，她爸爸要拉大车，就是我领着她。我想她们都是有文化呢，教她肯定没呢问题了噶，么就是学费贵，村口呢雨花小学在那里上着一学期才要400块，在这里要900块，后来她们说是再给便宜一点。她们说那些树林、自然教育我是很听不懂了，我就是想着每天送她到村口还不如就在村里挨着也方便。再就是我带这个头了我们村里呢人就有人去了么，我就同意了把她送进去，也喊着我们村愿意把孩子送到村学去的人送过去，我表哥家呢孙子，我就叫他和QY一起去上学，平时么我忙呢时候，他们去接也能帮忙把娃娃领回来。后来么，我们是很希望她们能给我们村年纪大的娃娃们也补补课呢，平时娃娃们呢一些作业我们也不会做，英语那些也不懂，新居民么懂得多，有一些么又是从国外回来呢，给村里娃娃辅导作业么，我们也付一些钱给他们。我提过好几次了，想喊他们周末了么，还有晚上呢时候领着村里呢娃娃学习。[1]

有一部分老村民最终愿意将孩子送到村学有如下原因：一是已经有亲戚或朋友愿意将孩子送过去，同时，村学距离近，平时如果有事来不及接孩子可以请亲戚、朋友接送；二是孩子会接触到不一样的教育理念，且相较于新居民家庭，老村民交的学费会更低。在这些因素的作用下，老村民的孩子陆续进入村学学习。由于村学教师均由新居民担任，因此在日常生活中与学生家长产生联系。村学的成立使得承担教师角色的新居民和作为家长的老村民之间关系更为紧密。这样一个新的空间存在成为两个群体之间信息和资源共享的重要渠道，一部分新老居民已然参与到彼此生活场域中。墨雨村学作为一个社区学习中心，能够让老村民接触到从未了解过的自然森林教育、教育戏剧、生活教育等创新教育理念，相关课程设计兼顾地方性文化。除此之外，它提供了一个公共阅读场所，孩子们可以在周末到这里自由阅读，相互交流，偶尔也有新居民到此地播放电影、举办小型音乐会等活动。教育象征着未来

[1]　LSC，女，1963年生；访谈时间：2020年6月8日；访谈地点：LSC家中。

的希望，墨雨村学在扎根乡村的过程中也被老村民群体赋予想象，他们期望这个场所能够为其带来新的希望，祈盼孩子通过教育开拓自身视野并走出乡村。

（三）娱乐和情感交流的广场

村落文化是人口聚集村庄的历史积淀，是在特定社会背景下人类社会实践与自然环境相结合的产物，村落文化以其特殊的形式和功能在社区的发展过程中起到重要作用。[1]文化活动是村民日常生活的重要组成部分，村中广场上的舞台作为日常休闲娱乐、人际交往和承办节日活动的文化场所，为村民们提供了丰富其精神文化生活的平台。民族广场舞台多用来举办一些大型文化活动，村中老年人协会的会长LG和老伴LYF就居住在舞台一侧的房间里，负责在活动结束后规置音响、舞台道具等物品。

除承办文化活动外，这里亦是中老年女性进行刺绣以及年长男性的聊天聚集地，周末老村民在这里摆摊售卖当地蔬菜。作为开放性的公共空间，广场成为村民精神文化生活和个体实现经济创收方式的场地。新居民群体也参与到地方文化活动中，同时充分利用这一公共区域举办多期村集活动、组织新老居民在广场上跳舞、开电音派对、作为村学户外授课的临时性场地等。在广场上，老村民看到新居民多样化的生活方式。谈及民族广场上不断发生的新变化，LG表示：

> 我天天都在这里住着，村里呢人是很爱来这地。老人么爱在这地闲聊了么，小娃娃们在这地玩一下。尤其是夏天，傍晚8点半左右，家家户户么吃完晚饭都来这地热闹。我们都以为这些城里人很不爱和我们玩着，后来么有一些年轻人来了，学着跳我们呢左脚舞了么，白天也有人和那些老奶学绣花。去年还组织着好多人在这地放音乐，喊我抬音响出来放音乐说是。以前很没见过这些，还是年

[1] 乔家君：《中国乡村社区空间论》，科学出版社，2011年版，第189页。

轻人来玩的多一些，唱歌了，还跳着舞，热闹是很热闹呢。[1]

广场上一起参加活动的新老居民见图3-5。

图3-5　广场上一起参加活动的新老居民

通过观察和访谈发现，部分老村民会在广场上通过跳舞、刺绣、择菜聊天等形式进行日常信息交流与共享。新居民由于普遍缺乏乡村生活经验且与老村民熟悉程度不够，未能很快地加入广场上的老村民舞蹈队伍之中。实质上，新居民对乡村生活有着丰富的想象，希望自身能够主动融入其中。在其进行乡村生活实践的过程中，尽管因城市文化生活和“惯习”产生潜在自我疏离情绪，但仍然希望自身行为方式在异质性环境中能够有崭新的构建。因此，他们通过主动与老村民一起跳舞、唱歌、打篮球等方式积极实践自身主观能动性。新居民的行为方式收获了部分老村民的正向评价，他们以此为契机与老村民建立联系并重塑自身身份。双方在持续性社会互动过程中逐渐熟悉，并由此生成新的社会关系类型。

[1]　LG，男，1951 年生；访谈时间：2021 年 7 月 8 日；访谈地点：大墨雨村民族广场。

第二节　群体间互动类型与多元关系构建

社会网络首先是由一个特定集合的行动者以及行动者之间的关系构成的。[1]“在考察社会关系的时候，我们不得不同时考虑到横向的组合向度和纵向的聚合度。前者包含了处于具体情境中的实践再生产；后者则是指不断重复体现在这种再生产中的某种‘结构化文化’的虚拟秩序。”[2]新老居民在持续性的互动过程中，以房屋租赁为起点衍生出三种关系类型，从而构建出新的社会交往格局。村落传统社交格局下，老村民群体共享集体记忆且遵循共同地方性规范，成员间具有直接的关系网络。新居民具有城市特有的社会关系特点。乡村中人与自然、人与人是“相互直接作用的关系”，而在城市社会中人与人之间的关系表现为“共生性”和货币连接关系。[3]在双方差异化关系属性背景下，新居民群体的介入导致村落社会交往格局呈现出新的特征。

一、日常互动情境与情感调适

新老居民群体间最为直接的关系类型即作为房东的老村民和作为租客的新居民关系。在房屋租赁过程中，双方需要就房屋的价格、改造的方式以及其他注意事项进行沟通，对于彼此的初印象也在其中形成并影响后续互动展开。这一关系类型具有混合性特征，既存在资源互换、互惠的情况又兼具情感支持。

[1] 高红艳：《社会网络与“新生存空间”的生成》，上海大学2006年博士论文。

[2] [英]安东尼·吉登斯，李康，李猛译：《社会的构成：结构化理论大纲》，三联书店，1998年版，第79页。

[3] 张鸿雁：《侵入与接替——城市社会结构变迁新论》，东南大学出版社，2000年版，第48页。

（一）新老互动型关系

通过统计发现，老村民群体中出租房屋的人数达到64户，共计327人，占全村总人口数的36%，具体情况如表3-1所示。

表3-1　大墨雨村出租房屋主要姓氏占总出租人口数（$n=327$）

姓氏	频数（人）	占总体的百分比（%）
L姓	102	31.2
X姓	97	29.7
N姓	64	19.6
S姓	42	12.8
M姓	13	4.0
Z姓	9	2.7

由表3-1可以看出，以L姓和X姓为主要房屋出租姓氏，占出租总人口数的60.9%，原因在于，XFH作为新老居民间主要联系人，优先将自家亲戚和朋友的闲置老宅租给了部分新居民，在这些新居民的介绍下又陆续将自己获得的房屋信息资源传递给其他新居民，这样的信息流导致最初到村中租房子的新居民租赁的房屋与XFH有直接或间接的关系。SZZ（母姓N，父姓S）作为新老居民间重要联络人之一，同XFH一样获得了新居民需要租房的相关信息资源。她基于个体“差序”原则，将需要租房的新居民介绍给自家亲戚朋友，在SZZ的推荐下，N姓和S姓闲置房屋占出租总人数的比例为32.4%。M姓和Z姓是个别新居民通过自身与其建立联系，通常是朋友的朋友介绍性质的关系。老村民ZKX表示：

这些把老房子租掉呢，还是L姓和X姓呢最多么。我家里没得（老房子），现在住呢房子是砖房。我是汉族呢，是别个村呢。我们也想把房子租给人家呀，那租给人家我们就没呢地方住了么，现在住呢这地了么就是原来呢老房子很不行了，又重修。我和老伴两个人在这地住着，顾着我家呢孙子，他爹妈么不住在这地，住在马

> 路边上，在那里又盖着新房子。我们和人家这些人很不认识了么。XFH是认识呢么，是我老婆家呢亲戚也是，有点远呢。那些和这些外面来呢人认识了，就好了么，能租房子，我们很不认识，也不消认得人家。[1]

从村中房屋租赁情况来看，一是老村民群体中仍有部分老村民与新居民互动频率较低，因无直接连带基础导致彼此熟悉程度不足；二是村中老村民群体普遍认为，只要将自家闲置的老房子租出去就可以获得一定的资源和经济利益，但资源是有限的，只有与新居民群体建立起关系之后才有机会获得。而那些已经和新居民建立起关系的老村民自然想通过衍生关系，帮助自家亲戚和朋友也能够分得一定资源。关系网络的编织需要行动者在其中通过互动的形式传递物品和资源，在此基础上建立起纽带关系，和一些行动者的关系往往是有互助的，和另外一些行动者却没有，那么只有相互获益的关系类型才能够持久进行，这也是新居民群体始终无法与另一部分老村民群体建立起有效关系的原因所在。由此可见，随着资源进入社会网络内部，其间社会网络也会实现再生产。

1. 礼物交换型互动

交换是两个群体之间影响互动双方的重要维度。在很多情况下，关系中的行动者变得在某些物品上相互依赖，不管它们是支持、娱乐，还是更物质性的物品，这种互依性都是从交换中生发的诸多关系的更深层维度。[2]作为房东的老村民在与自家租客新居民的互动过程中，首先对其报以一定程度的接纳态度。许多新居民曾表示，与老村民房东签订租赁合约之后，老村民都会赠予一双自己做的绣花鞋或者其他类型的绣品。当新居民住进已经改装好的房屋之后，老村民会时常摘一些自家种的蔬菜放在门口。就是这些小事，让新老居民之间的互动持续进行，新居民DJ说道：

---

[1] ZKX，男，1963年生；访谈时间：2021年6月9日；访谈地点：大墨雨村民族广场。

[2] [英]尼克·克罗斯利，刘军等译：《走向关系社会学》，格致出版社，2018年版，第131页。

我现在脚上穿的这双鞋就是LSC孃孃送给我的，当时我们几乎没怎么讲价就把这套房子定下来了，其实这个都不算老房子了哈，是砖房。也是在LTT的介绍下决定租这个房子的，我的一个好朋友YL，她和LTT是很好的朋友，当初我们约好一起在这里租房子，让孩子体验自然森林教育，在LTT的介绍下我租了这间。后来我才知道XFH孃孃和LSC孃孃是关系很好的姐妹，XFH孃孃的姐夫是LSC孃孃的堂哥。这么看来，村子里好多亲戚呀！我们现在就慢慢弄嘛，LSC孃孃的丈夫帮我们把墙上的这些砖都重新弄了一下，主要是这个房子也不需要大动，还算是比较新的吧。反正和她们一家相处得还挺愉快的，我女儿和LSC孃孃的孙女都在村学嘛，小朋友有的时候会来我们家玩儿。LSC孃孃平时总是送樱桃、蔬菜给我们，我和她说我们家人少根本吃不完，还是要送。这样挺不好意思的嘛，我们就也会买一些小孩子的衣服啊，零食啊，糕点啊这些送给她家。我回老家或者出去玩儿回来，也会带一些特产什么的，我和她家两个女儿关系都还挺好的，这种关系相处起来最省心了。[1]

交换是互动中的重要形式，当两个群体之间展开交换时，双方在一定程度上联系在一起。始于老村民房东的主动赠予，将当地带有地方性特征的物品赠予租赁房屋的新居民时，对方也给予了回应，从而成为一个完整的互动过程。诚如米德所言，“交换是一种机制，它可以导致团结式纽带和群体融合的形成”。[2]交换式互动的展开，使得房东与租客之间的关系嵌入更大的社会网络之中，成为关系发展的根基。双方进行的礼物赠予活动本质上是关系性的，通过交换物将相关的行动者联络在一起。与大墨雨村传统关系网络不同的是，作为租客的新居民，其属性是“外来人”，因此只有在具有一定策略性的互动行为发生之时，才能进入老村民群体的社会网络之中并开辟出新的网络结构。

[1]　DJ，女，1985 年生；访谈时间：2021 年 4 月 26 日；访谈地点：DJ 家中。

[2]　[英] 尼克・克罗斯利，刘军等译：《走向关系社会学》，格致出版社，2018 年版，第 134 页。

2. 人生仪礼型互动

有学者认为，仪礼是指在人的一生中有几个重要环节所经过的具有一定仪式的行为过程，是将个体加以社会化的程序规范和阶段性标志。一般而言，个体在不同的年龄阶段举行的有关诞生、成年、婚姻、丧葬等方面的仪式行为构成了人的四大人生仪礼，并呈现出这一阶段的明确特征。[1]人生仪礼仿若一根纽带，将个体一生中的重要阶段串联，在地方性社会文化的浸润下又具有独特特征。老村民群体对人生仪礼十分看重，在仪礼过程中蕴含着其生产生活的文化烙印和社会交往的逻辑。新居民群体成为一部分老村民闲置房屋的租客之后，由于长期在村中生活，无可避免地参与到老村民房东的人生仪礼过程之中。

在调查过程中，笔者曾分别向不同的新居民询问，是否参与过老村民房东人生仪礼中的某一项活动，部分新居民表示：

> 刚开始住到房子里就是老村民会过来叫着一起去吃个饭、喝喝酒什么的。特别熟了之后，才会邀请我们去参加新生儿百天、婚礼、葬礼这些。我们参加得比较多的是孩子诞生、房东女儿出嫁或者儿子娶亲这些（SKX）。我觉得生疏还是比较分明的，比如你去参加小孩儿诞生礼，你能看到来吃饭的都是和这家关系很好的亲戚朋友，虽然村里人都认识，但不是随便请的（DD）。我们听说，如果请客的主家和你关系已经很好了，就会直接喊你去帮忙。也不仅仅是吃饭这些，我们觉得人家叫我们过去就是一种表示吧，有时封红包是因为实在不知道买啥，关系很好的就买点粮油、米面、牛奶之类的（LSY）。[2]

“人们总是依据‘差序格局’这一观念来构筑‘家’‘本家’‘家族’的，

[1] 黄勇：《人生礼俗》，京华出版社，2005 年版，第 2–3 页。

[2] SKX，女，1969 年生；DD，女，1968 年生；LSY，女，1977 年生。访谈时间：2020 年 3 月 10 日；访谈地点：DD 家中。

血缘与姻缘关系构成了错落有致、层次分明的亲族网络。每一个人、每一个家庭都生活在这样的网络之中，成为网上之‘结’，每一个‘结’都是与网上其他‘结’按照亲疏远近由血缘或者姻缘连接在一起。”[1]大墨雨村的亲缘关系网络贯穿个体的人生仪礼过程之中。作为外来者的新居民在与老村民房东交往的过程中，当关系达到一定程度之时，老村民房东会邀请其参与自家的人生仪礼。这类关系现象的出现并非一蹴而就，只有当双方关系达到一定的程度才会发生。老村民群体之间达成了一种默契共识，即关系亲近的亲戚或朋友需要在请客时帮忙（包括待客、提前去择菜、做饭等），而一般的就在吃饭的时候到客堂去等着吃饭就可以。其中蕴含着老村民群体人际交往的关系逻辑。

3. 雇佣型互动

除新老居民群体关系网络中的重要连接者之外，村中还存在一种雇佣关系。当新居民租下房屋之后，通常作为房东的老村民会要求由自己或者自家亲戚承担房屋装修过程中的前期工作。例如，前期的泥工、水电、油漆和木工工程等。针对老村民要求负责房屋的装修前期工程，笔者分别对老村民和新居民进行了深度访谈。老村民认为：

> 自己家的房子，找别人来装修不仅不放心还不知道用的什么材料，自己家里人总是更安心一些，虽然房子租给新居民了，但以后房子到期了自己说不准还要回来住，由自己或自家人承担装修工程会更用心。出去找工作离家远还赚不到很多钱，在家门口为自己工作是件再好不过的事。[2]

新居民群体普遍默认这一“隐形规则”并表示：

> 那也没办法，刚开始就都形成了这样的风气，我们人生地不熟

[1] 陆学艺:《内发的村庄》,社会科学文献出版社,2001 年版,第 181 页。
[2] ZLX,男,1979 年生;访谈时间:2021 年 4 月 25 日;访谈地点:ZLX 家中。

> 的，又是人家的房子，提出这样的要求就只好接受。一两个人也没办法改变，只是前边儿这些基础的活儿只要多盯着点，不会出大问题，来上工的人不耽误时间好好干活就行。但是房间内的各类软装就需要自己来，他们（老村民）没办法理解我们的装修理念。[1]

村中租赁房屋的新居民均与房东或房东的亲戚、朋友形成了初期的帮工关系。因这一关系类型的产生，两个群体之间的互动更为频繁地展开。在日常材料购买、施工和督工过程中，彼此间熟悉和信任程度也在持续发生转变。从这样的关系脉络出发，新老居民之间的互动得以持续展开，并且通过这样的互动加深对于彼此的了解，关系也在互动过程中得以形成和构建。传统关系形态具有先赋性或在影响下发生，而后通过持续性交往获得，特定关系身份和类型孕育出相应行动规范和结果。[2]从群体间新型互动形式来看，行动者因各自在群体内结构的位置和角色发生变化，彼此互信程度提升并通过此种模态实现双方互惠性期望。同时需要注意的是，混合关系类型的特殊性决定了此种关系形态的情感强度无法达到情感性关系类型中的个体行为表现，它的维系需要关系双方长时间持续性保持互动。新老居民群体间除房东和租客关系类型外，邻里间亦呈现出混合性关系特征，强调关系内部人情和面子的互动法则。

（二）邻里互动关系类型

俗语有言："远亲不如近邻。"自古以来，邻里关系就是极为重要的一种关系类型。有学者指出，相较于城市，农村的邻里关系含义更为丰富，其间夹杂着人情、面子等文化因素。[3]汉代刘熙所撰《释名》记载了从周朝开始的

[1] DXX，女，1972 年生；SYY，男，1960 年生；LMH，男，1970 年生。访谈时间：2021 年 4 月 15 日；访谈地点：素朴咖啡馆。

[2] 罗家德：《社会网分析讲义》，社会科学文献出版社，2005 年版，第 51 页。

[3] 任映红，严米平：《渐行渐远：乡村变迁中日益陌生化的邻里关系——一项对 LSZ 村的观察》，载《理论探讨》，2017 年第 1 期，第 154-158 页。

农村区域结构：五家为伍（又谓之邻），五邻为里，五百家为党。邻里并非只是地理上的关系，相邻而居彼此往来方可成为邻里。[1]农村邻里关系是在地缘关系上于固定空间范围内所形成的地方性关系类型。新居民群体的移居行动引发村中邻里关系改变。

1. 村落原生邻里关系特点

在大墨雨村传统社会形态下，村中邻里关系的类型主要基于血缘和亲缘进行划分，据老村民LFH讲：

> 现在住着么是瞎住呢，以前么是分呢很清楚呢，以五道口为中心，往前走那一片（麗日范围内）都是姓X了么，上面那地（雨花小学出口方向）是姓L，听老人讲说是姓N呢以前不是我们村呢，是有一个N姓来上门，后来么慢慢就成了这多姓呢村。[2]

随着现代社会的不断发展，村落婚姻制度由村内婚逐渐向村外婚转变。经过持续性发展形成了大墨雨村传统邻里关系形态，群体内部邻里间熟悉程度高，关系成员具有强烈情感和信任感。观察其关系特征可发现：首先，无偿和互惠是邻里之间进行社会交往的首要法则，人情在其中发挥着重要作用，由于彼此之间熟知对方的情况，同时遵守潜在的村内交往规约，因此，彼此间的互动不具备太多功利性质，并基于这样的原则实现关系的维系和再生产。其次，村落内邻里间十分强调面子原则。“爱面子”“不能丢面子”和“看面子”“给面子”是其进行社会交往的隐含逻辑，其间存在着面子“自我”和“他性”的结合。最后，邻里之间交往仍遵循亲疏有别的交往逻辑，往往显现于自家举办人生仪礼的过程中。

邻里间的互帮互助行为是维系邻里关系的重要机制，在长期的生产生活中，彼此相帮体现在生活中的方方面面，并在互动过程中产生了紧密、深厚的情感，即使发生冲突，也能得到有效解决。随着现代化和城市化的不断推

[1] 曹凤云：《农村社会学》，上海三联书店出版社，2005 年版，第 93 页。

[2] LFH，男，1963 年生；访谈时间：2021 年 4 月 24 日；访谈地点：大墨雨村水库。

进，村落内部邻里关系已然发生改变，加之村中人口不断增长，老村民群体经济收入水平不断提高，盖新房成为其人生大事，在村中土地有限的情况下，他们将盖房阵地转移至村口的马路边。因此形成了新、老房屋鳞次栉比的空间格局，村落内部原有邻里关系格局亦随之发生变化。

2. 新居民群体迁入后邻里关系特点

大墨雨村老房和新房呈现错落分布的格局，前期新居民群体移居至大墨雨村时，其邻居通常是老村民，当两个群体处于同一社会空间之中，村落内部的邻里关系也呈现出显著变化。双方群体之间的互动也使邻里关系产生动态变化。在田野调查过程中，笔者发现新老居民群体之间的邻里关系有以下特点：

第一，私密化程度的提高，邻里间交往正式化。新居民群体更倾向于拥有独立的空间，当其外出活动之时，会将房门紧闭，且将门口挂上注有“私宅”二字的牌子。也有新居民在门口写明“未经允许，不得入内”的告示，私密性和封闭感是新居民居住空间的符号性标识。此类空间格局与老村民之间显然是不同的，老村民群体之间由于彼此熟悉且信任程度高，对邻居并不过分设防。因此，老村民与新居民邻居之间的交往呈现出正式化的特点，即使送蔬菜或其他物品也只是放于门口，与其交往保持一定的社交距离，非邀请绝不主动登门。

第二，情感关系有限，邻里交往遵循理性交往原则。据新居民反映，最初与邻居之间的关系仅限于点头之交，主要是出于礼貌性问候。后期随着熟悉程度提高，当邻居有友善行为的表现时自身也会给予回应。信任和情感关系建立的基础在于双方对彼此的亲近和行为预期。而新老居民邻里之间缺乏深度了解的基础和较长的交往时间，其建立起的邻里关系是互惠有偿的。老村民也表示，生活方式的差异，加之语言、饮食习惯等的不同，导致和新居民之间缺乏共同话题，所以聊天沟通也较为有限。

于乡土社会之中形成的紧密共同体强调血缘关系和地缘关系。正如费孝通先生所言：“作为血缘关系的投影，‘生于斯，死于斯’把人和地的姻缘固定了。生，也就是血，决定了他的地。世代间人口的繁殖，像一个根上长出的苗，在地域上靠近在一伙。地域上的靠近可以说是血缘上亲疏的一种反映。”[1]这种关系类型呈现出的特征在于：在村庄内部强调邻里之间进行的交往要求是整体上和睦的，对于非本村人员则有着一定的谨慎交往心理。新老居民之间的邻里关系模式在一定程度上难以达到老村民与老村民之间邻里关系的程度，以及新居民与自家房东交往的程度。从整体上看，新老居民之间的邻里关系在交往方式、内容和情感上仍存在一定区隔。新居民群体遵循的契约原则和老村民群体依据人情、面子产生社会性原则无法完全进行调适，双方只有在长期生活的基础上彼此加深了解，才能达致良性互动状态，建构起和谐友爱的新邻里关系。

二、多重关系网与核心行动者

“人们之所以能够建立起社会关系，是社会构建了一种大多数人认同的并能够遵守的共同利益规范。”[2]处于现代化进程中的大墨雨村除呈现出以血缘、地缘和地方性文化等要素结成的内生性传统关系网络外，亦产生了依据契约和互惠关系而形成的外源性社会关系网络。依据该村群体间社会互动频率和形式将他们的社会关系划分为三种类型：一是作为房东的老村民与新居民租客间关系，二是作为租客的新居民和老村民邻居间关系，三是新居民和其他村民间的关系。在村落新型社交格局中，部分居民基于互惠、信任和情感关系在长期的交往互动中成为连接两个群体之间的桥梁。这些个体作为村落社会关系网络中的关键关系联结节点，成为群体间进行沟通交流的重要载体。

（一）兼具黏性与灵活性的老村民行动者

中国关系主义本质特征有三种理论模型：第一种是将中国关系主义的本

[1]　费孝通：《乡土中国生育制度》，北京大学出版社，1998 年版，第 70 页。

[2]　［英］尼克·克罗斯利，刘军等译：《走向关系社会学》，格致出版社，2018 年版，第 29 页。

质特征定义为家族亲情伦理的社会延伸，第二种是将其定义为特殊主义的具有“工具理性”特征的工具性关系，第三种是强调情感性上的非对称性社会交换关系。[1]情感性和工具性构成了关系的重要属性维度，关系的本质需要于其中找寻，对关系的讨论离不开个体的社会位置，行动者所处社会位置影响其资源获得。

老村民群体中网络整体集聚度高，以熟人社会为基础，构成了大墨雨村原生关系网络。村中长期存在着四个血缘集团，即L、N、X、Z，其中以L姓和X姓联姻组成的血缘集团占村中总人口数的69.9%。具体情况如表3-2所示。

表3-2　村中大姓人数占总人口数比重（$n=901$）

姓氏	频数（人）	占总体的百分比（%）
L 姓	351	39.0
N 姓	278	30.9
X 姓	163	18.0
Z 姓	109	12.1

通过对新居民和老村民的深入访谈和观察，确定出老村民群体中的关键性人物，即老村民XFH和老村民SZZ。XFH是第一户移居至大墨雨村的新居民LTT的房东之一，出于经营餐厅的需求，LTT请XFH在餐厅帮忙烹饪具有当地特色的食物、打扫客房卫生以及帮忙种地。LTT提起当初雇用XFH的初衷表示：

X嬢嬢是村里了解各类信息非常多的一个人，她们这个家族也很大，我现在租的这一片儿的老房子，房东大部分姓X，你问她村里各家大大小小的事情她都知道。所以我请她过来帮忙的时候也考虑过，要和老村民打交道的话，肯定需要她帮忙。他们这个村子里是非常团结的，哪家有点什么事情，别人家都能知道的。还有我想

[1] 边燕杰：《关系社会学：理论与研究》，社会科学文献出版社，2011 年版，第 20 页。

经营麗日餐厅的话要找一个当地人，做饭也比较有地方特色，她就是最理想的人选。我请她来帮忙，她作为房东的家人也能看到我在老房子里面究竟是做些什么事情，可以通过她让那些比较好奇的老村民知道我来这里的原因。[1]

个体在社会群结构的社会网络中可利用的资本是不同的，并且与他人的亲密程度不同得到的支持也不一样。新居民LTT正是借助XFH所拥有的资源使自身能够在快速了解村落内部即时信息的同时更易为其他村民所接纳，在长期的相处过程中，老村民群体亦通过XFH知晓部分新居民的生活状态。群体间社会关系形态随时间变化而不断被形塑，互动初期的状态对于后期彼此间相处模式至关重要。LTT与XFH一家良性互动的展开为后期陆续移居的新居民打开社交局面，让老村民群体在一定的共同基础之上形成早期对新居民群体的关系立场。两个群体之间的互动并不是简单地进行社会接触，而是在互动过程中双方基于对方的行动而给出的“行动回应”。正如米德所言：“对方的行动要求我‘予以回应’，互动各方激起、刺激或唤醒、诱发着我的反应。”[2]当新居民群体逐渐嵌入村庄内的原生关系网络之中，不可避免地受到网络内关系的影响，并不断形成相互缠绕的行动流共同驱动行动者之间的社会互动。

新居民群体中的先行者可以为后来的移居者提供有效信息以激励后来者并形成连锁反应，移居过程本身可以实现关系网络的不断增强。老村民SZZ（曾在团结收费站工作，因去培训机构学习认识了新居民LY，帮助部分新居民租赁村中闲置房屋）与部分新居民间的情感性关系促使村落内关系结构场中形成了以她为小交往圈的社会关系网。新居民LY正是在SZZ的介绍下来到大墨雨村并在这里租下3栋老宅。LY提到从成都到大墨雨村的经历表示：

我是做培训这一块儿的，也是有一次听我的学生SZZ提起了她的家乡大墨雨（村），说家乡非常美，生态环境也很好，还有人在

[1] LTT，女，1985年生；访谈时间：2020年3月12日；访谈地点：LTT家中。

[2] ［英］尼克·克罗斯利，刘军等译：《走向关系社会学》，格致出版社，2018年版，第38页。

村里租房子生活。我挺感兴趣的，就决定和几个朋友一起到这里来看看。来了之后还挺喜欢的，在SZZ的介绍下，我们租了她的好朋友NYM家的老房子，也包括她家里的老房子。2017年冬天正式动工了。说实话，如果不是她提到家乡的情况，我们也不会有想要去租房子的想法。人生地不熟的，从成都跑到昆明还是挺远的，因为她的关系嘛，她又是“90后”，年轻人在村里家人、朋友那么多，非常熟悉这个环境。村里的一些习俗、禁忌都是给我们讲过的，比如我改造老房子在动土之前也请了村里的阿奶来祭祀，如果没有人提醒，我们是很容易触犯当地的一些忌讳的。还有在村里生活要注意什么、哪家装修装得好等，有SZZ在，给我们提供了大量信息，帮了很多的忙。房子装修好了之后，我大部分的时间还是以在成都为主的，所以平时我们就请她帮我们管理一下这里，我们是很放心她的，也比较信任。[1]

在新居民看来，SZZ是能够代替他们和老村民进行沟通的关键对象，新居民群体中许多年龄偏小的个体与其成为好朋友。当新居民遇到需要解决的问题时，她都尽力给予帮助和支持。在她的引导下，一些新居民还学习了刺绣。在老村民群体的原生关系网络中，作为异质性存在的新居民群体很难与其进行直接对话并迅速建立联系。当连接者出现时，在不同的互动场景中，其他行动者会激发行动者的（新）思想和情感，塑造其感知力并进一步影响其行动策略和下一步的行动。[2]SZZ在两个群体的互动中充当了中间人角色，嵌入双方的关系网络，为双方搭建了直接或间接的关系。老村民NGX提及SZZ时表示：

SZZ，她爹是我媳妇呢表弟呢。她之前带着LY他们来租了我侄儿子家呢老房子，是好了么，要是不熟呢人我们也不敢随便租给人

[1] LY，男，1972年生；访谈时间：2020年1月16日；访谈地点：民族文化广场。

[2] ［英］尼克·克罗斯利，刘军等译：《走向关系社会学》，格致出版社，2018年版，第21页。

家。她说是她的老师、朋友这些，我们也放心。我们村里呢都是很熟悉，大部分是带点亲戚呢，我们是很不会说话呢，他们这些年轻人了么，会看这些，也懂得外面呢好多事情。SZZ和我们讲着一些外面这些来租房呢人的事情，我们也了解人家。人好呢我们也就知道了人家是好的，我们自己么是很不会主动和人家说着话呢。如果是我们村里人认识着朋友这些，我们也就知道了噶。是好呢，SZZ这个女娃娃是很好呢。[1]

通过SZZ的介绍，老村民群体了解到一些新居民的具体情况，以及其租房子的目的和动机。个体过去的经历对当前的行为起到形塑和制约的作用，从而使当下的互动受到过去的影响。[2]出于对网络联结者的强烈认同感，两个群体之间的持续性互动被推动。随着时间的推移，新的社会关系得以再生产。借由XFH和SZZ老村民的身份属性，老村民群体对新居民的认知得到进一步加强，老村民群体对待新居民群体的方式也随之发生转变。任何互动都需要有一定的基础，互动除情感关系之外也总是内含着一定的工具性和策略性。行动者意识到自身与他者的互动是有益和有价值的，互动才能持续性地发生。通过深入观察发现，老村民群体认可本村成员，作为“桥”的她们与村庄内成员感情较好且相互信任，属于强关系类型。经由她们进行的信息共享实现群体内部信息资源流动，其所处的网络位置决定了个体的中介性意义。

（二）兼具组织与领导力的新居民行动者

林顿·弗里曼曾指出，“如果连接两点A和B的途径经过某点C，则称点A和B的关系依赖于点C。”[3]新居民群体中的关键行动者在老村民和新居民群体间发挥着“桥”的作用，同时影响着新的社会关系网络形成。正如格兰诺维特所言：“关系不是随机的，而是有结构的。除了强关系之外，每个人与自己

[1] NGX，男，1971年生；访谈时间：2021年1月29日；访谈地点：NGX家中。

[2] ［英］尼克·克罗斯利，刘军等译：《走向关系社会学》，格致出版社，2018年版，第44页。

[3] 高红艳：《社会网络与“新生存空间”的生成》，上海大学2006年博士论文。

的直接圈子之外的人还有一些弱关系，这些弱关系沟通了不同的派系，为新关系的建立铺平了道路。”[1]

新居民群体因共同认同的生活方式以及重叠或互相欣赏的兴趣爱好而聚在一起，形成了具有新居民属性的社交关系网络。在关系网的形成过程中总是需要有一定的联系人动员或组织其他行动者。在新居民群体中自然也有组织型新居民。

> 我们有两个新居民的微信群，一个是所有来村里生活的新居民呢都可以加入的，还有一个就是最开始的时候我们为了方便在南门二大家互相帮助取快递建的这样一个群。大群里面群主是LTT嘛，她最先来的这里，我们也是来了之后会和她咨询一些村里的问题。后来她因为家里的事情比较多，孩子刚出生也没多久，需要照顾孩子这些，慢慢地WC就成为我们新居民的代表，负责和当地的村委会、雨花社区以及一些比较熟悉的老村民沟通。这样有什么事情呢，我们就在群里问嘛，她都非常清楚好多事情呢。比如，有些实在不是特别擅长和老村民打交道的新居民，就不用担心自己住在这里没有安全感，就有像WC这样的新居民已经帮我们去做好这些事情了。[2]

在新居民群体中有像WC、LTT、YY这样的新居民，可以使其他新居民在移居的过程中获得更加丰富的信息和经验，同时共享一些联络人，借由这样的关系与其展开互动，实现群体内团结的同时打破群体间沟通壁垒。正如有学者曾指出，在紧密的关系网络之中，关于个人的信息传播速度会很快，自我的每一个纽带关系都被他人监督和强化，破坏一个关系可能会毁掉全部关系。[3]所以前期在大墨雨村生活的新居民首先需要做到让老村民群体了解自

[1] [英]尼克·克罗斯利，刘军等译：《走向关系社会学》，上海格致出版社，2018年版，第248页。

[2] YQ，女，1987年生；访谈时间：2021年5月20日。访谈地点：YQ家中。

[3] Inkpen A C, Tsang E W K, “Social capital, networks and knowledge transfer”, *Academy of Management Review*, vol.30, no.1, 2005, pp.146–165.

身租房动机并能够与老村民群体和谐共处，后期移居者方能顺利进入村中。老村民群体除了解WC和LTT之外，整体上对新居民YY（曾在云南大益茶叶集团有限公司昆明总部担任运营总监，辞职后在LTT的介绍下和母亲移居至大墨雨村生活，目前主要以运营网站、担任村学教师的方式维持生计）的评价最高，老村民们都称其为“墨雨好人”。有老村民曾提道：

> 么YY是最好呢，要不是她在这地噶，我们村里有一些小娃娃就要学坏了呢，那些小娃娃爱去她住的那地玩了么，她还给娃娃们做饭。她真呢是帮了老人么，小娃娃么好多忙了么。我们这些人老了，么没有人愿意听我们讲话。YY平时见着我们多客气呢，喊我们，么平时还送着药了、糕点，还有米啊这些给我们吃着，平日里去赶街呢时候，在路上遇着我们了，就喊我们坐车去，说不消我们走路么太费劲。种地呢时候，她也是来帮着忙了，搬腐殖土了，帮着背菜了。你说你是她呢朋友了么，我们就很愿意和你说，我们这些老奶是很喜欢YY呢。[1]

新老居民群体原先的网络关系都发生在固定的网络中，当两个群体之间意图产生持续性的互动，需要与群体内部成员有所关联。当信任存在于群体间重要联络者之中时，交替性的持续互动才得以成为可能。群体内部成员如果过去发现陌生人是值得信任的，那么后续有相同属性的陌生人出现时也会期待其是值得信任的。[2]就像新居民群体信任XFH、SZZ一样，老村民群体对LTT、WC、YY等新居民的信任有助于整个新居民群体在村中开展的一系列行动。作为异质性存在的新居民群体，在前期一部分新居民的努力下，获得了一定的地方依恋和认同感，从而在与老村民的互动中生产出新的关系类型。两个群体间的“桥”是双方进行沟通并建立关系的关键，其在信息扩散上发

[1] YBC，女，1959年生；访谈时间：2020年11月3日；访谈地点：YBC家中。

[2] [英]尼克·克罗斯利，刘军等译：《走向关系社会学》，格致出版社，2018年版，第82页。

挥着重要作用，使得群体关系可通向有价值资源。[1]

新居民与老村民之间存在三种关系类型，其中最为密切的是作为租客的新居民与作为房东的老村民之间的关系，新居民与老村民邻居的关系次之，与其他老村民之间的社会交往有限。除上述关系类型之外，也有新居民个体与老村民建立起的情感性关系，此种类型的关系作为跨越新居民群体和老村民群体间的关系性存在对村中社会关系网络的形塑具有重要意义。社会互动的向度反映出互动双方关系的性质，深度呈现出双方互动程度，从这两个维度来具体分析群体间关系，有助于理解特定情境中复杂的新型社会关系网络特点。

（三）新老居民个体情感关系亲和与互依状态

随着新居民群体进入陌生的场域之中与老村民群体进行互动，两个群体共同再生成属于自身的社交关系网络。翟学伟提出，人伦、人情和人缘三个本土化的概念是中国人际关系的基本模式。人情最为核心地呈现了中国人“家本位”的心理和行为样式。“情”为人际关系提供是什么，“伦”为人际行为提供怎么做,“缘”为人际关系行为提供为什么。[2]作为社会关系的基础,“情”反映了人际关系的亲密度，情感的多寡差异决定了关系取向。新老居民情感关系的建构基于“情”，且关系双方互动时间多，互动内容丰富，此种强连带关系的产生需要情感行动和支持的双重作用。

1. 核心行动者情感性关系的具体呈现

在大墨雨村最为老村民群体和新居民群体所熟知的是新居民YY和老村民LQX一家的关系。笔者在调查过程中了解到LQX家的情况较为特殊，他是村中有名的“酒鬼”，今年43岁，与妻子离婚之后，由家中父母LLY和NSY抚养独生女儿LXN，其父今年81岁，母亲71岁，父亲患有眼疾，母亲有听力障

[1] 罗家德:《社会网分析讲义》, 社会科学文献出版社, 2005 年版, 第 13 页。

[2] 翟学伟:《中国人际关系的特质：本土的概念及其模式》, 载《社会学研究》, 1993 年第 4 期, 第 79 页。

碍。除LQX之外，两位老人还有一个女儿嫁到镇上的龙潭社区。据新居民YY讲道：

> 我刚来村子里不久就认识了LQX一家，村子里的人都觉得他家的两位老人太可怜了，我们当时有很多新居民刚进来的时候有个想法，想去探访村里的一些年纪大的老人，就是在探访他家老人的过程中认识了他的女儿LXN。我当时看到她的第一眼就觉得她和我小时候好像啊，都是父母离异，不过我的情况要比她好一些。她看起来怯生生的，也不主动和我们说话，后来村学针对村里的孩子举办了一期活动，她也来参加了，我们慢慢熟悉起来。我就是挺心疼她的，所以她放假或者周末的时候，我就让她来我家吃饭，有时候也会有意识地让她帮着干点儿活儿，让她不要一直玩手机。她是一个好孩子，心地很善良，喂鸡、采菌子、做饭都会。我是真的挺担心她的未来的，这孩子现在初三了，可是学习成绩太差了，再加上爹不管妈不疼的，爷爷奶奶年纪这么大了，在她姑妈家还被表哥打了，现在放假在我这里也是刷抖音、打游戏。我的能力太有限了，她毕竟还有家人在，我也不好管太多，最近就想和其他新居民商量一下怎么帮帮她。[1]

LXN家的事情村中家家户户皆知晓，新居民YY出于私人感情和L家人建立起强关系类型。笔者曾多次在YY的家中见到LXN，她也曾向笔者表达对YY的强烈信任与依赖感。2020年1月26日，LXN的母亲返回村中表示希望带女儿回宣威老家过年，期间YY因身处昆明市区无法及时赶回村中，LXN表现出高度抗拒状态与母亲和村中亲戚对峙，拒绝和其对话并崩溃大哭，当YY通知笔者和另一位新居民WC赶到时，围观的老村民还有很多。在多次劝说无果之后，周围的几位老村民表示可以打电话给YY，经过沟通，LXN决定暂时到旁边的墨雨时光便利店吃泡面等YY回来。作为围观者和亲戚的老村民NGL

[1] YY，女，1983年生；访谈时间：2021年1月27日；访谈地点：YY家中。

表示：

> 如果没有YY，我们真是没办法了，这个娃娃现在怎么也不听我们的，不跟我们说话，就是哭，我当时真是生气了，周围这么多人看着，过来的都要问着一句，真是太丢人了。要不是YY还管着她一点噶，真是没救了，天天都是打手机，学习又不好，要是以后人家这些人都走了，她还能克哪地，你们回去多教育她嘛，让她懂事些。[1]

由于特殊的家庭情况，相较于自己的家人和亲戚，LXN更信任新居民YY，在其家中更有安全感，也能更为敞开地与她进行交流。情绪和情感性因素在关系建构过程中发挥了重要作用。在这段关系中，LXN对YY产生心理及行为上的依赖。此种类型的情感性关系是跨越老村民群体和新居民群体间内外有别的关系性存在。在个体位置上，YY作为新居民社会关系网络中的重要枢纽与老村民社会关系网络中的多个子网络建立起既在它们边界之内、又在边界之外的情感性社会关系。互动形塑着关系和网络，也受它们的形塑。[2]以个体为中心位置通过互动衍生出的关系图景，为新老居民提供了一种新的关系类型。

2. 关系主体互赖程度加深

新居民群体移居至大墨雨村前期，双方在生活方式、语言习惯、思想观念以及社会交往方式上存在的巨大差异，导致两个群体之间存在一定的社会距离。两个群体之间最初的互动是以理性经济为主要原则的，这一原则成为其交往的重要砝码。后期随着双方互动频率的提高，“人情”加“资源”互换的关系交往格局逐渐形成。新居民群体的社会关系网络和老村民群体的社会关系网络出现互嵌的局面。

作为村庄内共需空间存在的墨雨村学，因为新老居民群体的孩子都在这

[1] NGL，女，1978年生；访谈时间：2021年1月26日：访谈地点：墨雨时光便利店门口。

[2] [英]尼克·克罗斯利，刘军等译：《走向关系社会学》，上海格致出版社，2018年版，第198页。

一公共空间中学习，因此衍生出两种关系类型：一是作为教师的新居民和作为家长的老村民间关系；二是老村民家长与新居民家长间关系，这两种关系的产生源于双方有共同关注的焦点。部分老村民曾向笔者提及：之前与新居民因为生活方式存在巨大差异，实在没有什么共同话题，但是当两家的孩子长期在村学一起学习、玩耍，邀请各自小伙伴到家里做客，以及送娃和接娃的过程中，彼此会交谈孩子的各类情况。新居民家长也表示：因为有了共同的关注点，聊天的内容也得到了拓展。原本是弱关联的新老居民家长，通过孩子将双方关联在一起。

由于墨雨村学教师均由长期生活在村中的新居民担任，因此老村民群体中的学生家长与村学教师间建立起新的联系，曾多次参加村学冬令营和夏令营的学生LHC的母亲（其小儿子LHY也在墨雨村学上学）曾向笔者讲道：[1]

> 我家那两个都在村学了，大的么还上着学就是冬令营和夏令营，有时周末也在这地。大的么以前是很不讲话，很少和我们主动聊天这些，你们这些老师懂得多，能跟孩子谈心，这回冬令营结束了么他回来还哭了，说舍不得有些朋友，学到了好多课本上没有教过呢东西，我们是很高兴，他们长了见识。小的了么是一直在这里，他爷爷都说是现在很懂礼貌。两个孩子变化还是大呢，村学呢老师都是有文化呢，不像我们很不会和孩子沟通，就在这村里。我们也是因为孩子在村学了么，就和村学呢老师联系多了，他爹是开出租车呢，有时村学老师的亲戚朋友了，还有那些家长了么，就喊着LJL去送，也是帮我们揽一些生意了么。

孩子成为行动者之间的联系纽带，将新老居民群体中的部分联结起来，并因孩子而产生情感共鸣。这类关系不同于理性计算的社会交往形式，而是通过中介产生情感连接。在村学上学的老村民孩子与新居民教师之间产生的师生情感，成为家长与教师之间进行持续性互动的基础。在情感性关系中，

[1] LMR，女，1988 年生；访谈时间：2021 年 2 月 23 日；访谈地点：LMR 家中。

个体可以充分感受到关系的联结，满足个体在情感层面的需要。有学者认为，情感关系中的核心是亲密度，它强调行为的互动、双方相互依赖的程度及这一过程中的爱和关怀。杨宜音指出，“中国人的人际关系内涵是由情感的充分肯定到充分否定的变化决定的”。[1]新老居民群体对于陌生人的处事原则通常是以公平法则来对待的，因此也会表现出冷漠、疏离等负面情感。

个体之间互动的关系性受制于结构的限定性。行动者之间的互动属于进程中的关系，这种关系依赖于现有的社会文化结构，这种文化结构又是在先前的形态发生过程中稳定下来的关系，并且其本身还可以进行再生成或修正。[2]新老居民中蕴含着多种关系类型，在这些关系的运行中有不同的性质（结构），情感在情境中被个体赋予独特的象征，为关系的产生提供了重要的基础。作为教师的部分新居民和作为家长的部分老村民因为内外部双重因素，以某种共生的方式建构起新的个体间情感关系。此种关系类型是个体之间关系性的动态过程。

3. 新互动情境中群体关系类型

社会关系只有参考相关之人的相互行为才能被观察和描述。[3]在新居民群体与老村民群体的互动过程中，彼此在同一社会空间中形成了新的社会关系网络。这一网络构成不仅是单一血亲缘关系类型，也是基于此衍生出的混合型关系网，它呈现出传统关系网络的延展性，关系类型的展开能够帮助新居民群体更好地适应乡村生活。在新居民群体内部也因为个体移居行为而生产和再生产出新的关系类型。原本无任何关联的新居民因为共同的目标而进行了解，一部分新居民借由自己本身的社会关系，邀请自己的亲戚朋友一起到村中生活。新居民HLZ曾告诉笔者：

[1] 杨宜音：《试析人际关系及其分类——兼与黄光国先生商榷》，载《社会学研究》，1995 年第 5 期，第 18-23 页。

[2] ［意］皮耶尔保罗·多纳蒂，刘军等译：《关系社会学：社会科学的新范式》，格致出版社，2018 年版，第 135 页。

[3] ［英］尼克·克罗斯利，刘军等译：《走向关系社会学》，格致出版社，2018 年版，第 205 页。

我是经朋友CR介绍过来的，所以也会想要找自己的朋友过来，XQX就是被我拉过来的，她租的老房子正在装修，现在就在我家住着。我们在这里其实都是觉得人生地不熟的，有些事情也不好办，亲戚朋友多了能够互相帮助。我自己了解的情况也都是朋友啊这些在这里有朋友，在各种介绍下就来这里了，也有新居民好像是完全没来过那种，然后在类似“一条”这种微信公众号上面看到信息就过来的，特别有勇气，省内的可能会比较多吧。像我们这种都是来自省外的人嘛，很难说是就一下做决定，有靠谱的朋友、亲戚这些才敢下定决心吧，毕竟拖家带口的，不能轻易定下来。[1]

新居民获得租赁信息的方式如表3-3所示。

表3-3　新居民获得租赁信息的方式（$n=278$）

信息来源	频数（人）	占总体的百分比（%）
亲戚提供	102	36.7
朋友、同学提供	77	27.7
通过自媒体平台获得	59	21.2
参加村内新居民组织的活动	40	14.4

笔者通过对新居民群体获得大墨雨村房屋租赁信息的方式进行描述性统计发现，新居民群体以亲戚、朋友、同学提供的信息为主要信息来源，有半数以上的新居民通过自身关系紧密的网络了解该村基本情况。部分新居民通过各类自媒体平台获得相关信息并到村中进行实地探访后作出移居决策。除新居民自身拥有的固定社交网络外，剩余新居民的社会交往在来到村中后形成。尽管老村民认为移居者群体属性相同，但其内部仍有不同圈子存在。用新居民ZJ的话来讲就是：

最开始来的这拨儿人共识性强能一起做事，也做成了好几件事。后面来的这些新居民各有各的想法，也有各自的圈儿，这没啥，只

[1]　HLZ，女，1986年生；访谈时间：2021年6月10日；访谈地点：HLZ家中。

要我们在大方向上是一致的就成，来这里就是认识更多人，大家你帮帮我，我帮帮你，在这儿生活得更舒心。[1]

新居民群体的社会支持网络中，首先是以在新居民中关系紧密的亲戚、朋友、同学为第一级，第二级关系网络以在日常生活中的交往互动，且具有类聚性特质的新居民为主，第三级是基于新居民群体这一属性而在村中有一定互动，但互动频率有限的新居民。“当一系列行动者内部既以一种关联并且有意义的方式紧密联系在一起，又共享某种相同的‘类别’或‘集体身份’时就出现了类属网。行动者可以属于同一类别，甚至同一身份，而未必享有那些有意义和密集的网络关系。”[2]新居民群体内部成员相互认同其群体属性，同时经常共享一些内部的信息和资源，但其内部的圈子有一定差异性，因此内部成员又产生出不同的关系类型。

新居民群体的社会关系网络中处于网络中心位置的LTT、WC、YY成为群体之中的信息流传递者，并在与老村民群体的互动中起到重要的中介作用。道格拉斯·梅西（Massey）等指出：“关系网络能够降低成本、提升利益、减轻迁移风险，增加迁移的可能性。”[3]前期入住的新居民为其他新居民提供了相关信息和资源，触发了其迁居决策并创造了移居者的行动前提，得益于中间人的推动，有更多想要尝试乡居生活的个体的迁移动机被激发。新居民群体内部的关系网络还发挥着弱化风险、彼此互助的功能，移居的新居民在一定程度上得到相应的心理支持，减轻在陌生环境生活产生的顾虑。与其他迁移群体不同，新居民群体中有很多是非云南省省内的自愿型生活方式移民，因此其在移居过程中运用的关系链具有差异性。关系有其自身的生成逻辑，个体在制度环境和互动系统的结构制约之下仍然可以给予反馈，实现关系的

[1] ZJ，女，1971 年生；访谈时间：2021 年 7 月 24 日；访谈地点：ZJ 家中。

[2] [英] 尼克·克罗斯利，刘军等译：《走向关系社会学》，上海格致出版社，2018 年版，第 243 页。

[3] Massey D S, Arango J, Hugo G, et al., “An evaluation of international migration theory: the North American case”, *Population and Development Review*.vol.20, no. 4, 1994, pp.699–751.

延续、修正或再生成。随着新居民群体内部交往性成分的增加，关系类型也逐步变得多样。

新居民群体的整个移居过程呈现出关系网络建构的不同特点，情感性关系和混合性关系促使其作出移居策略，传递和共享信息，满足其对支持网的需求。其中，作为一级网的情感性关系占据主导位置，提供了乡村美好生活的图景，信任和希冀促进了其迁居决策。关系运转到共同生活阶段，两种关系类型共同发挥作用，乡村生活具有地方性，作为同在村中生活的新居民，彼此之间的关系得到不断强化。新居民之间的交往具体体现在日常生活中的各项活动中，例如，帮忙取快递、在聚会中交换各家拿手菜、帮忙照顾朋友的家人、在装修过程中为朋友提供居住场所、一起出去旅行、介绍装修队伍等，都包含着基于新居民群体属性而衍生出的关系类型。不同于共居空间中与其混居的老村民群体，新居民中虽然有部分新居民与部分老村民建立起情感关系，但新居民群体的整体属性决定了新居民与新居民之间的交往更为紧密，并在频繁的社会交往中让彼此之间的关系更为亲密。整体的关系网络为所有新居民提供了一个庇护所，彼此之间守望相助的现象普遍存在，当某一户新居民与老村民发生矛盾之时，新居民群体网络能够帮助其解决相关问题。

随着新居民群体的不断扩大，新来的新居民首先选择与其他新居民建立联系，加入“大墨雨村新居民”和“南门二”微信群中，介绍自己的基本情况，与其他新居民熟悉起来。有相似生活经历或教育背景的新居民更容易建立起联系，彼此之间的关系在村庄内部生产生活过程中得到强化，通过新居民群体内部组织的各类聚会交流活动以及乡村生活的多重实质性需求使彼此在生活中的联系更为紧密，基于新居民这一共同身份而形成的新居民群体关系网络，于关系网络内部实现信息共享、资源互换、共同协作等功能。

小结

本章主要分析了大墨雨村新型社会关系网络的生成机制。生活方式和文化类型的多重差异导致新居民群体和老村民群体存在一定社会边界。在人与人的交往中，人们常用社会关系来界定自己的身份，此类型的“关系性身份”在社会网络中，使社会角色的分化更为明显，对方与自身的关系决定了对待对方的方式。不同的关系有相应的对待原则，村落的原生关系网络结构紧密且存在关键枢纽，显示出清晰的关系关联模式，村中任意的个人都和其他人之间有着直接或间接的联系，同质性较高。新居民群体对于老村民群体而言是异质性的存在，因此与其交往具有不确定性，尽管后期随着新老居民之间互动频率的提高，有一部分新居民与老村民建立起情感性关系，但从整体上看，双方仍然保持着一定的社会边界，交往限定在一定范围之内。新居民群体和老村民群体之间生活方式的差异影响了双方的社会交往倾向。行动者不同的社会交往状态取决于自身的生活经历，二者的交往本质并非因类聚性而产生，而是出于新居民群体在村中生活的现实需要，无可避免地与老村民群体产生互动，同时衍生出不同的社会关系类型。新居民群体之间的互动形式是在先赋和自致关系共同作用的基础上建构起的关系网络。互动者建立互动的基础是有意义的沟通。一方面，新居民群体进入老村民群体的原生关系网络中，试图通过互动产生新形式的关系类型；另一方面，新居民群体内部衍生出具有地方性特征的关系形式。新老居民的关系类型随着双方互动程度的不断加深也在发生改变，新居民对村落的认知亦更加清晰。从整体上看，老村民和新居民建立起了新的关系类型，两个群体在日常生活中也在适应对方并将自身的行为方式作出相对应的调整。但在与他者相处的过程中，难免出现矛盾和冲突，尤其是老村民在面对新居民这样与自身生活方式截然不同的异质性群体时，必然会因各类问题而产生矛盾和冲突。

第四章　群际张力

大墨雨村作为一个紧密的熟人社会，有着明确的物理边界和身份边界。城市与乡村的差异不仅体现在地域上，还存在于社会互动方式上。乡村互动的本质是合作共生，而城市社会中的互动呈现出多层次性、多地点性、重复性、理性化和主动性。[1]老村民群体和新居民群体通过持续性的动态互动过程已经建立起一定的关系网络，拓展了个体社会交往范围，同时为个体带来一定的资源，此类具有流动性的关系类型正在与新的结构共存。

第一节　村落生活秩序过渡与并置

尽管新居民群体与老村民群体在各自的社会关系网络中互嵌，但两个群体之间仍因双方生活方式的多重差异而在互动过程中发生冲突。冲突的根源在于利益和有价值物是有限的，[2]二者之间的冲突不仅是对有限资源的争夺，更重要的是双方对地方性文化的适应程度不同。对于老村民群体而言，尽管新居民的到来为其带来了一定的经济收益，但受益的只是一部分老村民，自身生活被打扰是老村民整体需直面的长期问题。

---

[1]　张鸿雁：《侵入与接替：城市社会结构变迁新论》，东南大学出版社，2000 年版，第 83 页。

[2]　张鸿雁：《侵入与接替：城市社会结构变迁新论》，东南大学出版社，2000 年版，第 86 页。

一、房屋增值与村落阶层分化

社会分层的实质反映的是社会资源，如财富、声望、收入、教育机会等在社会中的不平等分配。[1]村落原有阶层结构相对平衡，尽管有村民对村中占有一定权力和资源的人有一定看法，但村落社会结构本身的运行逻辑使得村民日常生活平稳有序。新居民的移居行动打破了这一平衡状态，其租赁房屋的行为令老村民群体意识到闲置旧宅的经济价值，自身无须外出务工就能获得可观收入。最初到村中租房的新居民选择房东时出于快速适应乡村生活的考量，主要考虑能为其提供帮助且在村中有一定权力地位的村民，这部分村民再按照差序原则将家中亲戚、朋友的房屋介绍给他们。以村干部为代表的村中精英阶层运用自身可援引资源，率先与新居民签订租房合同。村中精英阶层面对来自有着一定社会资本且能够主动示好的新居民，出于经济利益理性驱动和自身权力的强化与其建立起新的关系类型。

新居民在一定范围内进入村庄社会权力结构圈层时，老村民群体内部的分层现象更加严重。当然，并非所有新居民都是依据这一原则寻找房东，后期亦有自己找到合适的房屋直接与房东沟通的新居民（这一现象较少，大部分新居民愿意找能够为自己提供帮助的老村民）。笔者曾就这一话题对3位新居民进行集中访谈，他们表示：

> 毕竟这是在别人的地盘上生活，如果能找到一个房子产权清晰又有能力的人家是最好（WYJ）。这样的人在村子能说得上话，万一遇到个什么事情可以帮忙和老村民沟通（ZYF）。在农村生活，尤其想要在这种地方生活惬意，就要和村里的能人打交道，租他们的房子才安全（LMZ）。[2]

[1] 杨华：《农村阶层关系研究》，华中科技大学出版社，2017年版，第2页。

[2] WYJ，女，1983年生；ZYF，女，1982年生；LMZ，男，1967年生。访谈时间：2022年2月7日；访谈地点：LMZ家中。

多数新居民认为，当自身能够与村中精英阶层建立起多重关系时，就有可能改变二者间的互动方式，通过相互协作从而产生互助合作的关系状态。这样的行动策略在其他老村民看来不仅对自身无益，还会进一步强化阶层间界限并导致阶层分化的范围扩大。从村落原有阶层低度分化情况来看，村落经济形态呈现出小农经济和打工经济两种典型类型，尽管家庭间在经济收入和职业分化上存在一定差别，但村落精英权力和资源仍无法完全脱离村庄，老村民间表现出相对和谐的关系形态。这一状态在新居民介入村落社会关系结构时发生了变化，村落精英与普通村民之间的距离开始拉大。笔者曾访谈老村民SHL对于新居民租房后对自身家庭产生的影响，她表示：

> 我家呢老房就一套，租呢又早很不划算，不像别人家呢那么多还很大，人家赚呢就多了么。像LJY家就好几套呢，人家还不是有钱，舅舅又是能人，她家在村里最好过了么现在。我们哪能比得上，她家结婚呢时候都要办好些天。以前么，也不知道还有人能看上这种破房，现在么，房子租出去好多麻烦事也来了。[1]

通过观察并结合深度访谈资料发现，闲置房屋的租赁成为老村民群体内部矛盾产生的导火索，村落精英阶层占据先天资源优势，与新居民建构的关系网络又强化了其优势，因此，将信息资源囊入从而获取经济收益。因村落房屋资源和新居民需要租赁房屋的有限性，村落精英获得信息资源后，首先考虑自身和亲戚的利益，并将他们的旧宅介绍给需要租房的新居民，与自身关系较远的村民自然无法及时知晓这一情况。阶层结构性位置以资源占有的多寡进行划分，资源占有多的阶层在关系互动中可支配和调动的资源较多，可选择的策略也多。相反，资源较少的阶层可能处于被动状态。[2]由于新居民的出现，村落逻辑自洽性逐渐发生改变且主要体现在经济利益的博弈上。旧宅增值使得处于不同阶层位置的村民产生碰撞，从而催生各类型的冲突。

---

[1]　SHL，女，1965 年生；访谈时间：2022 年 2 月 13 日；访谈地点：SHL 家中。

[2]　杨华：《农村阶层关系研究》，华中科技大学出版社，2017 年版，第 45 页。

二、公共资源争夺与道义理性

新居民群体和老村民群体共居于村庄且共享村落内部公共资源，依靠共同的物质基础满足日常生产生活所需，共学村落地方性知识和生存智慧，形成互嵌的社会关系网络格局。老村民群体长期以来遵守的社会规范和交往逻辑与新居民群体熟悉的城市社会理性法则有所出入，有限的公共资源在新居民群体移入之后显得更加珍贵，因争取和保护各自的权益，双方卷入冲突之中。随着旧宅和土地增值，意图以此谋取私利的个体开始出现，地权冲突越来越多。

（一）地权冲突产生连锁反应

1. 邻里利益与习惯法交互博弈

宅基地制度是我国农村社会的基础制度，国务院发布的《村镇建房用地管理条例》（国发〔1982〕29号）首次使用“宅基地使用权”这一术语，同时指出：“宅基地所有权归集体享有，由宅基地所有权所派生的宅基地使用权由集体经济组织成员享有”，由此形成“两权分离”的宅基地权利结构。最新修编的《中华人民共和国土地管理法》（第9条、第62条第1款中关于宅基地使用权的具体规定是：“农村和城市郊区的土地，除由法律规定属于国家所有的以外，属于农民集体所有；宅基地和自留地、自留山，属于农民集体所有。”“农村村民一户只能拥有一处宅基地，其宅基地的面积不得超过省、自治区、直辖市规定的标准。”）[1]

宅基地实行无偿分配的特性最大化地保障了农户有所居，但在少部分地区导致农村宅基地出现“占而不用”“一户多宅”的局面，造成了土地资源的浪费。随着农村社会经济的迅速发展，大墨雨村出现多处闲置旧居，老村民群体频繁盖新居的现象。《中共中央　国务院关于实施乡村振兴战略的意见》

[1] 胡新艳，许金海，陈卓：《中国农村宅基地制度改革的演进逻辑与未来走向》，载《华中农业大学学报（社会科学版）》，2021 年第 1 期，第 26-32、174 页。

提出："要完善农村闲置农房和宅基地政策，鼓励利用闲置农房和宅基地发展一些新的产业。"[1]这一文件旨在盘活农村宅基地使用权，为农村居民充分利用闲置房屋提供了可能。

宅基地是村民重要财产，新居民的移居行动令村中闲置旧居的价值飙升，房屋年租价格也从最初的2000～3000元上涨至8000～15000元，甚至出现"一房（地段好的住宅）难求"的现象。有限的土地资源难以满足日益上涨的租房需求，并进一步导致老村民群体间因抢占宅基地而产生冲突。根据当地老村民的讲述，大墨雨村由于人口不断增长，陆续有村民到附近的小墨雨村和茨沟村生活。经济水平的提升，带来的是村民们对于盖房子的追求，村中出现了新房越盖越多、大量老房闲置的现象。新居民的到来解决了老房闲置的问题，但也因新居民人数不断增加，在一定程度上引发了老村民群体之间为争夺土地资源而发生的土地纠纷。老村民ZXM讲道：

> 这些人来着么，有好有不好，我个人觉得还是不咋好。我家里也没得什么房子，还不是住在老房子里。你住呢那家呢女婿ZJR么，还不是因为跟别个打架了么，进去了，到现在也没出来。为着什么事情打架，还不是因为两个人争地方，都想多争一些地方，有人来租房了么，地方大一些么，还不是能有好价钱。以前噶，因为小事吵吵嘴这些也是有呢，可没有这两年这么多，尤其是今年了么，光打架呢就有好几件。尤其是这个ZJR了么，把人家打得厉害了，自己进去了。你说说这些人么来了有什么好，要是没有这些人来么，也不至于这样抢地方。[2]

村中部分老村民曾表示，有村民为获得更多的经济利益，出现因争夺土地而发生肢体冲突的情况，最为严重的情况是老村民ZJR因争夺土地而参与斗

[1] 中华人民共和国农业农村部：《2018年中央一号文件》，2018年2月11日，http://www.moa.gov.cn/ztzl/yhwj2018/zyyhwj/，2022年8月7日。

[2] ZXM，男，1973年生；访谈时间：2020年8月6日；访谈地点：大墨雨村民族广场。

殴被刑拘。多起争夺土地导致的民事纠纷也让老村民呈现出矛盾的心理与行为特征。村落内部，人们在处置土地边界时形成一整套约定俗成的共享观念，这样的共识使人们在土地上的行为和观念有共同预期，并以此来判断个体行为是否公正合理。新居民的出现令这一共识在经济利益面前被打破。老村民MGL对新居民租户XLJ和邻居LZF因地界问题产生争吵时表示很为难：

我是很不好说这些，我一个寡妇叫我怎么去跟邻居讲这些？当时有树在地上了么，东面和西面他家确实多占了一些，这么多年呢邻居了，也都不计较这些。租我家房子呢这户了么，要在这地盖鸡窝，人家是城里人又是北京来的，怎么也不肯让步，非要把这个线划呢清清楚楚，多少年了没整过这样事情了，他两个还不是吵起来，我是很不愿意整，没得办法，只好请L书记出面见证整这些。现在弄成这样，谁晓得别个背后怎样讲我。[1]

图4-1　正在拉线划分地界的老村民

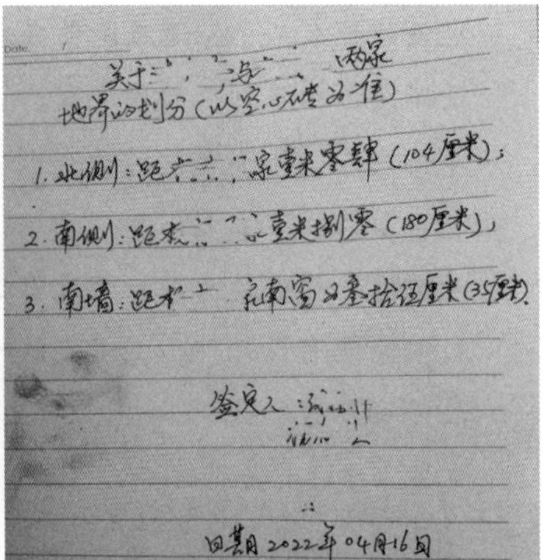

图4-2　地界划分协议

老村民MGL认为自己是寡妇不方便出面与邻居争吵，但碍于新居民XLJ的强烈要求，只能请村支书来进行地界的划分，尽管最终双方界线划分明晰，

[1] MGL，女，1965年生；访谈时间：2022年4月17日；访谈地点：MGL家中。

她却认为自己与邻居之间的关系会因此事件产生隔阂，其他村民也会对其产生别的想法，认定她帮着外人来处理自己村的人。村中通行的情理和习俗性规则发生了改变，新居民对具体规则的挑战使得老村民意识到原有共识的不适用性，曾经出于邻里间关系稳定且怕发生矛盾的想法显然与新居民不同。老村民表示，新居民更愿意用法律手段争取自己的权益并且不愿轻易妥协，但自身并不懂法，还是希望邻里间能和平共处。

除发生上述现象外，还出现个别老村民为将自家房子出租而在耕地上私自盖房的情况。雨花社区副主任XJN曾向笔者提及：

> 现在么工作是越来越难做了，跟他们讲了多少都是不听，就是悄悄在地里就把房子盖上了，都是乡里乡亲的也是我呢长辈了，我是真没办法说，现在这个工作太难做了，上面领导来检查了，来贴条，都不愿意拆了么，我们就得去做思想工作了么。人家就觉得说是我们当了领导了反倒不给亲戚帮忙，还要整这些，真是没法说，两边都不讨好。[1]

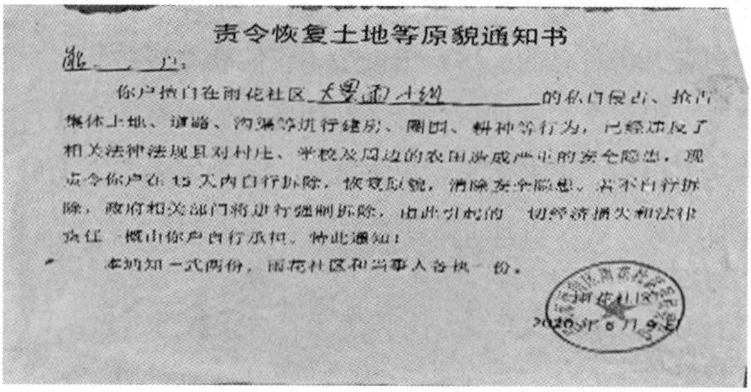
责令恢复土地等原貌通知书

[illegible]户：

你户擅自在雨花社区大墨雨小组的私自侵占、抢占集体土地、道路、沟渠等进行建房、圈围、耕种等行为，已经违反了相关法律法规且对村庄、学校及周边的农田造成严重的安全隐患，现责令你户在15天内自行拆除，恢复原貌，消除安全隐患。若不自行拆除，政府相关部门将进行强制拆除，由此引起的一切经济损失和法律责任一概由你户自行承担。特此通知！

本通知一式两份，雨花社区和当事人各执一份。

图4-3　村民被责令拆除违章建筑通知

村落内部村民间出现矛盾时往往遵守长期存在的“互让伦理”，使出现矛盾的双方能够和平解决争端实现和谐相处。随着社会经济的发展，村民内部

[1]　XJN，男，1985 年生；访谈时间：2020 年 5 月 2 日；访谈地点：大墨雨村民族广场。

出现阶层分化的现象，贫富差距的出现导致群体内部产生相对剥夺感。新居民群体的到来对于老村民群体而言无疑是一个解决闲置房屋、获取经济收益的好机会，但是新居民选择租住的老房子是有限的。尽管与之前的生活相比老村民群体的生活状况有了较大改善，但当新居民群体到来之后，各家都想将自家老房子租给新居民，因此出现为租房子而私占耕地的情况。

当前村中出现的村民间因抢占土地而引发的冲突现象，不仅是因为新居民群体的出现，村民之间因宅基地地界位置的问题而产生的矛盾在村庄发展过程中始终存在，新居民的出现更像是催化剂，它使得老村民群体内部因土地问题而引发的纠纷更为凸显。资源不平等意味着个体需要通过一定的行动去获得资源，关乎个体利益的问题往往容易导致冲突发生。老村民群体尽管心里十分清楚土地纠纷的发生长期存在，但是面对陌生群体时，集体本位的非正式规范仍占据主导位置，其坚定地认为是新居民群体人数的不断增加使得个体对于利益的渴望不断增长，最终导致村落生活状态不再平静和谐。

2. 经济利益与亲情伦理两难困境

村中部分老村民在毗邻村庄出入口的马路两旁陆续盖起新房子，以村中年轻群体为主，闲置老房在房屋状况基本完好的情况下由家中老人居住。一些老村民看到有人将自己的老房租出去后不仅能获得经济利益，而且老房得到修缮和改造，租赁合约到期后自身还能用老房做民宿或自住，因此都愿意将自家闲置房屋出租，但老房子租出去之后，出现家中老人无房居住且不愿和子女同住的现象。老人YFH面临自家老房子即将出租的情况时表示：

> 我现在就是一个人在着，老伴走呢早。还有两个儿子一个女儿，女儿么嫁到镇上去了。两个儿子有一个成了家，还有一个没有成家呢。平日里我女儿偶尔过来看一下我，两个儿子来呢少。我妹子你晓得呢么，就是YBC，她照顾呢我多一些。我那两个儿子都想让我把老房子租出去，没人管我去哪地，说是么我挨着他们一处住，我都80多岁了，不愿意和他们住着，不得了，天天来吵我，非要把这

小点地方租出去，看着我家周围呢都把房子租了么，想要赚钱。我没办法了，这两天么小儿子带着人来看房子，喊我以后挨他一起住。就他那个样子，肯定是不会管我，他自己都没得收入，整天都是喝酒胡混。老大么我知道就是想把老房租出去分钱，他家一大堆人还要领孙子，哪还能顾得上我。我心想，我死了都指望不上这些人，我眼睛不好了，也干不动活儿了，村里像我这种情况呢也是有好几个人呢。以前呢我们这些人都是自己住在老房子里，孩子们么就是都在一个村里住着，自己住着自在，现在好了，连自己呢房子都住不得了。[1]

在实地调研过程中了解到，类似YFH老人这种情况的老年人还有9人，这些老人均是独居，年龄在70～85岁区间，他们不愿与子代同住，更喜欢独自生活，平日里子女会带一些生活必需品来看望老人，也会给予经济上的支持。“分而不离”[2]是其基本的居住模式，这些老人表示自己身体健康状况尚可，具有一定的生活自理能力，更喜欢和同龄人一起干活聊天，认为不与子代生活能够减少代际矛盾。在老人们看来，因为来租房子的人多了，所以儿女“惦记”上了自己住的房子，尽管心里不情愿将老房子租出去，但经不住子女甚至是孙辈的“念叨”，只好同意出让房屋。

利益和情义始终左右着个体的行动。在亲代与子代共同生活时期，亲代尽自己最大努力为子代提供支持，并在代际分居之后仍然帮忙照顾孙辈，坚持自我养老，不愿给子代添麻烦。目前，村中独居老人的稳定养老状态因外部因素的介入呈现失衡状态。出于代际关系维护的需要，尽管不愿将自住房屋出租，但是子代和孙辈提出的建议也只能听从，从而通过这样的方式强化彼此之间的情感联系和子代养老责任的道德约束。正如ZLY老人所说：“等老了不能动弹了，还得靠这些人（子女）来管，不听他们的咋办，以后真要没

[1] YFH，男，1940年生；访谈时间：2021年4月10日；访谈地点：YFH家中。

[2] 代际居住距离较近并拥有各自独立生活空间，尽管亲子不同住仍能经常为老人提供生活照料等支持。

人管咯可不得行。”[1]原本想要依靠老房子和土地来维护养老尊严的独居老人迫于子代和孙辈的情感绑架，将自身重要养老资源出让以平衡与子代之间的代际关系，在与子代的关系中处于弱势地位的独居老人，期待自己的让步能够使自己的晚年生活有所保障。

（二）公共管理收费引发村落成员身份隔阂

水、电是乡村生活的重要组成部分，新居民群体选择到乡村生活自然离不开此类基础生活条件。由于水、电、卫生费等问题，新居民群体与老村民群体产生了矛盾。一方面，新居民自身感觉到乡村生活并非来之前所构想的理想化田园牧歌生活状态，而是具体在一桩一件小事之上，生活和心理上与老村民的巨大差异使其感受到部分村民的排斥；另一方面，部分老村民认为新居民群体的到来使村落有限资源更加紧张，村庄环境卫生状况也不容乐观，生活垃圾的堆积和下水管道排污难以处理的现象更是频繁出现。老村民对此曾多次表示不满，LPL表示：

> 我们村呢水了么，是按照吨来收呢，一吨是3块，电了么，各家都是不一样，有的用得多，有的用得少，电费是一个月交一次，我家就我和老伴两个人，一个月么就是六七十块。以前么每个月呢电费都贴出来呢，贴到告示栏那地，最近没有贴了，我们这些老呢整不来手机那些，我们交到村委会，年轻人了么，人家在手机上就交着了。卫生费么，暂时还没有交着。我个人是很不来租房子呢这些人打交道呢，你看看他们来了整了多少事情，以前也是停过电了么，没得现在次数多，今年夏天停电都停着四五回了，还不是这些人来了装房子整得电不够用了，还胡乱扔垃圾，有一次还把垃圾堆在了别人呢地里。村里现在是越来越不好在了，我是很不喜欢，还是以

[1] ZLY，女，1944年生；访谈时间：2020年4月12日；访谈地点：ZLY家中。

前好在。[1]

图4-4　建筑垃圾乱堆、乱放

村庄公共环境的恶化使老村民群体意识到，新居民到来带来的经济利益只是暂时性的，而且并非村中所有人都能因此获利，但环境被破坏是村民集体需要面对的问题。新居民YZ提到村中环境卫生问题时表示：

真是太无语了，难道就因为我们这些人来了村里卫生就变差了？上次不知道是哪家装修，不小心把垃圾倒在了老村民的地里，然后老村民直接把垃圾堆到了路上，凡是路过的新居民都要被骂，骂得特别难听。这都啥逻辑啊！而且我都不知道我们凭什么要交卫生费这种东西，我也是听其他新居民说了才知道老村民没有交，好像在他们的眼里是因为我们这些人来了村里环境才越来越差的。我觉得这一点儿都不公平，都是在这里生活，怎么还分出差别来了呢？说白了，我们要不是因为有这么多好朋友在这里想要共同过一个愉快的老年生活，才不会选择来这里。水电费也是。按理说，这个是国家电网有一个统一的收费标准的。我听有些新居民讲过，有些房东会把表上的数字多算一些费用。我房东倒是还好，每次都是

[1] LPL，女，1955年生：访谈时间：2021年8月26日；访谈地点：大墨雨村民族广场。

按照上面的数字把钱拿给他。当时改造房子的时候挪动水表位置这些都需要请村委会派人来才可以挪动。你说，水电费收也就收了是吧，偏偏村里基础设施做得太差，经常性地停水、停电，停电的时候一下说是线路故障了，一下又说现在装修房子的新居民太多了导致供电不足。停水吧还可以去龙潭挑水，停电是真没办法了，两个都停了，那就在家躺平吧。水、电、路，还有老村民的各种意识不提升，怎么可能发展得好？在当地人眼里，我们始终是外来人，虽然住在这里，但是和人家本村的人还是不一样。[1]

新居民群体针对交纳卫生费问题持不同意见，一部分新居民认为，“在人家的地盘上，也没几个钱干脆交了算了，省得日后不好相处”；另一部分新居民认为，“要是交了这个钱，就是变相承认是我们这些人破坏了公共环境卫生”。最终在村委会的协调下，新居民一年交纳少量卫生费用于村庄公共环境的维护。新居民对村庄内成员身份表示很在意，在调查过程中多数新居民认为，因自身并非村落正式成员，所以无法和老村民享受相同的待遇。

“公地悲剧”理论模型以公共草地和牧羊人之间的关系为分析对象，认为环境卫生问题之所以发生是因为公共边界的划分不明确，每个牧羊人出于理性选择都期望各自获得的利益最大化。[2]老村民群体对新居民群体产生的排他性情绪在于其认为村中的资源被新居民利用，因人口的增加造成环境污染的负面影响。新居民群体的到来并非使整个村落内部的村民获益，受益人是将自家闲置房屋租出去的村民，但是另一部分村民要承担因为新居民的迁入而引发的一系列问题。利益分配的不均导致与新居民利益相关者和非利益相关者对待新居民采取不同的态度。新居民群体认为，既然自己已经付出了相应的价格，那么村落也应给予其相适应的配套服务，但是在日常生活中需要直面乡村生活中的实际问题，加之一部分老村民的态度让新居民觉得自己始终

[1] YZ，男，1966 年生；访谈时间：2021 年 8 月 27 日；访谈地点：YZ 家中。

[2] 谢丽丽：《村庄公共环境恶化的空间社会学阐释——以西北地区 X 村为个案》，载《南京工业大学学报（社会科学版）》，2017 年第 2 期，第 46-52 页。

是外来人，因此产生了消极情绪。现代性的生产生活方式导致日常生活中垃圾数量的增加，大墨雨村所面临的环境污染以及基础设施不完善等问题并非是某一个群体需要面对的，而是需要彼此共同面对的。

（三）停车场收费导致群体间隔阂加深

大墨雨村在新居民群体移居之前未出现收费式停车场，各户村民家中有车的都将车停在自己家门口。在新居民群体中，拥有私家车的新居民占整个新居民群体总人数的90%，因此停车问题成为两个群体之间产生分歧的又一重要导火索。一方面，老村民群体因为停车场地有限常需要与新居民抢占停车位；另一方面，老村民承包的停车场对新老居民收取不同费用，引发新居民群体不满，双方因为停车问题产生矛盾。

村中客堂的对面即村中停车场之一，由当地村委会承包给当地农户NCY。NCY及其丈夫ZXX负责在停车场收取新老居民和外来游客的停车费。NCY曾多次向笔者表达其收费的合理性：

> 自从我家承包了这个停车场了么，承包户是3年一换，我家今年年底就要到期了。我们一直收呢是一天5块，过夜10块，包月了么就是90块，小车包年一张也就是200块钱，早早呢都在喇叭上播过了，L书记她们说也在新居民有个微信群里说过了。可我听说，他们很不愿意，说我们收呢贵，我们也是知道呢，在昆明停车都是按小时收费呢，这也够便宜了吧，那些人开着都是豪车，为了几块钱还要和我们来吵，真是麻烦呢很。以前了么也没这么多事，后来来呢人多了，天天都是吵来吵去呢。不愿给停车费有呢停了一下悄悄就跑走了，还有人停在希望小学进来呢地了么，挡着我们村里呢大车进不来，人也找不着，想想都生气，前两天还不是倒车呢时候大车把人家呢玻璃整坏了，可是了不得，差点打起来。[1]

[1]　NCY，女，1971年生；访谈时间：2021年3月6日；访谈地点：大墨雨村民族广场。

村落熟人社会特征导致村中发生的大小事情各家各户皆能知晓，因此新居民对于停车场收费不满的问题老村民内心也十分清楚，对于新居民的排斥性情绪也在矛盾中不断滋长。而新居民群体也了解，村中的生活在同等条件下是以满足老村民的需求为优先的。对于停车场针对新老居民的差异性收费，新居民表示：

我前几天上来住了一晚上，下去开车的时候收了我17块。我觉得这个停车场收费远远高于市区的停车场收费指导价格，二环以外过夜好像是收5块（LC）。我的是小车，2019年吧，包年交给停车场收费的村民300块，今年交了360块，人家说是"今年没啥收入，涨60块"（LMZ）。奇了怪了，这新居民和老村民怎么还不一样的价格呢？光我听说的价格都不一样，有的新居民和我说是200块，刚才LMZ不是说交了300块、360块两种。还有包月也不一样，有的是150块，有的又成了900块，这也太不合理了吧！原本来这里还觉得民风淳朴呢，这有些老村民明显就是专门赚我们的钱嘛，要是我们这些人不来这里，谁会来这个村子里啊是吧。我之前都看到过，有些老村民他们就没有收钱，对我们不仅收钱，还要多收（XJH）。[1]

一部分新居民认为承包停车场的老村民收费不符合市政府指导停车收费标准且老村民与新居民收费价格存在差异，新居民群体无法理解老村民的行为方式，认为其将新居民和老村民的身份区别开来，并通过垄断资源的方式利用身份特权获得经济利益。停车场收费对新老居民采取了不同的收费标准，对本村人和外村人划定了清晰的边界，这也是造成新老居民之间产生隔阂的原因之一。尽管新居民群体已经在村中和老村民群体居住了较长时间，但仍感觉到村庄制度将外来人口排斥在村庄公共事务之外。

笔者在调查过程中了解到，新居民群体中之所以收费价格不同是因为负

[1] LC，女，1986年生；LMZ，男，1967年生；XJH，女，1966年生。访谈时间：2021年3月20日；访谈地点：XJH家中。

责停车场收费的农户是依据差序原则来收费的。ZXX表示：

> 我看那些开豪车来租房子呢人，很看不起我们，都在这地住了好长时间了么从来没有打过招呼，喊来喊去呢。我又认不得他，就收着高了一些。YY她们有朋友过来停一下车我也不会收你们的钱了么，那有些人讲话又难听，还和我们吵过，又和村委会的说我们乱收费。[1]

老村民ZXX基于个体关系网络的差序格局，对停车收费标准进行分类。在他看来，亲疏关系由近到远排序为本村村民、新居民中与其交往密切的人、其他新居民，对于不同群体的人应收取不同的价格。经济与情感的双重作用下，作为生于斯长于斯的老村民，早已对村庄内部的非正式性规则谙熟于心，这些规则影响着个体的行为方式。作为停车场的承包人，停车场是其经济来源的重要组成部分，同时作为大墨雨村村落共同体中的一分子，又需要遵守村庄内部的隐性规约，地方性规则始终作用于个体的日常生活。

新居民群体早已习惯城市生活中的经济理性规则，对于村庄内的社会关系网络，一部分新居民愿意嵌入其中，一部分新居民只愿在村中过自己的生活并不愿意与老村民产生过多的私人关系。大墨雨村在某种程度上仍是以地方性文化为核心，以血缘和地缘关系为基础的有着清晰的村庄边界的村落共同体，村落内部组织结构和人际关系网络以及行为规范起着主导作用，从某种意义上讲，村庄内成员身份决定了老村民群体对待新居民群体和本村村民的方式是有差异的。

因停车费问题而引发的新老居民之间的矛盾在村主任MLS和新居民WC的共同努力下得到了暂时性解决。老村民同意将新居民的停车收费标准统一，对于老村民群体内部的收费标准，新居民群体也表示对熟人社会的理解并不再干涉。目前，停车收费的统一标准暂时只能执行到2021年年底，ZXX讲道：

[1] ZXX，男，1971 年生；访谈时间：2021 年 3 月 22 日；访谈地点：大墨雨村客堂对面停车场。

> 现在么就是对他们收得都一样了，我家只干到年底了么，那下一家是谁，人家收多少、涨不涨价，我也不清楚。[1]

老村民群体在追逐经济利益的过程中看似将经济理性作为其行为标准，但又呈现出以情感为导向的行动策略。在某种程度上，老村民的行为是在经济理性与情感道义的共同作用下作出的行为选择。在一定范围内，个体将社会关系的亲疏远近作为收取停车费的标准，新居民的进入无法完全打破村庄内固有的社会关系格局，本质上是两个群体中的个体关系网络的延伸。新居民群体对老村民群体的影响并非完全正面或负面的：一方面，新居民群体的移居加剧了村庄内资源的紧张，使得老村民群体内部因经济利益而产生了冲突，间接导致了村中独居老人不能在老房子中居住的情况，以及村庄卫生环境被破坏的局面；另一方面，因为新居民群体的到来，大墨雨村逐渐出现在各类自媒体中，使得越来越多人开始关注这个村落。一部分老村民因出租房屋获益，同时拓展出其他获得经济收入的渠道，也接触到了更加多元化的生活方式。村落特定地方性规则制约并指导着村中成员的行为方式，当涉及集体利益时，本村村民会表现出强烈的排他属性，集体本位占据首要位置，个人利益遭到威胁时又以保障自身利益为行动目标。村庄经济发展过程受制于既定社会关系的同时利用了社会关系。新居民群体与老村民群体生活在一个各类关系交织的村落之中，往往难以依据城市社会生活准则与其进行交往，而是需要在乡土关系的基础上建立起信任结构，彼此尊重才能实现情感和利益关系的平衡，形成一种相融合的新型关系。

---

[1] ZXX，男，1971 年生；访谈时间：2021 年 3 月 22 日；访谈地点：大墨雨村客堂对面停车场。

第二节　群体间边界与矛盾

新居民群体移居乡村的行动打破了大墨雨村原有的生活边界，使得双方共居于同一生活空间之中，随着新老居民之间的社会互动频率增加，两个群体之间的生活方式差异凸显，出于各自的自我保护机制产生了多类型的冲突。尽管随着现代化和城市化进程的加快村庄经济边界向外开放的程度逐渐提升，但当地的地方性文化决定了村落社会文化边界的相对封闭性，村落内部的社会规范和生活秩序维系着村庄社会结构的稳定。新居民群体的进入为村庄经济发展带来了新的契机，在让位于村庄利益的同时，村落内部的文化以及老村民群体的行为方式也需要做出相对应的调整。村落发展呈现出自身适应力的同时新老居民间冲突成为新的难题。

一、生活态度与生活状态差异

态度是社会群体中个人的主观特点，成为个人经常性处事方式的思想与情感的总和，使个体习惯于某种固定的方式形式，是社会生活中决定个人实际或潜在活动的个人意识过程。[1]新老居民所处生活环境不同从而形成的生活态度也具有差异，乡村文化与现代都市文化在同一生活空间中相遇之时，生活态度的差异性也导致群体间生活状态随之发生波动起伏。

（一）高音喇叭的“争鸣”

高音喇叭一直是我国农村地区的重要宣传媒介，村中大小事情经由高音

[1]　[法]阿兰·库隆，郑文彬译：《芝加哥学派》，商务印书馆，2000年版，第20页。

喇叭的声音传播至村中各个角落。作为村庄权力的隐喻，高音喇叭也兼具一定的政治属性。[1]大墨雨村的高音喇叭承担了宣传各类政策与群众动员，以及作为广告载体的功能。由于村中部分老年人不能完全听懂普通话，因此广播语言长期以来使用地方用语。从村中喇叭的广播时长来看，以1～3分钟居多，较重要和复杂的广播内容也控制在10～25分钟之内。简短的广播时长保证了传播的有效性，村民们表示，广播响时不管是在干农活还是做其他事情都不耽误，只要耳朵听一听即可。乡村高音喇叭作为基层组织有效的政治信息传播媒介和地方政府与群众之间政治沟通的信息媒介、村民获取有效信息的重要途径，承担着信息枢纽的职能，尽管以微信、抖音、快手为主的社交媒体向乡村不断下沉、迭代，在一定程度上拓宽了人们获取信息的方式和交往方式，但高音喇叭共享性、公共性、权威性的特征仍然无法替代，其在日常生活中发挥着重要作用，承载的价值和老村民群体赋予的社会意义并未发生改变。然而，当新居民群体移居到村中之后，高音喇叭成为两个群体之间产生矛盾的导火索。

新居民群体表示，对村中的高音喇叭没什么好感，在其看来：一方面，高音喇叭传播对象主要是老村民群体，明确的传播空间边界再一次将两个群体之间的成员身份进行区隔；另一方面，高音喇叭播放的时间段并不固定，导致新居民及其家人在休息时间容易受到干扰从而产生抵触情绪。不同新居民表示：

> WJ：喇叭吵得我神经衰弱啊，就不能不要大早上起来就放吗？我有高血压，头晕啊，哎，以前在城里也不用遭这罪，来村里生活就是图个安静，结果被这个喇叭吵得难受。[2]

> LLS：大喇叭播放就是巨大的噪声污染，扰民。我很想和村里的

[1] 王华：《农村“高音喇叭”的权力隐喻》，载《南京农业大学学报（社会科学版）》，2013年第4期，第31-38页。

[2] WJ，女，1966年生；资料来源：2021年3月5日，大墨雨村新居民微信群聊天内容。

领导沟通一下播放的时间、节奏、是否存在噪声频率，还有喇叭的功率等，天天放一些我们听不懂的内容，大早上起来就烦躁。[1]

SDQ：我特别需要去找一些隔音棉，最近这几天播得娃都受不了，老人每天带娃也很累了，不能睡个好觉。最近几天喇叭简直失控了，不仅是早上啊，中午都不放过我们，休息时间能不能不要播放啊。[2]

XLJ：村里的喇叭是彻底失控了，大晚上的还要放，人都不能正常睡觉了，通宵地放，让人不能睡了。属牛的真是牛了，孕妇和婴儿的心脏也需要属牛的人体恤一下吧，还有明天要到城里上班的人也需要休息呢！[3]

新居民对于村中高音喇叭发布的信息完全听不懂，加之声音较大，传播辐射范围广，喇叭响起来村里所有人都可以听到，无可避免地打乱了新居民的生活节奏。有新居民向村委会成员反映希望可以调整高音喇叭的播放时间、播放内容或采取其他方式，如用微信通知从而避免打扰大多数人等。对于新居民提出的意见和建议，村主任MLS表示：

我们村紧挨着山林，不播放那些防火护林呢宣传了么是不可能呢，这也是上级政府给我们下呢任务，三、四月是防火护林呢关键时期，播放呢内容也是上级领导确定的，我们只能是尽量缩短播放时间，挑时段播放。讲话是多少年了么，要求讲普通话么也得找一个说呢好呢人了么，我们还是得跟上级领导说说，看看怎么调整一下。哎，这来租房的新居民多了呀，我们的工作压力也大，时常需要解决各种各样呢问题。以前么肯定不存在这些，我们都是村里人，

[1] LLS，女，1978 年生；资料来源：2021 年 3 月 5 日，大墨雨村新居民微信群聊天内容。

[2] SDQ，女，1991 年生；资料来源：2021 年 3 月 5 日，大墨雨村新居民微信群聊天内容。

[3] XLJ，女，1965 年生；访谈时间：2021 年 7 月 16 日；访谈地点：XLJ 家中。村中喇叭 7 月 15 日通宵播放的原因是村中属牛同年会举行庆祝仪式。

没有那些讲究，提出问题来了么我们就尽量解决，剩下的对我们的那些要求太高了怕是整不来，入乡随俗吧。再不满意么，我们也没办法了么，吵架呢话就来村里大喇叭随时讲。[1]

村委会是解决高音喇叭问题的重要渠道。新居民普遍认为，自己既无法得知高音喇叭传递出的信息又打扰了自身的生活节奏，他们试图通过与村委会成员沟通的方式，希望自己的诉求能够得到合理解决，但是在沟通过程中出现情绪激动导致言语过激。刚上任不久的村主任MLS认为，大墨雨村在很长一段时间内从未发生因喇叭响而需要村委会解决的情况，新居民群体的移居行动给大墨雨村带来了媒体关注度，一部分村民因此获益的同时，村委会工作量也在增加，新老居民之间产生的矛盾，甚至新居民群体内部产生的纠纷有时也需村委会成员出面进行调解。

从目前大墨雨村的人口规模和居住格局来看，新居民的大量涌入无疑对村庄的社会结构产生了影响。对于本村人而言，平日里习以为常的大喇叭却让新居民群体产生强烈的抵触情绪。究其原因：一是新居民群体自身长期生活在城市，对于乡村公共生活不够熟悉，当生活环境不能满足自身的生活需求时容易产生对抗情绪；二是村委会作为基层组织没能完全发挥其功能，与新居民群体之间进行的社会交往有限，村委会成员下意识地将自身与新居民群体进行身份区隔。新居民想要寻求帮助之时得到公共权力的支持有限。村庄当前的发展情况亟须当地基层组织作为核心中介去传递有效信息，保障两个群体之间的权益都能得到表达与保护，从根源上解决村庄发展过程中面临的问题。

（二）教育理念的“交锋”

墨雨村学作为村中新老居民教育理念碰撞的重要场域，为两个群体之间的社会交往提供了平台。部分新老居民之间因为孩子建立起更为紧密的关系。

[1] MLS，男，1989 年生；访谈时间：2021 年 3 月 9 日；访谈地点：大墨雨村民族广场。

但是两个群体之间的受教育程度有明显差异，这也导致双方教育理念的不同。作为老村民家长之一的TH认为：

咋个这个幼儿园了么和希望小学那地不一样呢，整天都是领着娃娃上山了么，那山我们从小爬到大了，晓不得有什么好呢，教娃娃认一些字么，马上就要上小学了，连几个字都认不得上了小学咋个整。娃娃要好好读书啊，不要像我们一样一辈子就在大山里，没有文化。村学那些老师说是都是从外国回来了么，好好教教娃娃们学些东西了，不要老领着他们在村里瞎转悠，下雨天也要出去，有一回我家孩子回来就发烧了。[1]

相较于新居民，老村民在日常生活中对幼儿的培育比较“糙”，对孩子的情感和心理及行为方式关注度不够，在他们看来，按照家长和老师的要求遵守规则统一行动，听话、懂事就是好孩子。对新居民提出的性教育和死亡教育等教育理念比较排斥，认为孩子不应过早地接受这些。幼儿的生活学习环境也与新居民存在差距，家长对教师的要求比较简单和传统，觉得孩子认识的字多就是老师教得好。而墨雨村学所提倡的“培育孩子独立完整的人格特征”在老村民看来是无法完全理解的。村学负责教幼儿英语课程的教师表示：

其实作为新居民的家长和老师都非常清楚，老村民和我们的教育理念差异非常大，他们觉得我们每天都是带着孩子瞎玩，但是不是这样的，我们每一门课程的设计都要符合孩子现阶段的需求，要遵循孩子的发展规律。但是老村民家长吧都不太理解这些。就拿ZQR来说，我们也和家长沟通了好多次，要多关注孩子的心理健康，他总是对别的小朋友动手是有原因的。我们每次去做家访都会和家长聊孩子的心理健康、情绪体验、身体成长情况，可从我自己感觉来看吧，家长好像不是特别在意，依然是那个样子。我们的力

[1] TH，女，1993年生；访谈时间：2021年6月10日；访谈地点：TH家中。

量非常有限，只能是尽量吧，能让家长了解到什么程度就算什么程度了。毕竟对于孩子以后的规划家长心里都有一杆秤。很多新居民家长已经非常明确以后是一定会送孩子出国读书的，现阶段最重要的就是让孩子提升各方面的能力，学会生活，拓宽阅读面等。老村民家长觉得自家的孩子能够上个好大学，以后找个稳定的工作对于他们来说就很满意了。[1]

2021年7月17日，原本在墨雨村学上学的8名老村民的孩子决定全部转学到村中另一位老村民和他人共同投资成立的墨雨童稚幼儿园。这一事件令新居民教师意识到其传递出的教育理念在老村民的认知中仍未被完全接纳和认可，新老居民的教育观念差异化程度高，老村民在接受教育新观念层面较为保守。村学创始人同时是家长的WC向笔者讲道：

我之前还自信满满地认为村学的课程已经足够吸引家长了，你在村学这么久了也知道的，我们带孩子音乐课的是山人乐队的小不点老师，教孩子舞蹈的是剑桥艺术史硕士毕业的新居民，教孩子英语的是英国留学回来的。孩子的美术课老师在央美（中央美术学院）进修了很长时间，主班老师也是北林（北京林业大学）的硕士吧，在华德福也系统学习了相关的课程。戏剧教育的G老师也是经验丰富。你说这样的配置，在昆明任何一个机构也算顶配了，怎么我们输出的教育理念就全成了玩儿呢？我想着最多也就走一两个孩子吧，没想到全走了。我这点儿自信心已经全崩了，等学期仪式结束之后再想后续的课程吧，就还挺难接受的。[2]

[1] CSL，女，1987年生；访谈时间：2021年6月12日；访谈地点：墨雨村学。

[2] WC，女，1982年生；访谈时间：2021年7月16日；访谈地点：墨雨村学。

笔者与村学师生合照见图4-5。

图4-5 笔者与村学师生合照

在一场为村学8名小朋友送别的学期结束仪式上，新居民教师集体带有难过情绪，仪式举行过程中孩子和教师都表示不舍。学期仪式结束之后，笔者对老村民家长进行了访谈，询问其为何选择墨雨童稚幼儿园而不继续在村学求学，家长们表示：

> 那个新开呢幼儿园了么是我们村里的人开着的，我们都是好朋友了么，再加上又是亲戚，我们都想去支持她一下。娃娃们马上都要去上小学了，总是得去认字了么。在村学呢这两年娃娃确实有些变化，离得么也是近呢，我们也是很感谢村学这些老师，CR老师也和我们说了想让孩子继续在村学学习。但是主要还是这个幼儿园是我们村里呢人开着了么，我们有个家长也是投了一些钱，有好几家呢新房都是在马路边上，接送娃娃也方便了么，就不用让老人领着噶。她们整呢那些是好，可我们毕竟还是和人家不一样了么，小娃么还是要按部就班呢上学。[1]

在老村民家长看来，尽管墨雨村学能够为孩子提供多元教育理念进一步

[1] 针对村学4名幼儿家长的集中访谈，她们分别是：ZYF，女，1990年生；NX，女，1989年生；MYJ，女，1988年生；LJW，女，1992年生。访谈时间：2021年7月17日；访谈地点：大墨雨村民族广场。

开拓孩子的视野，但仍处于探索阶段的自然教育需让位于亲缘和地缘关系结构。城乡教育理念的差异与个体所居住的社区环境、邻里环境、学区环境息息相关。[1]微观个体、家庭因素与宏观社会结构因素共同决定了个体的认知能力和教育方式，新老居民家长对孩子的教育期望和未来的人生规划有着明显差异。因此，老村民对于新居民提倡的教育理念和教学方式并不能完全接受。

笔者也访谈了村中其他村民，他们表示村学传递出的教育理念和教学方式较为先进，但村里的孩子还是不能与新居民的孩子相比。他们了解到部分新居民家长有送孩子出国留学的规划，因此无须严格按照国内制度化教育体系进行相关准备。然而老村民在对子女的教育规划上奉行“好好学习，去个好大学，找个稳定工作”的理念。新老居民的家庭社会经济地位（家长受教育程度、职业地位、收入水平）和后天养育环境（家长对于孩子成长的参与度）极大地制约着家长和孩子对于教育的期望。除此之外，老村民的孩子全部离开墨雨村学的另一原因在于熟人社会中对本村村民的强烈认同感，内在身份的感知以及拥有共同文化特征的老村民群体更倾向于选择本村村民。

二、价值观念与行动偏好差异

群体边界线对维持群体内系统均衡有重要意义，它明确限定一个聚合体与另一个聚合体的区别所在。[2]尽管处于相同物理空间中，但新居民和老村民群体的生活经历和生活环境截然不同，由此形成了不同的生活方式以及与之相配套的价值观念、生活态度和行为方式。

（一）杀猪饭与个体动物保护理念

吃杀猪饭是村中传统习俗。每年临近春节，杀年猪是各家各户的头等大

[1] Swell W H, “Community of residence and college plans”, *American Sociological Review*, no.2,1964, pp.24–38.

[2] [美]L. 科塞，孙立平等译：《社会冲突的功能》，华夏出版社，1989 年版，第 18 页。

事。肥壮的年猪预示着来年的好运气，邀请亲朋好友一起来吃杀猪饭能让祖先看到子孙的喜悦。杀猪前要做好各项准备活动，提前将客堂打扫干净，买好各类蔬菜、酒水等物品。去吃杀猪饭时被邀请的人无须准备礼物，大家一起帮忙做准备工作即可。杀年猪当天，主家通常会请技术高超的男性朋友一起杀猪，力求动作娴熟尽快将猪杀掉，如果猪杀得不够顺利，长时间发出哀嚎声会被认为家中来年不顺。家中女性在杀猪的过程中承担了烧水、洗碗、择菜、煮饭等工作。杀猪饭的地点位于村中客堂内。杀完猪之后，用滚烫的开水将猪清理干净的同时将猪毛刮干净，将猪的头、蹄、内脏等部位依次分类，装在不同的器皿内备用。糟血肉[1]和生肝[2]是杀猪饭中必备的两道菜。饭菜准备好之后，亲朋好友围坐在一起聊天，主家会在吃饭的过程中招呼、询问大家饭菜是否够吃，握着大勺给各桌添菜。村中每年的杀猪饭期间都热闹非凡，家家户户都沉浸在节日的氛围之中，通过这样的活动进一步强化村民之间的联系，以村庄内成员独有的社会交往方式反映出村庄运作的内在规律。

2019年1月20日，村中发生了一件令新老居民都感到震惊的事件。当日，老村民NYX一家正在准备杀猪饭，新居民DNY（英国籍，男，动物保护者）闯入客堂之中与正在杀猪的师傅理论，表示听到猪的叫声难以忍受。他与老村民从最初的口头争吵上升至肢体冲突甚至报了警，直到新居民LTT请老村民XFH出面进行调解，该事件才得以解决。此次事件之后，新老居民之间仿佛筑起了一道难以沟通的屏障，都不愿再主动与对方交往。两三个月之后，经多方调解彼此间的紧张关系状态才得以缓和。老村民NYX的邻居NSG提起新老居民因杀猪产生的冲突时说道：

> 我是很不愿讲这个事了么，那个人脑子有问题得很，没得人请他过来，他是非要过来找事。我们村里吃杀猪饭呢时候是很不愿见起争执呢，觉呢很不吉利了么。那天么也不晓得咋个回事，平日里

[1] 糟血肉的制作：将猪肉煮熟切片，放葱、姜、蒜等佐料爆炒，加入猪血，待猪血炒熟即可。

[2] 生肝的制作：将生肝剁碎备用，猪里脊肉切好后炒熟，放凉之后和生肝拌在一起，加辣椒面、芫荽、碎姜即可。

杀猪快得很，那天么真是怪咯，猪么一直叫，放着血还在叫着，这时候么那个外国人进来了说我们不能杀猪，猪是怎么怎么样的，我们也听不懂他讲些什么，外国话么很不会听。我们就想着不要再理会他就好了。他可倒好，还要过来拦着我们杀猪，就这样推了几下，NYX么也着急了，毕竟是他家杀猪了么，原本是请亲戚朋友热闹一下，这下有人来闹事么，就吵起来了，不是真呢动手了，就是推着一下，那个外国人不得了么。是他自己多事了么，他要不进来我们也不会和他吵呢，那顿饭吃得真是晦气得很。[1]

新居民群体进入村中，两个群体之间有着不同的生活需求。杀猪饭是老村民家庭一年中的重要活动，准备过程突然被中断，来参加的村民都表示非常生气。新居民对这一事件也表现出了不同的看法。访谈过程中，新居民FWN对当时发生的事情进行了如下描述：

我是当天晚上才听大家讲起这件事情的，当时特别轰动，我自己都觉得很吃惊。DNY平时是个比较不爱说话的人，可能是因为语言不通的关系吧，他和我们交流得不多，只知道他是素食主义者。我们都是和他爱人比较熟，我了解到的情况是，那段时间各家各户都要杀年猪。之前DNY的反应不是特别强烈，可能猪叫的声音比较小，或者他刚好外出，也就没有特别在意。但是那天据说猪叫的声音真的非常大，可能我住在上面听不到哦，但是DNY家就住在客堂后面，听得那叫一个惨烈啊！他爱人当时也不在家，他就一个人英勇地去和老村民说“杀猪太残忍了”之类的话。老村民就觉得不可理喻嘛，人家杀猪杀了这么多年你和人说，“别杀了，猪多可怜哪”，那人家能理你吗？就这么就打起来了，有住在旁边的新居民看到不对劲，那么多老村民围着他一个人，就赶紧打电话给LTT，然后她带着XFH嬢嬢就赶紧过来劝，警察也来了，书记从中调解，这事儿

[1] NSG，男，1970年生；访谈时间：2020年4月3日；访谈地点：新居民JWW家中。

才算完。我们几个新居民晚上去小D家看了一下安慰了几句。这也没办法说谁对谁错，就是有些事情是完全沟通不了的，我觉得。[1]

新居民群体整体上认为事件的发生主要是因为两个群体之间有不同的价值观，就老村民的角度而言，杀猪饭是村民间进行交往互动、加强联系、增进团结的大事。与老村民不同的是，一些新居民自身的生活理念与饮食习惯决定了其看到动物被伤害会觉得残忍，加之DNY对我国乡土社会的文化基础理解程度有限，导致了其与老村民群体发生冲突。这一事件的发生并非偶然，新老居民之间的文化差异是客观存在的。当涉及两个群体之间关乎个体权益的事情时，双方很容易因为彼此沟通不畅产生张力。尽管一部分新居民通过自己的努力与老村民之间发展出了新的关系类型，但对于老村民和村集体而言，集体利益是高于个人的，个体利益最终都要让位于村庄集体利益。

（二）“压土”仪式与经济理性意识

大墨雨村村民在建盖新房时，地基的选择、动土挖基要请地师来专门选择合适的日期，将鸡蛋或鸭蛋埋在土里，立木上梁的那天称为“造大吉”。要选择黄道吉日，张贴新对联，邀请亲朋好友到家中吃饭。主家需杀鸡、鸭，祭祀土地神、祖先和鲁班，设宴和亲朋好友共同庆祝新房的建成。正式搬入新房前要请村中的斋奶奶念经“压土”（图4-6），将羊角挂在大门上，才可正式搬入新房。据村中老人讲，1949年以前，村中凡是新房建成周年，房主都要为新房“做生日”，请人到家中念经、设香案，点灯燃红烛，诵经3～5天。祭祀土地神的过程中，要在新房外四个墙角上各钉羊角一只，大门正上方门楣上悬挂一面中间用红绸（布）绑着的镜子，镜子上绘制有八卦图案，房门上张贴“安门大吉”或“奠土大吉”的四字门联，意在请祖先、土地神保佑全家平安健康、六畜兴旺。随着时代的发展，村中给新房“做生日”的民俗逐渐简化，但依然存在。

[1] FWN，女，1972年生；访谈时间：2020年4月6日；访谈地点：FWN家中。

图4-6　正在举行“压土”仪式的斋奶奶

新居民所租赁的房屋需要进行改造的，房屋正式动工之前按照村中习俗需请斋奶奶来念经祝福，祈盼房子施工过程顺利，请祖先、土地神保佑新入住的人家平安健康。一部分新居民表示愿意遵守当地的风俗习惯；另一部分新居民表示心诚则灵，不需要做这些，只要自己住得舒适就可以。问卷调查显示，因改造房屋举行过“压土”仪式的新居民有102人，占新居民群体总人数的36.7%；不愿举行该仪式的新居民表示，虽然房东曾建议请斋奶奶来念经对于住在这里有好处，但其认为没有必要。

老村民群体认为“压土”仪式起着和神灵、祖先联系的作用，确认了个人与房屋之间的联系。尽管现在老房闲置了，但当有新的人要住进去时，还是要告知神灵和祖先，保佑入住者在房屋内的生活。对于不愿举行“压土”仪式的新居民，老村民认为这是对村中习俗的蔑视，这样的行为不仅对原先住在房屋中的人不利，也是对神灵和祖先的不敬，而且对即将住进去的人有负面影响。负责组织村中各类仪式活动的斋奶奶之一的LXL曾向笔者说道：

> 这是好事呢，晓不得这些人为什么不愿意。来这地住呢也是我们以前呢老房子了么，还是要告诉祖先了么，说外面有人来租着房子了，现在要住在这里面呢，保佑他们清清静静、平平安安呢。有些人不愿意做这些，我们也不好说，之前也是说过了，还是不愿意

也是没办法呢。村里人也是说着呢，说有些来租房呢人不好了么。他们不愿弄么，你看看有呢家修呢时候就不顺了么，修到一半就修不下去了，有些人了么，很看不上我们，整得说是我们。[1]

出于对当地民俗的尊重，有一部分新居民愿意去请斋奶奶念经祈福，也有一部分新居民不愿接受这样的风俗习惯。两个群体互动过程中出现分歧是因为双方所受到的文化规约不同。新居民接触到与自身不同的异文化时，会依据自身的生活经验作出价值判断，在其看来，改造老房与“压土”仪式并没有直接关联，因此不必按照老村民的思维方式行事，遵循自己长期以来的生活习惯即可。当老村民房东提出建议时，新居民并未采纳而是坚持自我的选择。加之双方缺少直接的沟通交流，从而导致老村民认为新居民不遵守当地的地方性仪式是瞧不上当地人，并因此产生了心理上的隔阂。而新居民认为：

因为这些可有可无的，还要讲来讲去的，真麻烦，那我们现在租了这个房子，想怎样就怎样，钱都交了。既然我们拥有了这个房屋的使用权，就可以按照自己的方式去生活，难道我还花钱找麻烦？最烦我房东之前和我说的那些了，我觉得他们就是想让那些念经的老人多点收入（请斋奶奶念经祈福需支付一定费用，一般是50～100元不等），说白了，就是想让我们花钱。我不管别人那么多，反正我自己是不做的。[2]

一部分新居民认为，之所以需要念经是因为村中斋奶奶需要增加收入，加之自己不相信这些，所以没必要专门举行这样的仪式。在与老村民的访谈中了解到，老村民认为既然这部分新居民不愿举行仪式，那么房东就只好代为举行，在新居民知情或不知情的情况下，“压土”仪式最终仍得到了举办。

[1] LXL，女，1953年生；访谈时间：2021年7月6日；访谈地点：LXL家中。
[2] WRL，女，1965年生；访谈时间：2021年7月8日；访谈地点：WRL家中。

在一部分新居民看来，房屋的使用权意味着个人可以凭借自己的意愿对所租赁的房屋进行改造，既然选择了自己喜欢的生活方式就要完全按照个人的生活习惯在村中生活。因房屋租赁而引起的新老居民之间的纠纷是两个群体当前所面临的问题。尽管老村民迁出了老房子，但其仍拥有老房的所有权，而新居民不具备村庄内成员资格，只能拥有房屋的使用权。新居民的生活方式与老村民大相径庭。彼此之间因为价值观念的差异产生矛盾，大墨雨村的社会文化决定了老村民的社会心态，对于本村人和非本村人有不同的标准，对于本村人的标准更多的是社会性的，是建立在差序格局基础之上的，而对于非本村人的标准首先是经济性的。这也导致新居民群体内心认为老村民对其提出的种种建议是出于经济利益的需求，从而产生不信任感。新老居民之间因价值观念不同而引发冲突是因为新居民群体对于当地文化不够了解，导致双方矛盾激化。如果有第三方（村委会）的介入进行沟通调解发挥其职能，可以在一定程度上缓和两个群体之间的矛盾，调动新老居民的积极性，对村庄的可持续发展起到积极作用。

（三）村干部“话语权”与微信群议事小组

个体或群体行为可以被理解为任何源于行动者内在而非外在的人体活动，行动指向行动者欲望与信念引起的意向性行为，行动前的决定可能有或没有意识支配。[1]新居民群体为方便彼此之间进行信息共享和生活互助，建立起“大墨雨村新居民”微信群，群内管理员由最先到村庄生活的LTT和WC担任，随着新居民人数的增加，与雨花社区以及村委会进行沟通协商的频率也在提高，因此，大墨雨村新居民提出邀请雨花社区和村委会工作人员加入新居民组建的微信群。2021年3月，新居民WC提议推选新居民代表并成立新居民议事小组，以调解新居民群体间和新老居民间产生的矛盾。一方面，新居民群体内部因各种原因产生纠纷，经常性地在新居民微信群中争吵，最为严重的

[1] [美]乔恩·埃尔斯特，刘骥等译：《解释社会行为：社会科学的机制视角》，重庆大学出版社，2019年版，第155页。

甚至上升到肢体冲突；另一方面，新居民群体与老村民群体之间的矛盾日益突出，新居民与村委会成员在微信群中多次发生言语冲突。基于这两个方面的原因，新居民WC向村小组干部提出建议：

新居民计划成立一个议事小组与社区、村小组干部直接对接，提高讨论效率避免无谓的争吵。希望村小组和社区干部能够退出新居民的微信大群，新居民群将作为群体新居民的议事大群存在。与社区、村小组干部的对接由新居民代表和社区、村小组干部在议事群中进行。[1]

村主任MLS对于新居民的这一举动表示：

这个组织（新居民组织）不在街道办和社区的承认范围之内，这是你们自己的民事行为，请你们自行商量，恕我无法参与。因此事滋生出的任何问题请自行负责。[2]

当新居民提出要求之后，老村民干部全部退出了微信群，也未加入新的微信群。这一事件在老村民群体中不断发酵，导致新老居民心理隔阂加深。新居民LTT表示：

上次WC不是要成立新居民议事机制嘛，但是这个事情可能没有商量好，人家村干部都退群了，也没加进去新的群。这个事情还是挺不好的，我不知道别人有没有感觉到啊，就我自己觉得LSC书记现在对新居民还是有一些看法的，我最近的感觉还挺强烈的。以前她见了我吧，都会问我家人最近怎么样啊，小朋友最近好不好啊之类的，现在见了我就点下头就走了，完全不和我搭话。村主任以前还带着朋友来我家玩儿什么的，现在也不过来了。我觉得L书记现

[1]　资料来源：2021 年 3 月 7 日，大墨雨村新居民微信群聊天内容。

[2]　资料来源：2021 年 3 月 7 日，大墨雨村新居民微信群聊天内容。

> 在可能是不想管了吧，最近新居民有事去找她，她都会推掉。WC这个事情处理得过于理性了，书记和村主任现在都挺不开心的，我也打算这两天和她说说，看看怎么缓和一下吧。X嬢嬢和L书记是好姐妹嘛，L书记和她讲“新居民让我们退出去了，不让我们在那个群里面了，我们还管人家的事情做什么”，结果传到现在我再听别的老村民讲就变成“新居民都是坏人了”。我觉得这个事情再发展下去就不好了，我打算这两天和WC商量一下看看怎么解决。[1]

新居民通过关系密切的老村民得知村小组和社区干部“被退群”事件已经演化为老村民群体都知晓的事情，且因为这件事情让老村民认为新居民不再需要村干部的帮助，所以让其“退群”。新居民看似理性的行为却导致两个群体之间的关系变得紧张。几天之后，新居民WC和LTT主动到L书记和村主任家中对“要求村委会成员退群”进行解释，双方的紧张关系得到缓和。

受生活经历和社会文化差异影响，新老居民之间行为、方式不同，导致两个群体之间产生分歧。对于新居民群体而言，本意是想通过更为直接的方式与村干部沟通，避免在微信群中频繁争吵，但因处理方式过于直接并没有与村干部提前沟通，从而引发矛盾。大墨雨村作为典型的熟人社会，村庄内部成员有着约定俗成的社会交往方式，而新居民所习惯的理性行动策略在乡村是无法完全适用的。新老居民之间沟通机制的建立还需以当地实际情况为基础，立足村庄社会文化特征才能有效解决双方的矛盾和冲突。

上述三个方面基本上呈现了新老居民之间在日常生活过程中所产生的矛盾和冲突，也体现出两个群体生活方式的基本特征。从老村民群体的视角来看：第一，其在面对外部冲击时，以村庄集体利益为首，具有强烈的集体认同感和归属感。当与新居民发生冲突时，老村民会站在本村村民的角度上考虑问题。第二，与新居民进行社会交往的过程中，仍然遵循村庄差序格局特征。从新居民群体的视角来看：第一，新居民因村落正式成员身份与老村民

---

[1] LTT，女，1985年生；访谈时间：2021年4月14日；访谈地点：LTT家中。

群体产生隔阂。第二，新居民群体与老村民群体互动过程中，习惯以较为理性和章程化的方式展开。老村民群体在一定程度上接受了新居民群体长期在村中生活的事实，群体间边界虽出现松动迹象，却仍横亘于二者中。

第三节　群体间矛盾协调与安全阀

新老居民在日常互动过程中，既有对称性社会互动形式，也有非对称性社会互动形式，在双方持续的互动过程中，村庄生活秩序也随之发生改变。作为外来人口的新居民群体，因为生活方式差异以及村庄成员身份与老村民群体之间始终存在隔阂。由于新老居民在村庄社会结构中所处的位置不同，所以，老村民对待新居民群体的方式由老村民中心向新居民边缘倾斜。本村人与外村人的显著差别让新居民群体意识到需要主动实现自我管理，维护自身权益。如果二者能够寻找到令彼此满意的调解途径，可以缓解冲突关系中的排他性情绪并释放紧张状态。

一、新居民话语权与议事小组

在某种意义上，新居民与老村民之间的冲突是双方生活方式差异导致的，具体表现在外来人口与本村村民生活态度、价值观念以及社会交往方式的分歧上。新居民群体和老村民群体进行社会互动的过程中，认为自己在村庄中处于劣势地位，自身生活方式受到老村民的挑战。因此，新居民群体意图调整行动策略，关注与自身相关的村庄卫生、治安、选举等问题。

（一）强烈话语权利意识表达

新居民群体的人口规模相对于本村村民而言已经超过1/3，村庄公共事务中涉及新居民个体利益的事情也越来越多。尽管与老村民有着不同的身份，无法直接地参与村庄公共事务，但是新居民认为既然生活在村庄中自己应该在有限的范围内让村委会和社区干部关注到自身的权利。

2021年1月中旬是村中进行换届选举的时间，新居民群体对于此次村主任的人选非常在意。村中客堂成为换届选举的临时场地，村民们拿到选票之后到另一个僻静的地方写下自己认为合适的人选，新居民微信群中实时关注着选举结果。其间，有新居民到客堂门口和刚投完票的孃孃聊天说：

> 孃孃，我们新居民也想要参加选举呢，我们都在村里生活这么久了。[1]

孃孃笑着答道：

> 你们呢户口在我们村里才能拿着票呢，你们哪个愿意在我们村结婚么，就能参加了。[2]

结一门亲将户口迁到大墨雨村才能换得一张选票，对于“租20年”房子在这里生活的新居民而言，是一件难事。2月3日是村委会公布选举结果的日子，新居民微信群中早早地就有人在等待结果。最终，曾就读于昆明理工大学、学习法律专业的老村民MLS为新一任村主任，村书记仍旧由LSC担任。新居民对于这一结果都表示很高兴，相较于前一任固执保守的老村主任（老村主任曾因水电费与墨雨村学的教师发生言语冲突），年轻的新村主任与新居民之间可能沟通得更为顺畅，怀着对新任村主任的希冀，新居民纷纷表示要与他联络，同时邀请其加入大墨雨村新居民微信群。

除关注村小组领导班子选举外，新居民群体也密切关注着村庄未来的发展规划。新居民了解到西山区政府和雨花社区想要将大墨雨村打造成为旅游村，进一步使老村民群体的生计方式朝向多元化发展。对于村中水库下方闲置苞谷地的规划，新居民有新的创意，DXX讲道：

[1] WC，女，1982年生；访谈时间：2021年1月26日；访谈地点：大墨雨村客堂。

[2] LYH，女，1962年生；访谈时间：2021年1月26日；访谈地点：大墨雨村客堂。

> 那块儿地自从说要修景观步道之后就空下来了，村里领导问我们新居民有没有什么建议，还找我们几个去开了会。我们提了挺多想法的，比如做成QQ农场的现实版模式、苞谷迷宫等，可是村小组的领导好像不能完全理解我们的想法，说不能进行实际操作，之后就不了了之了呗。他们的想法都是想参考那些比较成熟的旅游村的经验，没有特别多新意，我们提出来的想法吧，他们又不太同意，就还挺麻烦的。[1]

苞谷地规划位置如图4-7。

图4-7　苞谷地规划位置

新居民群体对于村庄试图转型成为旅游村的发展规划路径并不认可。在笔者对几户新居民的集中访谈过程中，部分成员对于旅游村的规划表示抗拒，有新居民表示：

> 我们从城里搬到农村来住原本就是想要找一个安静的地方生活，离开城市那种喧嚣，如果要真成了完全的旅游村，我就要好好考虑一下是否还要在这里待下去了，我是很不喜欢旅游景区的商业化氛围的，现在其实游客也有一些，不过因为村里没有配套设施，路也坑坑洼洼的不方便，所以游客几乎没有在这里留宿的，真成了旅游

[1]　DXX，女，1982 年生；访谈时间：2020 年 4 月 5 日；访谈地点：大墨雨村水库。

村我就得走了。[1]

他们认为自己到村中生活主要是看重了乡村生态环境，若村落商业化程度过高会影响自身生活质量，因此对这一规划不看好并表示出抵触情绪。另一部分新居民表示，村落内公共基础设施建设远未达到旅游景区的标准，在其没有完全转型为旅游村之前可以持续保持观望状态。新居民中有人主动提出可以和社区干部进行协商，希望基层政府可以在进行规划的过程中能让新居民参与其中，为村庄转型发展出谋划策。

在村庄日常生活中新老居民群体权利不对等现象始终存在，停车场收费的差异和收取卫生费等事件使双方矛盾升级，也让新居民群体意识到，新居民必须团结起来。正如新居民YXM所言：

不管咱们新居民内部之前有什么样的矛盾，看谁不顺眼或者不认同谁的价值观等，但是只要咱们没打算只是在村里住一年就搬走，也没有阔气到在村里砸个几十上百万能潇洒走人的，那咱们这些人就是绑在一条绳上的蚂蚱，必须学会如何解决咱们自己的冲突，保护好村子里的环境和资源。新居民管事小组就得赶紧建立起来，大家互相理解尊重。[2]

新居民群体并非有组织地移居到大墨雨村生活，而是出于个体的自主选择，因此其内部多元的价值观念和处事方式导致群体内部产生了各种类型的冲突，在缺乏统一的组织管理前提下，个体的差异化行动有其行为和动机的自我理解。在纯粹的冲突关系中，一方的利益唯有以另一方的损益为必要条件。协作的互动则与之相反，此种关系类型的建立基础，即一方的获益必须以另一方的获益为必要条件。合作的互动包括冲突和协作的要素，在合作过

[1] 针对村庄发展规划的集中访谈；访谈时间：2021 年 4 月 15 日；访谈地点：大墨雨村素朴咖啡馆。

[2] YXM，女，1985 年生；访谈时间：2021 年 3 月 15 日；访谈地点：YXM 家中。

程中，双方都需要让渡某些权益给对方，以达到增进各自利益的目的。[1]新居民群体与老村民群体之间的冲突使得新居民意识到，新居民在大墨雨村被视为具有相同属性的整体，建立在个体认同基础上自发组织起来的新居民群体需要整合新居民群体内部的力量形成群体认同感，与当地基层政府建立有效沟通机制维护自身合法权益。

（二）选举成立议事小组

新居民群体出于解决内部争端和老村民之间冲突的需要，计划筹备新居民议事小组。2021年3月7日，3位新居民在新居民微信群中倡议成立新居民议事小组：

> 鉴于最近在村中出现的不同层面的问题，作为长时间居住在村中的新居民，我们倡议成立新居民议事小组，小组成员代表由全体新居民选举产生。如不愿意的新居民，则成为独立新居民，自行与（村）小组、社区沟通。即日起，将首先成立一个筹备小组，用于搜集、整理所有新居民的意愿和建议。在新居民议事小组建立前期，由筹备小组负责与村小组、社区干部对接，集中反映新居民的想法和建议。筹备工作完成之后，将正式进入新居民议事小组的选举程序，将对接工作进行转交。我们希望大家能够积极响应，最近我们将首先开展新居民代表的选举工作，大家可以进行提名，选出代表之后我们进行下一步的工作。[2]

倡议发出之后，新居民在微信群中进行了积极回应。如前文所述，由于新居民议事小组是自发组织且前期未与村小组干部进行沟通，从而导致村小组干部与新居民之间的关系紧张。在村小组干部并不认可的情况下，新居民

---

[1]　[美]拉塞尔·哈丁，刘春荣等译：《群体冲突的逻辑》，上海人民出版社，2013年版，第28页。

[2]　资料来源：2021年3月7日，大墨雨村新居民微信群聊天内容。

筹备小组仍旧在10位新居民的协助下开展工作，并初步形成了新居民群体对于村庄的想法：一、将新居民WJ和LL提供的空间通过老照片的方式，呈现村庄的历史记忆，提升新居民群体以及游客对村庄的认知程度，减少对村庄生态环境的破坏；二、建立新居民群体内部的冲突解决机制。新居民自发组织建立起来的民间组织不同于依赖正式制度建立起来的有一整套行为规范的正式组织。相比之下，新居民议事小组所依靠的是新居民群体内部其他成员的个体承诺。

为了自身能在村庄中生活得更好，新居民群体需要动员起来，有统一的行动秩序。2021年7月2日，新居民议事小组正式成立。小组内包含8名由所有新居民推选出的新居民代表。在集体行动的逻辑中，一群为维护共同利益的人产生了集体行动的基础。在村庄生活的基础构造中，村庄生态环境是集体生活面临的普遍难题，新老居民都需要为个体的生活环境作出努力，因此自发的集体行动得以被激发。出于自发的集体行动尚未建立正式的规范引导，组织内成员的动机出于共同的利益和自我激励。新居民群体清楚地知道：

> 村小组的干部对于不管有多大名头的人来村里居住都不会在意，也不会觉得咱们这些人来村里做了什么贡献。他们在意的就是两点：一是村集体的整体收益；二是咱们来这里居住能否给他们带来政绩。咱们这个小组真正成立起来了，而且能够给村小组和社区带来积极的影响，对咱们自己和村小组来说都是好事，还有咱们小组里面有好几名党员，得发挥能量啊！我们这些人既然被选出来了，平时我们就要多关注村里发生的大小事情，对我们来说，就是关心自己当前的生活环境，让我们有一个更好的生活状态。[1]

村庄中外来人口的管理通常是由村小组干部承担的。新居民群体人数不断增加，村小组干部的工作量也随之加大，尤其是新老居民之间的冲突以及村中的治安问题凸显。村庄的公共事务在新居民群体未移居之前是相对封闭

[1] 资料来源：2021 年 7 月 10 日，大墨雨村新居民议事小组微信群聊天内容。

的，当新居民群体需要村小组干部为其解决日常生活中与老村民群体之间产生的冲突时，就出现了困难，村庄公共权力在整体上是支持本村老村民群体的。在这样的情况下，新居民群体希望通过成立新居民议事小组，让个体的诉求得到表达。

首先，新居民意图推举新居民群体代表直接与村小组干部和社区干部进行沟通，整合新居民群体的诉求，达到有效沟通的目的。比如，村庄内部安装路灯、停车场收费等问题。新居民议事小组可以站在新居民群体的立场上转达此类问题，避免无谓争吵。其次，随着新居民群体在村庄中居住时间的增长，村庄相关政策与其生活也越发紧密。尽管作为外来人口，新居民群体不具备参与村庄政治选举的资格，但新居民议事小组的成立可以在一定程度上拓宽新居民群体参与村庄公共事务的渠道。例如，成立村庄博物馆呈现村庄集体记忆、引导游客不在水库周围乱扔垃圾并和老村民一起为维护村庄生态环境出力等。新居民议事小组的成立是新居民乡村生活中问题频发而建立起的自组织，该组织的发生逻辑得益于新居民内部的自发力量，随着新居民群体的不断壮大，该组织发挥的功能也愈加重要。

二、群际协商模式与情绪释放

新居民群体和老村民群体间的冲突具化在日常生活琐事中，“安全阀”可以通过意见发表渠道使二者间的紧张情绪得以释放，起到维护和平衡关系的作用。从本质上看，对于某个社群或文化中的成员而言，他们的行为方式体现了其在社群中形成的处事之道。[1]新老居民群体有着不同的社会交往方式，双方产生隔阂的原因在于各自的生活经历和文化惯习差异明显，户籍制度是导致群体间区隔的外在因素，生活方式和文化认知上的巨大差异是两个群体矛盾和冲突发生的内在原因。

---

[1] [美]拉塞尔·哈丁，刘春荣等译：《群体冲突的逻辑》，上海人民出版社，2013年版，第23页。

（一）社交媒介赋能型群际沟通形式

电子媒介跨越了以物质场所为基础的场景限定，使得人际与地域间产生了新的联系，个体获取信息的方式亦发生改变。[1]由于特定场域的限制，新老居民无法在村中直接筹备一个专门的协商场所来解决彼此间的矛盾和冲突，但诸多冲突得不到解决又会影响村落社会秩序，在这样的背景下，通过社交媒介建立沟通平台的想法生成。这样的沟通形式使得线上与线下的场景分离，避免个体间面对面的尴尬，同时给各自情绪找到合理出口，从而成为新老居民间冲突的“缓冲器”。

群体间的矛盾和冲突不利于整个村庄的发展，且对村民生活产生了负面影响。2021年9月4日，在原有新居民议事小组的基础上，新居民和老村民代表以及村小组、社区干部共同组建起新的微信群，以解决群体间产生的冲突和双方都关注的现实问题。老村民SYF对于该组织的成立表示：

> 这是好事了么，已经发在我们村呢群里说了。以前就算吵架了也没得地方去说，都是面对面呢整呢很不愉快，现在能跟相熟呢人直接沟通，省去了好多麻烦事，也没呢哪样顾虑。人和人打交道难免会吵了，这种大家都在里面了，我们也是方便了。[2]

访谈过程中，笔者观察到部分老村民认为这是一件好事，如果自身和新居民有矛盾碍于面子不好直接开口，可以请老村民代表代为传达自己的想法，能够公开、公平地接收各方的反馈，避免冲突主体的直接互斥，从而缓解个体或群体内部紧张，有助于化解由信息和观念误差引发的矛盾。亦有老村民仍持观望状态，表示希望这一形式能真正地为新老居民的互动带来积极效果。

对于这一新型冲突管理形式，新居民认为它能够促进群体间沟通并提高沟通效率。新居民RYR认为：

---

[1] [美]约书亚·梅罗维茨，肖志军译：《消失的地域：电子媒介对社会行为的影响》，清华大学出版社，2002年版，第34-36页。

[2] SYF，男，1980年生；访谈时间：2021年9月5日；访谈地点：SYF家中。

> 我个人肯定是非常赞同的，以前吵了架没地方说自己心里很不舒服，现在这样的话，我们遇到共性的问题也能有沟通的渠道。其实很多时候和邻居啦，其他老村民之间的冲突并不是完全无法解决，就是彼此不清楚各自的诉求是什么，有这样的平台以后我们自己省时省力。[1]

新居民普遍认可这一新的沟通形式，表示它可以将具体事件摆到台面上，也能够使自身的乡村生活更具有安全感。新居民个体可能无法面面俱到地解决乡村生活中出现的各类问题，新居民群体就可以代表整体新居民的利益去协商，以解决矛盾和冲突。此种类型的冲突管理有助于明确群体公共生活规范并促进群体间的团结。

有学者总结指出，不同群体间的互动过程，包括敌对、冲突、适应和同化四个阶段。第一阶段是敌对或竞争，互动双方是一种竞争、排斥关系；第二阶段是冲突，双方可能产生对立情绪，出现攻击对方的行为；第三阶段是顺应，冲突的一方或双方会部分地改变其思想、态度和习惯来适应对方，以减少冲突的发生；第四阶段是同化，双方在很多方面变得越来越相近、融合、趋于一致，最终实现同化。[2]新居民群体融入大墨雨村生活的过程中，也存在这四个阶段中的二、三阶段特征，从最初因生活方式差异而引发冲突，到现在新居民群体主动寻求解决双方矛盾的途径，两种具有不同生活方式的群体相遇于同一生活空间时，双方互动难免会经历这样的过程。

新居民群体的移居一度成为影响村庄发展的重要因素，新居民移居的早期阶段并未建立起群体责任感，成员之间的交往是以个体旨趣为导向的随机行为，遇到事情时也依靠个体自身解决。随着新居民人数的增加，新居民群体内部矛盾的产生以及新老居民之间冲突的频发，新居民群体渴望以一种互助的方式将新居民群体内成员联系起来，当遇到困难时，内部成员可以给予

---

[1]　RYR，女，1975 年生；访谈时间：2021 年 9 月 7 日；访谈地点：RYR 家中。

[2]　[法] 阿兰・库隆，郑文彬译：《芝加哥学派》，商务印书馆，2000 年版，第 32–33 页。

相应的帮助。新居民议事小组和新老居民议事小组的成立，一方面意味着新居民群体以自组织的方式给群体内部成员带来有效帮助；另一方面新居民群体和老村民群体拓宽了沟通的渠道，形成了更为紧密的关系结构。

（二）具有安全阀效能的沟通模式

在社会最基本的层面上，一系列社会习俗、规则和准则影响着个体日常生活的方式，构建了社会成员之间的行为准则，成为代际社会知识和信息传递的重要来源之一。[1]有着300多年历史文化的大墨雨村，村民们在长期共同生活的基础上遵守着约定俗成的村庄习俗和规则，村庄内成员都必须了解和遵循这些规则，它们构成了村庄生活的内生社会秩序。村落文化的延续使得村庄内成员有着共同的可交流符号和情感基础，成员间彼此认可。文化认同所带来的持久性和稳定性使群体成员内部形成一种深层次的认同，成为与其他群体分野的标志，共同体内部规范使个体与群体内成员保持利益一致并区分群体外成员。

新居民群体与老村民群体在相同的居住空间以不同的生活方式进行着社会互动，二者在互动基础上形成了新的关系类型，建构起复杂的社会网络。从两个群体之间社会互动的向度来看，双方关系的性质主要包括情感关系和利益关系。互动双方利益关联的大小以及情感投入的深浅体现了双方社会互动的深度。从个体层面看，有深度互动，也有浅层互动，互动双方交往领域限于特定的互动范围。新老居民在社会互动的过程中既有交换、合作，也存在矛盾和冲突。冲突会导致不良后果，人们通常对其持否定态度。但是，冲突也具有一定正功能，可以增进群体内部的团结，加深个体和群体之间的了解程度和理解途径。对冲突进行有效的把握，还可以降低冲突带来的负面结果，发挥其正向功能。冲突主要缘于彼此生活方式的差异，双方也主动尝试寻求沟通以缓和彼此间的矛盾争端。

作为具有安全阀性质的沟通模式可以作为两个群体的沟通平台，起到表

[1] [美]杰克·奈特，周伟林译：《制度与社会冲突》，上海人民出版社，2017年版，第1页。

达各方意见、缓解紧张状态的功能。村小组负责人和社区干部在处理群体性事件时，要关注利益分化和多样化的价值观念等因素对群体冲突的诱发，引起部分群体成员的相对剥夺感。尽管沟通模式已经在村庄内初步建立，但是在日常生活中还是要实时关注群体成员的动态，在尊重双方差异的基础上，包容多样化的价值观念，发挥沟通机制的协调作用，从而减少冲突的发生频率，同时不断完善沟通机制，发挥沟通小组内成员的作用，通过多种途径解决群体间矛盾和冲突，以促进群体内成员的和谐相处以及村庄的良性可持续发展。

小结

经济边界的开放与社会流动的增加、社会文化边界的有限开放，是大墨雨村当前的发展状态。从此种意义上讲，大墨雨村具有“中间社区”的基本特征。作为一个有着上百年历史文化的城郊村落，它正面临新的发展契机，新老居民的社会互动打开了村庄经济发展新格局。作为村落发展的过渡形态，新居民扎根乡村的生活模式能否带动该村走向一个新的社区形态，仍需等待时间的验证。共居意味着两个群体需要共同面对村庄转型发展过程中所遭遇的问题，尽管生活方式差异与利益冲突存在于双方的互动过程中，但只要寻得平衡点就能使二者紧密联系起来并促进群体整合。有着不同生活经历的个体在同一生活空间，需要依据新环境进行相应行动。对于全新场域的适应可以被视为某种转变，适应范围涉及由群体作为载体的一般意义上的文化、社会习俗和技术。[1]新老居民之间的互动当前正处于过渡阶段，调解机制的初步建立是为了减少冲突，但群体间的差异仍然存在，尚未达到全然接纳彼此的程度，且各自价值观念无法作出完全改变，在双方生活方式互相渗透的过程中，村落生活秩序也受到不同程度的挑战。作为一个特定的地域聚落，村落内成员有着共同的生活方式、行为规范以及群体归属意识，构成了村庄内文

[1] ［法］阿兰·库隆，郑文彬译：《芝加哥学派》，商务印书馆，2000 年版，第 34 页。

化秩序。新老居民在共同生活的基础上，意图共生，共同解决双方在互动过程中面临的问题。村落社会结构通过新的关系类型、资源配置、沟通调解机制的建立等实现了再生产，在现代化和新型城镇化的推动下，老村民群体的就业结构、人际关系、价值观念等都在逐渐发生变化，新居民群体的移居在给当地乡土文化带来冲击的同时，也将强烈的带有个体主义特征的生活方式和价值观念渗透于老村民群体的日常生活之中，乡土文化的根基和内核仍然是乡村社会秩序的核心基础，新居民群体也在逐步了解和适应地方性文化，传统乡土社会关系网络基于乡土文化的选择逻辑正以新的方式发生重构。

第五章　共睦生活

乡村生活秩序是乡村社会内部相对稳定的结合关系和持久的互动模式，体现着村民日常生活中的社会交往、价值倾向、文化需求、等级结构等。这种秩序由各种内生力量与外来力量共同作用而生成，乡村习俗仪节是影响乡村生活秩序的基础性内生力量。[1]乡土社会中，人们遵循的“礼治”秩序是经由村庄历史文化传统传承而构成的村庄内成员生活方式的一系列规约体系。包括民间信仰和乡风仪俗在内的地方性文化维系和引导着乡村生活秩序的运行，新老居民群体的矛盾与冲突也与之具有关联性，在共同体和地方性知识的规约下形塑的价值观念渗透并内化于老村民群体的日常言行之中。群体间互动频率的增强影响着村庄生活秩序的运作逻辑，在表现出地方性文化的独有特征之外，又兼具新的现代性特点。

第一节　互动情感能量的来源与唤起

情感是互动仪式链的核心组成要素与结果。在互动仪式链理论中，情感能量是由充满了情感性情境的符号传递的，它跨越了不同的情境。[2]作为一个连续体，有低端到高端的情感起伏，情感能量的高低对于个体参与群体或群

---

[1]　夏当英，宣朝庆：《乡村生活秩序重构中的传统文化复兴——以皖南 H 镇为例》，载《河北学刊》，2018 年第 4 期，第 175-181 页。

[2]　[美]兰德尔·柯林斯，林聚任等译：《互动仪式链》，商务印书馆，2009 年版，第 160 页。

体间互动具有重要作用，其动态变化会带来情感的转化并影响社会互动结果。新老居民间互动情感能量的生成和内聚带有独特地方性运作特点，个体或群体间由主观情感体验到情感能量的生成，构建出二者独特的互动情感能量系统。

一、礼物馈赠与人情互惠

情感能量是个体行为的本体和原动力，[1]作为一个复杂的连续体，它的生成环境需在具体的情境氛围中。新老居民间情感能量的孕育蕴含着彼此对于自身内心需要的满足，它能够通过不同的传递方式影响互动主体。村落情感能量场中群体间的社会互动因礼物而产生共同情感基调，礼物蕴含着日常生活中人情互惠的逻辑。通过“物”，使礼物提供者与受礼者产生直接关联，新老居民群体间也因它有了社会交往的新形式。礼物在新老居民的互动过程中，尤其是关系的维持与再生产层面扮演着重要角色。按照礼物交换场合分类的基本范畴将其分为仪式化的和非仪式化的礼物。[2]仪式化场合中的礼物表达是在制度（正式）化情境中礼物的馈赠（如新生儿百天、婚礼、盖新房等），而非仪式化情境中礼物的表达是在非正式的情境下进行的（如日常生活中的送菜、伴手礼等）。

（一）仪式化场合中的礼物馈赠

大墨雨村仪式化的情境主要包含在人生礼俗仪式和地方性仪式中，该村需要送礼的仪式性场合共计有六种，其中以诞生礼、婚礼、升学礼为主，此类正式仪式场合需受到主家的邀请方能参加。

[1] 徐英：《从互动仪式到共睦态：内蒙古草原旅游场域中的情感能量研究》，东北财经大学 2018 年博士论文。

[2] 阎云翔，李放春等译：《礼物的流动：一个中国村庄中的互惠原则与社会网络》，上海人民出版社，2017 年版，第 59 页。

1. 诞生礼情境中的情感表达

新生儿百天，村中宴请活动的举办地点通常在客堂，主家需要请来客吃晚餐。活动开始之前，主家会请亲戚、朋友或者村中会烧菜的村民来帮忙，客堂内有可供使用的桌子和凳子，以及大量的食物器皿，请客的人家只需提前计算好参加活动的人数，准备好酒水饮料、烟和所需食材即可，村内饭菜的质量和数量有通用标准，通常是8～10碗菜，其中必须包含肉菜和本村特色菜（依季节而定），一张桌子可以坐6～8人。由于村落内成员熟悉程度高，出于便捷性考虑，请吃饭的人家会用传递口信的方式通知来参加活动的人。请帖的使用频率和范围有限，礼金因具体仪式场合而有所不同。

随着新居民和老村民之间社会互动程度的加深，老村民会有选择地邀请平时交往频率较高的新居民来参加活动。老村民ZJF因自家孩子ZQR在墨雨村学读书，所以与村学教师联系较为频繁，加之自家老宅租给了村学创始人WC和CR一家，Z家一家人与她们建构起私人情感关系类型。当ZJF的第二个孩子（女儿，ZJQ）过百天时，他们邀请了村学的全部教师，提及女儿百天活动的场景她表示：

> 我们村了么，主要是娃娃百天、小娃考学、结婚、盖新房这些了么是要在客堂请客呢，收礼了么也是看个人想上多少，一般结婚么就是上一两百块呢也有，多了么关系好一些呢也有上一千块呢，沾亲呢这些就得上一千块、五百块。也是要记下人家上着多少钱的礼，记住了后头别人家请客也给一样的了么。人么都是喊着村里相熟呢人来了么，么我家儿子在村学上学了么，家里人说是喊着老师们一起过来吃饭，还租着我家老房子呢，就是一起吃饭热闹，我们都是很随便呢，来了么就是吃好喝好我们就高兴了。人跟人都是要往来了么，我们村里人还不是这种，大家处得好就是最好了。[1]

笔者因当时正在村学帮忙且与ZJF平时有一定联系，所以也在受邀范围

[1]　ZJF，女，1990 年生；访谈时间：2021 年 7 月 24 日；访谈地点：ZJF 家中。

内。参加仪式活动的6位新居民教师共包了200元的红包交到账房，他们表示参加新生儿百天也要分具体的情况，如果是房东家或者关系特别好的老村民家的孩子，除送礼金的数额要高一些之外，还会买婴幼儿的衣物或玩具一同送给主家，如果是村学的老村民家长但是关系一般的，只需集体参加送一份礼金即可。仪式性场合下，礼物的馈赠以最直接的方式呈现出两个群体之间的互动程度以及个体所拥有的关系资本。

仪式活动情境中，受邀参加的新居民自然聚拢成为一桌。笔者与新居民WSY提及参加活动的感受时，他表示：

> 刚开始参加的时候还是有些尴尬的，后来新居民来的人多了至少凑一桌就好多了，如果和不熟的老村民一桌就有些不适应了。人家能请我们来也是一番心意，至少是觉得彼此关系不错嘛，挺好的，来了就是讲几句祝福的话，说孩子身体健康、看看孩子之类的，这是参加的第二次百天了。也是挺有趣的，感觉自己在村子里的交往范围在不断扩大，也会问问老村民人家上多少礼，不能多也不能少，不然人家觉得你不懂礼。如果我家里也有什么活动的话，肯定会优先考虑之前邀请过我们的老村民，礼尚往来嘛，都是相互的。

当某一老村民邀请新居民参与自家的正式仪式活动时，表明老村民愿意与其建构或维持良好的关系。在受邀新居民看来，能够被邀请就是对双方关系的认可。礼物的物种内容与文化意义及仪式情境全然融合。[1]礼物的馈赠不仅是物质上的馈赠，也是表达自身对地方性规范的了解。赠送的礼物在仪式过程中发挥了重要功能，具有私人关系性质的礼物馈赠在老村民原有关系网络和新建构关系网络中兼具情感性与工具性的表达。正式仪式场合中的礼物出现能够使老村民意识到各家与新居民的交往程度，对于自身日常生活实践中的交往有所启发。通过参与到老村民的仪式性活动之中，新老居民的关系

[1] 阎云翔，李放春等译：《礼物的流动：一个中国村庄中的互惠原则与社会网络》，上海人民出版社，2017 年版，第 51 页。

实现了再生产，部分老村民对新居民的不信任和排斥也随着个体网络的建立发生转变。个体当下过程中所获得的情感能量尽管是短暂和即时的，但通过累积能够对长期情感产生影响，新居民参与此类活动对自身社会网络的拓展与强化具有重要意义。

2. 婚礼仪式情境中情感表达

大墨雨村的婚俗流程包括提亲、定亲、过礼、嫁娶、回门五项流程。首先，需要请一位媒人带着礼物去心仪的人家提亲，对方答应之后，方可进行下一步。定亲的日期由双方共同商定，男女双方会分别宴请本宗内的亲人告之已与对方建立关系。定亲仪式结束之后，间隔一段时间（由双方父母决定）会商量好过礼（包含金钱、食物、衣物等）的数目，送到女方家中，双方房屋门前会撒满青松毛以示祝福。定亲之后，男女双方会择定婚期，分别为婚礼做准备。

在大墨雨村，一场婚礼需要3～4天。如果算好的日子与属相犯冲，就需要推迟婚礼时间。订好结婚日期之后，男女双方直系亲属会分别到要请的本村客人家中“喊客”，通知婚宴的具体时间和地点，距离远的亲朋打电话即可，如果未被邀请，则不允许参加宴请活动。第一天，亲朋好友会提前到客堂打扫干净，摆放好请客需要准备的各类物品，杀猪送到女方家。结婚当天，即“请正客”。新郎和新娘会穿着民族服饰，新娘家门前放鞭炮，新郎跟随女方家男性近亲参拜祖宗灵位及家中老人。女方舅舅通常会早早地准备好柜子赠予女方，女方家里也会在正厅摆满绣花鞋（据村中老人讲，从女儿出生母亲就着手为女儿准备绣花鞋，一直绣到出嫁为止，这不仅是一种对女儿的祝福，也是一种变相催婚的方式），祝福子女枝繁叶茂。娶亲仪式结束之后，男女双方亲友皆聚于村中客堂内，一起吃饭认亲。酒席结束之后，男方会背着女方回到家中，结束一天的婚礼仪式。第三天或第四天，距离本村居住地域较远的亲戚和朋友，会继续和主人家一起吃饭聊天，走之前顺便将客堂打扫干净。女方会在请客结束后的第二天回门，带着新郎回到娘家一起煮一顿饭。

在村中居住时间较久的新居民表示参加过与自己关系较好的老村民家的

婚礼，新居民参与人数最多的当属老村民SZZ、现任村主任MLS的婚礼，他们是新老居民之间的重要联络人。笔者全程参与并作为接亲队伍中的一员，参加了村主任MLS的婚礼，其婚礼活动可谓礼物表达性与工具性功能的具体体现。2021年11月27日，婚礼仪式“请正客”前的一个月，MLS与未婚妻WXR到与平时交往联系较多的新居民家中口头邀请对方参与其婚礼。新居民LCH告诉笔者：

其他人的可去可不去，但是村主任结婚，人家请了你就得去，毕竟现在和他打交道的地方太多了，就算真的有什么事情去不了，但是礼金一定要带到。[1]

婚礼仪式前一周，几位新居民商量加入迎亲车队中，还有一位平日里与MLS私交非常好的新居民被邀请帮忙运送女方的陪嫁物品。仪式活动当天共有18辆车到女方所在的村子，其中新居民的车子有2辆。迎亲当天早上9点，迎亲相关人员到男方新房中稍作准备，等吉时到后即可出发。在女方家吃过晚饭后傍晚7点左右，返回村中客堂宴请受邀村民，统计发现共有26位新居民参加此次活动。20世纪70年代，村中人结婚只需送一升米即可。随着村庄社会经济水平的提高，1985年前后，村民结婚开始出现以钱替代物品的送礼行为，通常是2元，关系亲近的人会送5元。近两年，村庄内上礼金额从100元到1000元不等，500元及其以上的礼金数额是关系非常亲近的亲戚和朋友。

受邀新居民将礼金数额统一商定为200元，与其关系甚笃的新居民还会另购买一些祝福礼物提前送给新郎新娘（如香薰蜡烛、酒杯、餐具等）。还有其他新居民因家中有事无法参加便请去了的新居民帮带礼金。礼单是专门的红色册子，客堂内设有专门的房间和账房先生记录礼金数额和送礼人的姓名，送礼人和收礼人之间的社会关系直接呈现在礼单中。席间，MLS到两桌新居民席敬酒，并向来参加的新居民表达感谢。有新居民悄悄讨论村主任结婚到场的必要性，他们认为和村中精英交往有助于自身更好地进行乡村生活实践，

[1] LCH，女，1978年生；访谈时间：2021年11月18日；访谈地点：LCH家中。

日常生活中的大小事情难免需要和村主任沟通，如果自己给他人面子，那么在未来的某天遇到事情，别人也会给自己面子。

图5-1　女方陪嫁物品

图5-2　参加婚礼的新居民

仪式化情境中，主家有一整套规范化的请客流程，客人到达客堂之后会主动将礼金放在负责登记礼金的村民处。和主家关系亲近的村民会提早到达客堂帮忙，关系一般的则会在开席前15～20分钟到达客堂。礼单的存在是主家人际关系网络的表征，隐含着送礼活动的仪式意义和神圣性。[1]从客位视角

[1]　阎云翔，李放春等译：《礼物的流动：一个中国村庄中的互惠原则与社会网络》，上海人民出版社，2017年版，第58页。

来看，礼单为收礼者提供了人情往来的依据，可以此为凭据作为交换、互惠的基础。仪式性场合中，礼物的表达是具有联结性的，通过这样的仪式活动使彼此进行持续性互动。

3. 盖新房仪式情境中的情感表达

盖新房是大墨雨村村民人生中的大事，因此对于地基的选择极为重视。新房建成之后，主家会请村中的斋奶奶来念经。在新房地址选好之后，会在大门的四个角放置鸭蛋，“鸭”同“压”，意味着房屋结构平稳安定。

当新房建成之后，还会举行“安门”仪式。相较于“上主梁”活动，该仪式范围较小。主家会将“安门大吉”四个字张贴于房门之上。请客当日杀羊之后，将四只羊蹄分别悬挂于房子的正门和后门。相较于其他举办大型宴请活动的仪式性场合，“安门”仪式更具私密性和社交范围有限性。新居民DJJ表示，房东家儿子新房建成之后曾主动邀请其参加新房落成之后的活动。她讲道：

> 我家房东的儿子之前也是拉大车的，现在就是在村里跑一跑滴滴（滴滴专车），有朋友需要接送，我就会请他帮忙接一下，照顾生意嘛。后来我们越来越熟悉，有时我也会请他帮忙在市区帮我买东西之类的。我房东和两个儿子是分家了，所以大儿子新房盖好的时候就请我们去吃饭了。我不太懂村里房子建好之后被叫去吃饭需要准备些什么，我家邻居说不用送礼金，就带一些平常用的粮油或者食物这些就可以。[1]

很多新居民表示，之前的生活环境和生活经历导致自身对“礼物”的意涵停留在交换和私人关系的维系阶段，尽管礼物在个体日常生活中扮演着重要角色，但城市生活中的礼物表达与乡土社会中的礼物馈赠仍具有一定差异性。乡土社会关系网络的培育是复杂而多变的，处于这样的环境之中，就需要参与到仪式和礼物带来的关系再生产中。

[1] DJJ，女，1974 年生；访谈时间：2021 年 4 月 7 日；访谈地点：DJJ 家中。

新居民HCL自移居至大墨雨村，已经参加了四五次正式的仪式性活动，对于其中的礼物馈赠她表示：

> 在城里上礼、收礼和在村里还是挺不一样的。就拿我们家来说吧，我来村里也快3年了吧，村里红白事也参加了几回。在城里的时候参加婚礼这些，办婚礼的人都会提前告知时间，收到纸质或者电子请帖，礼金也是根据关系的程度来定的，可以直接把礼金转给朋友，吃饭的地点呢大部分是在酒店。村里就不同了，走在路上碰到了或者让别人告诉一声，上次有一家老村民请我们好几个新居民去吃席，我们几个人坐了一桌一起给的200块钱。今年吃杀猪饭的时候，说不用上礼，带点儿东西过去就可以了。最开始，老村民是不会请我们去做客的，后来慢慢熟悉了也是常打招呼的这些人家请我们过去吃饭。在村子里就是这样，关系越亲近就越有人愿意请你去做客，大家的交往也就多了。[1]

当前，新老居民间的关系网络在老村民原有关系网络的基础上建构起新的关系类型，因此在正式的仪式场合下，参加活动的人选依然遵循差序格局原则。兼具表达性和功能性的礼物馈赠反映出村民间关系特点，具体仪式情境中，参与人员的多寡折射出仪式主办人可动员的关系资本，送礼成为村民间培育和维系、拓展自身关系网络的重要方式。

在微观层次上，情感能量产生得越多对群体间互动产生的长期效应就越大，新居民群体在村落社会结构中所处的位置，从陌生人到和个别老村民群体建立起私人关系，拥有能够参加村庄内成员正式仪式活动的情绪体验。乡村生活中，正式仪式化场合下礼金、礼物的交换在新居民群体和老村民群体中“流动”，对称的礼物表达融入村庄日常生活之中，礼物馈赠打开了新老居民社会交往的新格局。

---

[1] HCL，女，1971 年生；访谈时间：2021 年 1 月 29 日；访谈地点：HCL 家中。

（二）非仪式化场合中的礼物交换

非仪式化场合，即不涉及正式仪式性活动，已成为日常生活中常规的礼物交换活动，尽管非仪式性情境下的礼物交换具有非正式性的特征，但对新老居民关系的维系具有重要意义。

1. 日常生活中的食品交换

食物在村民日常生活中扮演着重要角色，其中，作为礼物的食品承载着送礼人表达友好的作用。特定地方性文化环境中，老村民准备的送人礼物呈现出自身特点，一罐卤腐或各类鲊菜皆是心意。新居民普遍收到过房东和邻居以及有一定私交的老村民送来的各类食品，主要是他们自己制作的酱、小菜及蔬菜等。新居民XLF曾讲道：

> 刚到村子里的时候，就是觉得老村民都非常纯朴，你不知道什么时候家门口放着各样的野菜。我早上起来有的时候就看到我家门前放着菜，我感觉这些菜我吃都吃不完，房东啊、邻居大概能猜到是他们送的，也有一些关系好的新居民送的，很开心就觉得能感受到在城市里没有的那种人情味。我们后来在微信群里有时候会接龙，老村民卖的苞谷、无筋豆这些我们就帮着买一些，尤其是年纪大的那些阿奶，她们腿脚不好去镇上不方便，我们能帮就多少帮一些。[1]

老村民的赠予行为使新居民感受到食物带来的情感表达，私人化的情感关系通过食物交换进一步维系。新居民也会将自己烹煮的食物与老村民分享，制作的曲奇饼干、蛋糕等食品以及家乡特产是他们拜访老村民时常携带之物，此种非正式的食物交换是私人化和情感化的。老村民NLY讲道：

> 我家邻居她们这些人是太好了么，来我家呢给我送一些油、米这些，尤其是每年过年呢时候每次回来都给我带着各样呢她们那里呢东西，那些东西我之前没见过，有的会吃，也有很不会吃呢。这

[1] XLF，女，1974年生；访谈时间：2021年9月19日；访谈地点：XLF家中。

两天么不是过节，又给我拿着一些月饼，她们看我一个人在了么，来看看我，心地好呢。我就是地里种呢一些菜拿给他们吃，有时也喊他们直接去地里摘。[1]

部分老村民，尤其是村中独居老年女性与新居民关系融洽，新居民会主动分享做的食物，逢年过节也会带地方特产到老村民家中。从外在形式上看，新老居民日常生活中礼物的交换是相互的，交换过程本质上是社会性和互动性的。礼物的接受与送出在新老居民之间搭建起新的桥梁，关涉双方新型关系类型的建构。

2. 日常生活中的服饰交换

大墨雨村民族服饰包括帽子、上衣、围腰、裤子和鞋子。当村中举办重要民俗活动时，村中村民会着盛装参与活动。当地民族服饰对老村民群体具有重要意义。一部分新居民群体曾向笔者提及，租房子之后房东曾赠送手绣的绣花鞋，除此之外，还赠送过帽子、围腰等。新居民表示：

WS：房东送的礼物让我们觉得特别感动，那都是孃孃们一针一线手绣的，主要是人家的心意，这些比市场上那些能买到的东西有意义多了。

FQ：我家宝宝满一周岁的时候，房东孃孃亲手给他做了一顶小帽，非常好看，我们也是很感动。

GHY：我房子装好了之后，请房东一家一起吃了个饭。房东送了我围腰，特别漂亮，我就觉得村里的女性都是特别能干，手非常巧，听说绣这个很花工夫，我也不知道该回她点儿啥，然后就多给她一些钱又跟孃孃买了两条送朋友，机绣的和手绣的差别真的挺大的。[2]

---

[1] NLY，女，1955年生；访谈时间：2021年9月20日；访谈地点：NLY家中。

[2] 对部分新居民进行集中访谈。访谈时间：2021年8月20日；访谈地点：大墨雨村素朴咖啡馆。

地方性服饰的赠予，呈现出新老居民之间关系的培育过程。老村民主动赠予礼物的行动策略出于地方性社会道德力量形塑和个体熟悉的交换原则。礼物的馈赠对于个体私人关系的建构具有维系作用。“互惠”是礼物交换中的隐含规则，送礼者赋予礼物以特殊的象征，凝聚了个体情感和地方性智慧的礼物在共融中带有一种神圣感，让收礼者感受到需要进行回礼的义务。

礼物的馈赠过程形成了一个循环往复的社交圈，关系在其中实现了生产与再生产。租住房屋之后，房东赠予租客带有当地文化特征的服饰表明自己与租客和谐相处的希冀，借此建构起初印象，同时作为租客的新居民因房东的送礼行为而做出回礼（通常是衣物、食物等）的行为让礼物在彼此之间进行流通。礼物作为两个群体之间进行交往的纽带，在给予、接受、回礼的过程中将送礼者和收礼者联系在一起，成为社会关系建立的重要形式。礼物流通的背后动机是礼尚往来得以可能的原因。[1]礼物的赠予过程伴随接受回礼的义务和回报的义务，对于新居民而言，接受了老村民的礼物就需要作出回礼的表达，回礼在一定程度上决定了双方能够有持续性的互动。双方在循环往复的礼物交换过程中，形塑着大墨雨村社会生活的关系网。

二、策略行动与半熟人关系

当群体内部有较高一致性时，相伴随的是对外来符号强烈的不信任感。[2]在新居民群体移居至村落中之前，村庄内成员遵循着长期以来形成的社会规范，有着稳定的生活秩序和村落社会经济文化结构，外来群体的流入给村庄内成员带来经济利益和更为多元化的价值观念等，也让老村民群体感知到村落生态环境的压力以及自身对于外来人口生活方式的不适应。

在大墨雨村以L姓、N姓、X姓、Z姓为主构成了村中重要的核心关系网

[1] 席婷婷：《礼尚往来何以可能——从“礼物”看古式社会中的礼物交换现象》，中央民族大学学报（哲学社会科学版），2015 年第 1 期，第 194-199 页。

[2] ［美］兰德尔·柯林斯，林聚任等译：《互动仪式链》，商务印书馆，2009 年版，第 172 页。

络，这四个大姓依靠血缘关系、地缘关系分别结成了紧密的关系圈。村落内社会成员有着明确的差序格局，并据此对待不同个体有差异化的行动策略。村庄日常生活的共同社会活动中，此类关系通常能给予彼此有力的帮助和支持。在相互熟悉的基础上建立起的关系纽带，是以血缘为中心的关系的补充。村庄内部成员间的关系是由关系的内部空间决定的，同一个村庄内的所有成员讲着同样的语言，有着相同的集体记忆，遵循着一样的地方性规则，有着关系运作的牢固基础。[1]

村落内的情感能量通常只针对特定的群体和关系网络，其运行逻辑是传统村庄内部的家族结构以“情”为中心的规范体系和运作制度，这一套人情法则构成了大墨雨村村庄内生秩序的基础。中国社会中的行动主体因关系的运作，会同社会结构之间产生了一种实践性关系，这样的实践活动即“权宜”和“变通”。[2]新居民群体清楚地知晓在村中自身属于外来者，要想在村中生活得更为便利就需要在相应的规范制约下行事，接受当前在村庄中的社会角色和位置。新居民想要表达自己的意图时，会采取一种与村庄内社会结构相变通或相权衡的方式行动，将个体主观意图与外在规范进行调适，从而在行动的边界上实现个体意图的表达。从具体的事件来看，新居民LTT在租住老宅之后主动宴请所有房东的同时请房东家人在“租用年限内帮工”的行动策略即是“变通”的实践。一方面，请老村民XFH帮工可以通过她向老村民传递相关信息；另一方面，当她在村中生活遇到各种各样的问题时，有老村民能够帮其解决。

新居民LTT的行动策略无疑是成功的。在LTT经营的“麗日”帮工的老村民XFH是L、X两家的关键性人物，她的大儿子即雨花社区的副主任，她的姐姐嫁给了村书记LSC的哥哥。她在村中的声望较高，村中发生的大小事情都能知晓，在XFH的介绍下，她的侄女也开始到“麗日”帮忙。通过XFH的信

[1]　杨美惠：《礼物、关系学与国家：中国人际关系与主体性建构》，江苏人民出版社，2009 年版，第 105-106 页。

[2]　翟学伟：《中国人的关系原理：时空秩序、生活欲念及其流变》，北京大学出版社，2011 年版，第 129 页。

息迭代传播，老村民对新居民LTT的认可度较高，村庄内成员通过自身熟悉的老村民了解到LTT一家到村中生活的意图。其他新居民也纷纷效仿LTT的策略，请老村民为自己“干活”（做饭、除草、种地等），形成互惠互依性质的共生关系。家族关系网络的强大凝聚力和扩散力也让新居民意识到，找到老村民群体中的关键人物能够让老村民群体更加了解自身行动方式，避免因生活方式的差异引发矛盾和冲突。

村落内部对于非本村成员的价值判断，是通过内部成员与其交往的程度进行的。只有被村庄内部成员认可，才能得到其支持并建立起个体关系网络。这便是一种“个人主义和集体主义”，[1]亦是一种家族取向和关系取向。这些取向皆表明个体对于家族和集体所关联的情感能量和行为倾向有着一套相适应的个体心理与行为方式，其中“内团体的集体主义”[2]强调家族为先，个体服从家族内的集体利益而非普遍意义上的集体主义。大墨雨村老村民群体遵循以家族为结构的关系运作逻辑，透过家族化的生活经验与习惯运用到日常生活之中。因此，当家族内成员对非本家族内的其他成员表示接纳时，家族内成员自然对其产生好感。但是当家族内成员与非家族成员有利益冲突时，老村民群体将以家族内成员利益为先。

中国社会中的关系可以划分为家人关系、熟人关系以及生人关系三类，个体对待他人的原则和方式因关系而有所差异。[3]新老居民间关系最初属于“生人关系”，后期随着新居民和老村民熟悉程度的提升，群体间关系类型逐渐转变为“半熟人关系”，回报与人情、面子都存在于两者的社会交往过程中。

新居民群体这一身份角色与游客和老村民群体都有所区别，其身份界定具有复杂性和特殊性，因此，老村民在对待新居民群体的过程中主要依靠村

[1] 翟学伟：《中国人社会行动的结构——个人主义和集体主义的终结》，载《南京大学学报（哲学·人文科学·社会科学版）》，1998 年第 1 期，第 123–130 页。

[2] Schwartz S H, “Individualism–collectivism: critique and proposed refinements”, *Journal of Cross–Cultural Psychology*, vol.21,1990, pp.139–157.

[3] 杨国枢：《中国人的社会取向：社会互动的观点》，载《中国社会心理学评论》，2005 年第 1 期，第 21–54 页。

庄内部成员的信息共享得出价值判断，并采取差异化的方式对待不同新居民。老村民据此与新居民建构起新的关系类型，编织出新的关系网络，这一网络有一定的私人生活范围限制。新老居民群体之间的关系要想达到平衡状态，除互惠互依性质的交换逻辑原则之外，还需进一步建立起带有情感能量的关系类型，在持续性的互动流中达致关系的和谐。在“半熟人关系”中，基于人情的存在，老村民对待新居民需要采取特殊主义的原则。既需要考虑自身利益，也不能完全像对待陌生人一样与之相处。老村民群体自身的心理结构和行为模式随着彼此互动的加深而发生转变。

第二节　身体共在的情绪与情感体验

仪式是在集合群体之中产生的行为方式，它们必定要激发、维持或重塑群体中的某些心理状态。[1]它作为一种相互关注的情感和关注机制，形成了一种瞬间共有的现实，是影响群体团结和成员性的重要符号。[2]仪式作为社会结构的一部分，在塑造个体特征和划分群体边界中起着重要作用。参与仪式的群体成员通常被标记为具有成员身份的个体，而被排除在仪式之外的个体则意味着处于社会结构的边缘位置。村落仪式活动有着清晰的成员边界，非本村村民不得参与，从而通过这样的方式将“我者”与“他者”区别开。

一、村落仪式边界与开放界限

大墨雨村村庄内部成员在地方性文化的影响下，有着自身行动轨迹和倾向并为特定的文化模式所规范。老村民群体以自己为中心而发展出的关系网

[1]　[法]爱弥尔·涂尔干，渠东，汲喆译：《宗教生活的基本形式》，上海人民出版社，2006 年版，第 8 页。

[2]　[美]兰德尔·柯林斯，林聚任等译：《互动仪式链》，商务印书馆，2009 年版，第 36 页。

络结构处于不断的发展变化之中，新居民群体的介入使个体关系网络得到延展。仪式作为村庄内成员集体认同的根基，有着整合、巩固成员归属感与认同感的功能。通过仪式，一个族群的精神意识得以借用象征符号融合。参与仪式活动使村庄内成员能够定期集会，从而使地方性文化价值系统得到强化。据村中仪式活动的主要负责人LFZ介绍，[1]村中土主庙、龙潭、山神庙、关帝庙是进行仪式活动的主要场所，各类仪式活动有着固定的日期和仪轨。具体情况如表5-1所示。

表5-1　大墨雨村仪式活动表

仪式名称	日期（农历）	参会成员	准备工作
上元会	正月十六	斋奶奶会成员	香烛、纸钱、糕点、水果
观音会	二月十九	斋奶奶会成员	香烛、水果、糖果、素糕点、黄表纸、经书
龙王会	三月初	斋奶奶会成员及部分村民	香烛、经书、青松毛、糕点、煮饭工具
娘娘会	三月十六	斋奶奶会成员及村中已婚女性（大小墨雨、茨沟三村）	香烛、经书、糕点、鸡、米酒、青松毛、煮饭工具等
太子会	四月初八	斋奶奶会成员	香烛、经书、水果、糖果等
大刀会	六月二十三	斋奶奶会成员	香烛、经书、水果、糕点等
七月半	七月十五	各家自行祭祀	米、白酒、鸡、鸭、香烛、煮饭工具
山神会	八月十八	斋奶奶会成员及村中部分村民	香烛、鸡、白酒、经幡等
同年会	本命年第一个本命日	村庄内所有本命年同属相成员	香烛、蛋糕、青松毛、鸡、白酒等
地母会	十月十八	斋奶奶会成员	香烛、经书、金箔纸、银箔纸等

可以看出，村中仪式活动除包含本民族宗教信仰外，主要受到佛教和道教的影响且受佛教影响更甚。在民间宗教和佛教、道教的杂糅下，形成了大墨雨村所独有的仪式仪轨过程。

---

[1] LFZ，女，1940 年生；访谈时间：2020 年 4 月 5 日；访谈地点：LFZ 家中。

目前负责村中仪式活动的组织，即斋奶奶会，组织内成员皆为女性，属于家居佛教徒，村庄内40岁以上的女性成员方可加入。成员ZLY告诉笔者：

> 我们这些人么都是不会写字，ZPL家老倌在呢时候了么，我们附近这些村里呢，都是跟着他学，噶晓得了，都喊他是先生，现在我们用着的这些了么都是他教的。[1]

念经先生去世之后，其妻子成为引导人并负责仪式活动，每一场仪式皆由会首携带经书并负责念经，不同的主题有相对应的经文。

村中娘娘会、同年会、山神会是村中最为隆重的活动，且不允许非本村村民参与。土主庙是承办村中重要仪式活动的宗教场所，据《昆明县志》记载，在昆明县城外已有多座土主庙。[2]在团结乡土主庙内，除立有“本境土主大黑天神之位”的牌位外，祭祀时还要书写一横眉封号“封敬土主灵光镇”。[3]村中土主庙曾遭到破坏，于1987年由全村村民出资重建，庙中正殿各塑像在1991年前后得以重塑。

村中仪式活动的举办都与村庄公共秩序有着天然联系，五谷丰登、风调雨顺、繁衍生息此类诉求被倾注在仪式之中，在共同信仰和传统的基础上对祖先的追忆被具化为具体的实践。大墨雨村新居民群体并非所有人都可以参加仪式活动，在得到斋奶奶会负责人的许可之后方可参加仪式活动，且祭祀范围有一定限制。该村的仪式活动有着维护村落内部社会关系的功能，在维持村庄社会秩序促进村庄良性运行方面发挥了重要作用。仪式能够使群体集合起来，诉诸行动的同时加深个体间关系，使彼此更加亲密，亦可标记村落特定地域范围内的社会互动单位。[4]正因如此，该村仪式活动具有边界性且兼

---

[1] ZLY，女，1942年生；访谈时间：2021年4月27日；访谈地点：大墨雨村土主庙。

[2] 凤凰出版社编：《中国地方志集成·云南府县志辑》，凤凰出版社，2009年版，第369-373页。

[3] 中国少数民族社会历史调查资料丛刊修订编辑委员会主编：《昆明民族民俗和宗教调查》，民族出版社，2009年版，第86页。

[4] [法]爱弥尔·涂尔干，渠东，汲喆译：《宗教生活的基本形式》，上海人民出版社，2006年版，第329页。

具地方文化的理性化特征。[1]

二、仪式情境与情感集聚

通过仪式的活动实践，社会关系资源与网络得以维系和形塑、村落历史的延续得以显示，与此同时，仪式也凸显了两个群体在社会互动过程中对村落社会身份的认同感与归属感。对于老村民群体而言，仪式有效地衔接着村落的过去与现在，是一种强烈的文化连续性意识。在新居民群体看来，能够被允许参与村庄内的仪式代表着自身为村民和村落所接纳。村中最为隆重的仪式活动当属娘娘会、同年会和山神会，这三个仪式是大墨雨村村落认同的主要象征，亦成为共同体存在的内核精神力量。

1. 娘娘会仪式中的新老居民

农历三月十六是村中每年举行娘娘会的日子，新老居民参拜的送子娘娘供奉于土主庙正殿内，位于文帝土主（玉案灵山兴国文帝）左侧，身边分别有男女两位携侍，抱着男女娃娃。据当地女性村民讲，殿内供奉的娘娘非常灵验，村中女性有生育困难时便可祭拜送子娘娘以祈求生育顺利，并需在婴儿诞生后的第100天，全家人带孩子到土主庙内感谢送子娘娘将孩子送至家中，已有孩子的妇女则请求其保佑孩子身体健康、无病无灾。

当日早上9点，斋奶奶会的成员便开始进行准备工作。新居民YY已经提前和负责人沟通过当天要参加仪式活动的新居民人数。因为负责做会的奶奶年事已高，去镇上买菜不方便，便请新居民帮其买菜。新居民LSS准备带着她们去买菜时，会首ZPL告诉我们：

> 不消你们帮忙带着去买菜了，今天么人不是特别呢多，往年呢人多得很，今年么赶上一些事情不敢大办，也不敢叫很多人来，所以和你们说呢时候也是，不敢整太多人。他们（李书记）已经带着

[1] 郭于华主编:《仪式与社会变迁》，社会科学文献出版社，2000 年版，第 83 页。

奶奶们去镇上买菜了，我家里还有一点东西没有搬上去，我正准备一下搬上去。

其他赶到的几位新居民只好帮奶奶们搬一些煮饭需要用到的炊具到土主庙。十点左右，买菜的老村民回来后来参加仪式的新居民帮助把买回来的鸡、油、蔬菜等食物搬到土主庙。调查发现，除记录香火钱数额（金额自行决定，通常是1～2元，新居民香火钱的价格高于老村民，通常是5～10元）的男性老村民之外，其余皆为女性，而男性记录者记录工作结束之后便要下山（图5-3）。

图5-3　负责记录香火钱的男性老村民

负责人将楹联贴好之后，负责主持仪式的3位斋奶奶开始在殿内念经，其余女性成员负责在后院进行洗菜、切菜、洗碗等工作，前院和后院相关准备工作井然有序进行（图5-4）。

图5-4　笔者与老村民正在帮忙洗碗

新居民女性群体可被邀请参加娘娘会，被邀请的新居民会主动到后院帮厨并与相熟的老村民交谈。当准备工作结束之后，负责做会的斋奶奶会引导来敬拜的新老居民，告知其拿几炷香、将香插在什么地方、朝向哪个方向。仪式负责人ZPL和ZLL奶奶首先开始念《洒净经》，内容大致为“保佑他们干干净净、清清净净呢”。念毕再念《领生经》，念完经文将一只公鸡分别绕着不同的方位绕三圈之后，用清水洗净鸡头、脚，再用黄钱熏一遍，然后给鸡吃米，用白酒浇鸡头，如果鸡吃了米就意味着神仙会答应人们的请求，反之表示对此次祭祀活动不满意。当鸡醉晕后，就可以杀掉，鸡血要滴在盛米的碗内。斋奶奶将死去的公鸡拔毛清洗干净之后，放在专门的容器内插好筷子，置于供桌之上。斋奶奶每次做会念经都要向神祇上裱，即“发马”，用纸糊裱的小马驮着天官和祈愿文，意为将祈福的经文传递给各路神仙求其保佑。所有贡品都准备好之后，做会的3位主要负责人继续做自己的事情。

与此同时，殿外新老居民陆续开始敬拜，敬拜方向依次为正殿门前和殿内、殿外朝向土主庙门口的方向。参与敬拜的人首先在殿门前双手合十进行祈愿，之后进入殿内，拿上三炷香，分别朝三个方向磕头，祈福之后将香插于香炉之内。在敬拜的过程中，与新居民相熟的老村民会领着来参加仪式活动的新居民，告知其朝拜的方向和其他注意事项。待敬拜完之后，就可以进入殿内拿2～3张黄表纸回家，将纸在家中烧掉。图5-5为正在土主庙门口香炉上香的老村民。

图5-5　正在土主庙门口香炉上香的老村民

当天下午5点，负责记录香火钱的男性老村民将纸收起来包好，请会首ZPL放入殿内后，便离开土主庙。在斋奶奶的带领下，所有参加仪式活动的女性均面向土主庙门口的方向，两个香炉之间放置燃烧的火盆，将驮着祈愿文的小马和写好香火钱的名单一起烧掉。仪式过程中，负责带领的斋奶奶领着前来敬拜的人员反复跪拜、祈祷。整个过程持续近15分钟，待火盆内放置的物品燃尽之后，所有参与人员都可到正殿内的贡桌上拿一颗糖，意为可为其带来祝福。同时，仪式负责人会带领老村民到祖先树和鲁班牌位前再次敬拜。新居民则不被允许参与后续的祭祀活动，敬拜范围仅限于正殿内外。

图5-6　祖先树

笔者在调查中尝试询问非本村人员不能进行后续敬拜的原因，老村民LTF非常严肃地讲道：

> 这些人么来这地是好呢，是叫保佑着他们呢，只消拿着么自己呢香好好呢拜着就好了噶，给或，我们现在整的这些么他们是碰不得呢，我们有一些东西了么都是要拿回家呢，祖先么瞎拜不得，不是我们村呢人，不敢瞎整这些，对我们、他们都是不好呢。[1]

老村民认为新居民目前虽然与其同样在村庄中生活，但关系到祖先和自己的大事不能轻易答应，尽管有新居民提出希望可以一同到祖先树下祭拜，但一直未得到应允。待所有仪式过程进行完之后，参与仪式活动的新老居民

[1]　LTF，女，1949年生；访谈时间：2021年4月27日；访谈地点：大墨雨村土主庙。

（晚饭钱每人交纳15元）一同吃晚饭，一桌坐够10个人即可上菜。（菜品包括蒸南瓜、豆腐丝、卤腐、清炒豆腐、炒包菜、炒鸡肉、腌菜洋芋、榨菜、小炒肉、炒黄豆、炒辣椒11个菜。）新老居民自然分桌各自与平时来往较多的人坐在一起。吃完晚饭之后，有新老居民自愿留下来帮忙洗碗、收拾厨余等。近两年，关系较好的中年女性老村民会在仪式结束后一起到镇上的KTV去唱歌。

长期以来，大墨雨村的娘娘会活动受到村中女性的重视，主要祭拜对象为送子观音，认为其能保佑自己和家人的健康，有生育计划的女性对当天的祭祀尤为重视。娘娘会活动的举办对于村中女性而言，是建立新关系和维系旧有关系的场域，小墨雨和茨沟的已婚女性当天也会来到土主庙一同参加活动，社会关系被调动起来，同为女性参拜者在这一天主动聚集在一起，通过娘娘会这一仪式活动联系在一起进行日常生活方面的沟通。

2. 同年会仪式中的新老居民

同年会又被称为“同属会”，是大墨雨村最为隆重的仪式盛典，每年农历大年初一至大年十二村庄内所有本命年的成员于正月第一个本命日在土主庙内举行活动。作为村落内部最为隆重的仪式活动，一度不允许非本村村民参加。近两年，由于新居民群体主动提出想要参加同年会活动，在得到斋奶奶会负责人和老村民的许可下，部分新居民得以参与村庄内同年会（不能参加仪式活动，但可以凑钱写名字给会首用于祈福，也可以与同年会参加者一起吃晚饭）。由于同年会活动参与人数较多，斋奶奶会成员会提前一周将驮祈愿文的纸人纸马、蜡烛、香、经幡等物品准备好。参加祭拜的同年会成员也会帮忙准备祭祀所用的鸡、鞭炮等。除此之外，还要提前将音箱抬到殿外右侧的位置。如图5-7所示。

第一阶段：仪式活动当天，参加仪式活动的村民均穿着传统服饰，在主殿内外铺满青松毛。早上9点左右，负责活动的斋奶奶会所有成员会将祭拜所用物品放置于殿内供桌之上，点燃香烛，楹联上书“玉案灵山兴国文帝”“同庚会上诸佛菩萨”放置于主殿土主像前，供桌上还贡有香蕉、苹果、糖果等

图5-7　仪式活动前的准备工作

物品，以及献给祖先吃的饭。3位主要负责人分别手拿钹、锣等法器开始念经，参加同年会活动的本村村民分别在殿外和后院进行下午的准备工作。当年年龄为36岁、49岁的村民成为同年会的主要负责人，要抱着两只鸡（一公一母，鸡冠要很红且脚上不能有毛）在斋奶奶的引导下朝不同的方向跪拜三次，之后斋奶奶念经，负责人将鸡朝向土主像前。在供桌下方有四个碗，两个碗内盛满白酒，还有两个碗内有米饭和一块肉，两位斋奶奶一位念经，另一位先用白酒使鸡失去意识然后将鸡杀掉，将鸡血流入有米饭的碗内，念毕由同年会成员负责将鸡带至后院处理。

图5-8　由斋奶奶绘制的麒麟图案

图5-9　正在参加同年会活动的村民

第二阶段：第一阶段仪式结束之后，除在殿内继续念经的斋奶奶外，其余人员均要在殿外等待。中午12点左右，在殿外朝向庙门口的方向放置一张桌子，斋奶奶用米在桌子上面绘制“龙马”图案，同时将纸人纸马、香烛、楹联放置于图案的正上方，将七杯斟满酒的杯子放在七个圆圈之内。为同年会准备的蛋糕要放在供桌的右侧，点燃香烛之后，斋奶奶会与同年会成员一同跪拜，感谢祖先对全村村民的保佑。斋奶奶会的一位负责人会将祈愿文、驮着祈愿文的纸人纸马、记录香火钱的纸一起烧掉，其他成员则继续念经，待斋奶奶念完《送神经》，仪式活动才算正式结束。

第三阶段：下午3点左右，参加活动的成员开始准备晚饭。洗好碗筷，新居民群体中有愿意吃晚饭的，此时方可到土主庙内与老村民一起吃饭。殿前所挂匾额上记录着参与当年活动的所有村民，有3名（LTT、YY、FY）新居民的名字也被记录在内。晚饭之后，清洗餐具，打扫后院。除本村村民外，其他人被要求离开土主庙，同年会成员要留在山上通宵唱歌、喝酒、跳舞。当晚的属相年属相月属相日丑时，要燃放烟花和鞭炮庆祝同年会，第二天早上仪式活动才算正式结束，参与人员离开土主庙各自回家。

新居民群体知晓同年会仪式活动对于老村民的意义，因此很少有人主动要求参与仪式活动，只有相同属相且受到关系较好的老村民邀请时，方与参加活动人员一起吃晚餐。笔者访谈今年参与同年会仪式活动的新居民FY，她表示：

> 昨天是虎年虎月虎日，是村里同年会的日子，我今年没回老家正好赶上今年的活动了，也是我家房东问了我属相，说是我也能和大家一起去土主庙。我看很多新居民没有参加过，问了才知道有的仪式是我们不能参加的，不过人家邀请我们去了，我们也是一起去一下。他们和我说参加活动的人提前一周就开始准备了，我也捐了一些钱，但是具体细节商量我没有参与，主要是我房东叫我的，我也不好不去。昨天，我和大家一起吃了晚饭就下山了，主要仪式活动我是不能参加的，纯粹凑热闹，名字倒是被刻到匾额上了。[1]

参加过同年会仪式活动的新居民普遍认为，自身参与仪式的目的主要是与老村民维护情感关系，仪式中的社会交往互动使得双方能够有共同的情感和情绪基调，易于形成群体间情感能量。新老居民在仪式互动中能够获得情感体验，仪式过程中共同在场以及同步的对话节奏，共同的仪式焦点和经历是双方积极情感能量的生成机制。

同年会为村庄内成员提供了一个集中的互助平台，长期以来形成的仪式活动加深了村庄内部成员之间的联系，老村民群体将这一仪式活动视为祖先留下来的遗产，为教育下一代起到了传授作用，这一仪式活动表达出的并不仅是一种符号，而是当地的地方性文化制度，是内部成员之间的结构关系。新居民群体不被允许参加仪式活动，也是村落对于成员身份的认定，对于“本村”以家族关系为依托而建构的村落共同体自然需要有自身清晰的社会文化边界。尽管边界在两个群体之间的互动过程中不断调整，但它始终是存在的。主持和参与村庄内部的仪式活动是村落内成员身份的标记之一，是新居民群体和老村民群体有着明显差别的所在。对于老村民群体而言，尽管新居民的到来对其生活产生了多重影响，但其通过与部分新居民的接触，在一定程度上愿意去包容和接纳新居民的行为方式，但是老村民群体内部的文化制

[1]　FY，女，1974 年生；访谈时间：2022 年 2 月 7 日；访谈地点：FY 家中。

度有着自己的区分体系，对当地文化的认同和仪式参与构成了老村民群体的“我群”意识，与新居民群体区别开。

3. 山神会仪式中的新老居民

每年农历八月十八是大墨雨村祭拜山神的日子。仪式活动当天，早上8点左右，负责主持村中仪式活动的斋奶奶会成员提前来到村中关帝庙（于2016年重建，供奉关帝和文武财神）祭祀，供桌上铺满青松毛，上面放着金银元宝、纸人纸马、苹果、红糖、芙蓉糕等物品。新居民若想参加活动可以提前告知会首参会人数，会首也会将需要提前准备的物品和注意事项告诉他们。2021年山神会仪式活动当天，笔者同两位新居民一起帮忙准备仪式所需物品，将其放置于关帝庙中。老村民YMK讲道：

> 今年往希望小学呢那条路正修着呢，我们去山神庙那条路太远了，今年就在关帝庙办一下。幸好你们来着帮我把东西拿到庙里，还打扫院子。[1]

第一阶段：已经到关帝庙殿内的斋奶奶将楹联悬挂于关帝神像前。9点左右，陆续有斋奶奶会的成员到达庙中，将写着“墨雨合村历代祖亲之灵位”的牌位张贴于正殿门口的柱子上。到达殿中的斋奶奶会成员还在继续准备仪式活动所需的物品，同时，负责人拿着一盆清水朝庙内插着香的方向分别洒去。斋奶奶会的成员一位负责念经，一位负责烧纸，其余成员分别做着后续的准备工作。在山神会的前一天，山神会的负责人向新居民询问当日与老村民一起吃晚饭的人数，共计有20位新居民与老村民一起吃晚饭。因此第二天有新居民帮忙带老村民到镇上买菜，但是买菜的老村民不能完全听懂普通话因而不愿请新居民帮忙，而是自行到镇上去买菜。当这些准备工作做好之后，中午12点左右，殿内斋奶奶会的成员将烧纸的盆朝向殿外的方向，将金银元宝燃烧于盆内。

第二阶段：燃烧完金银元宝之后，仪式主持人表示需要到山神庙上“请”

[1] YMK，女，1950年生；访谈时间：2021年9月24日；访谈地点：大墨雨村关帝庙。

山神。老村民LFZ、SHM、ZCH背着祭祀需要用到的相关物品到山的另一边祭祀山神。在3位老村民的带领下，笔者跟随其到高速公路对面的山神庙上敬拜山神。山神庙的位置极为隐蔽，需熟悉路的老村民带着才能找到。站在山神庙的位置可以看到大墨雨村全貌。老村民SHM告诉笔者，当年祖先就是站在这个山上，定下村中中心石的位置。到山神庙之后，SHM阿奶将青松毛铺在殿门口左右两侧，上面放着三片树叶，树叶上放着煮好的米饭、饼干和红糖。另外两位老村民朝向村中的方向一边用方言重复念经："si ga jiu zao na ju di zhe ai lo mai zhuo"（意为天啊，地呀，山神保佑我们村里的人健健康康，平安快乐），一边将米饭、饼干和红糖撒向四周。之后，阿奶们将去年山神会的楹联取掉，换上今年新写的。大墨雨村山神庙如图5-10所示。

图5-10　大墨雨村山神庙

第三阶段：将近下午3点，3位老村民一同返回关帝庙内。除负责念经的奶奶外，其余成员开始准备清洗碗筷，等仪式负责人将鸡杀掉后就可以开始切菜、炒菜，准备晚饭。4点左右，有4位新居民FQ、HLZ、WC、XC到关帝庙帮忙洗碗（图5-11）。将鸡献祭之后，5点，新老居民共同准备晚餐。几位新居民帮忙将洗好的菜切好进行炒制。与此同时，斋奶奶会所有成员朝关帝庙正门口的方向开始敬拜，祈求山神保佑全村人的健康平安，不要让庄稼遭到侵害，不要让野兽来村子里打扰村民的生活。之后，在关帝庙门口燃放鞭炮。

敬拜仪式结束之后，新老居民将炒好的菜端到桌子上一同吃晚饭。晚餐共有10个菜，分别有鸡肉、红豆汤、炒辣椒、炒豌豆、清炒豆腐、清炒娃娃菜、豌豆黄、炒肉丝、炒瓜尖、卤腐。晚饭之后，新老居民一同收拾碗筷，将关帝庙清扫干净之后再一同离开。参加山神会的新居民表示：

图5-11　笔者与参会人员一同准备晚餐

> 我太喜欢和一大家人吃饭的感觉了，村里有各种活动只要老村民邀请就会参加，主要是一种体验吧，刚开始是觉得新鲜，以前从来没有过。后来参加了几次以后，就是想和老村民一起有一些共同的经历。在活动过程中，我们一起准备、打扫、吃饭、聊天，可以说达到一种共鸣，有些平时不好问的事情吃饭的时候就自然而然地问出来。老村民们也乐于分享，我们之间的关系也越来越亲密。我觉得我们既然要在村里生活很久，最重要的就是和老村民相处好，互相尊重。[1]

新老居民在特定情境中产生的个体情绪和情感体验进一步通过互动仪式使得情感能量集聚。老村民认为既然新居民群体已经居住在村中就可以参与敬拜，这一仪式活动是有利于村庄发展的，也对居住在村中的村民起到庇佑作用。对于新居民而言，被允许参与活动是老村民对其接纳的一种象征，尽

[1]　ZNN，女，1972年生；访谈时间：2021年9月24日；访谈地点：ZNN家中。

管不能完全参加村中的同年会活动，但是在山神会仪式过程之中，已令新老居民有了新的具体联系，也使得双方在情境化体验过程中建构主体间性。当仪式发生在共同在场的情境条件下，身体的共同在场转变为全方位专注性互动，个体参与仪式是为了保持一种期望性关系。[1]

从新老居民之间的关系状态来看，仪式不仅是群体成员身份认同与凝聚的重要因素，其对两个群体之间的互动也有着密切影响。大墨雨村的仪式活动内容通常是与日常生活息息相关的，个体往往通过神圣而具体的仪式来满足对自身、家庭、村庄的实际需求。中国的宗教，不管是巫术性的还是祭典性的，就其意义而言，都是面向今世的。[2]个体通过超自然的仪式活动，将世俗性的愿望寄托于神灵，祈求其能够满足自身的愿望，从而在长期过程中促进了村落仪式传统的延续。大墨雨村的庙宇因为历史原因曾被拆除，但其仍然能够重建并得到村落中成员的认同，足以看出集体性的仪式行为对村落文化资源产生的重要影响。作为渗透于村民日常生活中的仪式行为，在村民信仰中占据了重要地位，神灵和祖先越灵验，其信众就越多，从而上升为整个村落的信仰中心。新居民群体被允许围观和参与部分仪式，这也意味着老村民群体将其视为与一般游客不同的存在。

在具体的仪式活动实践中，新居民感知老村民群体的姿态和情感。仪式中的集体性与节奏连带性使双方进入同步的社会互动中，从而产生集体感。对于群体成员而言，仪式作为互动符号，使两个群体成为维护神圣物的象征且拥有共同的互动记忆，这有利于两个群体在未来的际遇中再次建立群体互动。[3]

---

[1]　[美]兰德尔·柯林斯，林聚任等译:《互动仪式链》，商务印书馆，2009年版，第67页。

[2]　[德]马克思·韦伯，悦文译:《儒教与道教》，陕西师范大学出版社，2010年版，第169–170页。

[3]　[美]兰德尔·柯林斯，林聚任等译:《互动仪式链》，商务印书馆，2009年版，第109页。

第三节　互动情感能量的生成与流转

通过具体的仪式活动以及一系列公共事务的参与，新居民群体在一定程度上对村庄产生了认同感。村庄内活动的参与也完成了从被动到主动的转变。柯林斯指出："有节奏的合作与情感连带是互动仪式的必备构成要素，但相互的关注焦点也是不可缺少的。"[1]新老居民之间的社会互动已经伴随具体事件的发生而不断持续深入，彼此之间的感情也通过新老居民群体中的关键人物实现情感纽带的联结。双方在长时间的接触过程中有了多个层面的关联，当双方有共同关注的焦点事件之时，能够增强原有的情感关系，实现群体间的团结。

一、日常生活情境与情感能量再提升

对于新居民群体而言，大墨雨村原先仅是其居住地且与老村民群体之间并未建构起情感联系，随着双方互动程度的加深，彼此建立起一定关系，两个群体之间的互动也进入一个拥有共同记忆和新关注焦点的新阶段。仪式过程中的集体兴奋是一种暂时性的存在，情感的转换取决于其在符号中的储备状况。符号能唤起何种群体团结是不同的，所以符号/情感记忆或意义的作用，是在未来的情境中影响群体的互动，以及个体的认同性[2]。新老居民群体在长期的交往过程中有了集体情感产生的情境范围。双方互动程度越高对所处村落的认同感与身份感也就越强。共同的关注焦点可以加深双方的互动，同时共享的集体符号使集体兴奋和团结感得以出现。

[1]　[美]兰德尔·柯林斯，林聚任等译：《互动仪式链》，商务印书馆，2009年版，第125页。

[2]　[美]兰德尔·柯林斯，林聚任等译：《互动仪式链》，商务印书馆，2009年版，第128页。

（一）地方性知识的学习与适应

长期以来，新居民群体形成的生活方式与老村民群体的生活方式有着显著的区别。最初，因未能完全了解当地文化，双方之间冲突与矛盾频发，当两个群体逐渐加深了解之时，新居民也开始主动适应地方性文化。

1. 使用背篓

背篓是云南地区村民日常生活中必不可少的必需物品。背篓形状呈圆口或方口状，背篓口有两条编织带，可以背在背上，通常由竹条或藤、柳条编织而成。近两年，由塑料编织而成的背篓在市场上流通。由于云南地区山地较多运送不便，所以背篓是解放双手的重要工具，按照背的方式分为肩负、额负和肩额双负三种。在房屋的修建以及蔬菜的售卖过程中，背篓是极为便利的运送工具。

新居民群体此前未接触过背篓，在村中见到老村民群体日常使用背篓方便其去赶街购买各类物品时，便在老村民的介绍下开始尝试使用背篓。新居民ZXR告诉笔者：

> 在城市里生活得太久了，之前根本不知道这是什么，完全没有接触过，就是到村里生活以后才知道这东西的存在。老村民告诉我们背篓的用途，最开始还借给我们用。后来，我们也觉得特别方便，家里就买了两个来。据我了解的情况，新居民家里每家都至少有一个背篓，在农村生活很难不变成这里的人。[1]

新居民群体使用背篓等行动，其动机主要是为了满足自身的生存基础。这关涉该群体能否在村中生活得更好。新居民群体中，互相支持、互相帮助成为其生活常态，而与老村民之间的礼仪性互动也拓展了关系范围，以既有的与房东之间的关系为基础进一步对个体关系进行延伸。

2. 学习种地技能及地方人际交往规则

对于老村民群体而言，土地是其主要的生计来源、生存的基础和身份的

[1]　ZXR，女，1975 年生；访谈时间：2021 年 10 月 2 日；访谈地点：ZXR 家中。

象征。血缘和地缘背后更为基本的是因农耕而产生的乡土关系，农民不愿轻易改变自己的生活和居住地，因为那里不仅有他们的亲戚、邻里和朋友，有他们熟悉的山水，更重要的是，有他们的寄托和依托，即土地。[1]老村民群体在租房时，房东通常会提供一小块菜地以供租客耕种。对于新居民群体而言，种地是其扎根乡村生活需要学习的重要内容，但是他们中有部分人未种过地，因此一部分新居民选择付给老村民一定的报酬请其帮忙耕种，另一部分新居民选择自己耕种。新居民DLH对于种地这件事情表示：

> 种地对我们这些老年人来讲是真的有好处了哈，你不晓得，我和我老伴之前在成都呀是天天打麻将，自从退休了以后什么事情也不想干，两个人除了打麻将就是看电视、玩手机，一点意思都没有。我们跟着孩子来到农村可是来对了，在这里种地，吃我们自己种的蔬菜，还能锻炼身体。现在麻将也不打了，身体也好了。刚开始不会种啊，也就是年轻的时候干过一点农活，工作以后可是没再种过地咯，跟着人家这边的当地人种，问问人家该种些什么菜，去哪里买种子，这么一来二去地大家也熟悉了。村里人热情得很，愿意教我们。我刚开始还以为只有我们这些老年人爱种种地、养养花，没想到来到这里的新居民年轻人也爱种，也是问问当地人怎么种这些，多好呀。[2]

一部分新居民向老村民学习如何种地，对能够收获自己种下的蔬果表示很满意。对于他们而言，在城市生活时并未过度在意食物的来源，来到村里之后，开始了解到如何耕种一块土地，从最开始的锄地到种子的选择，以及如何照管好自己的土地，都需要付出一定的时间和精力。在这一过程中与老村民的互动，也让其了解到村中各个季节可以到山上采摘的野果。例如，分

[1] 周晓虹：《传统与变迁：江浙农民的社会心理及其近代以来的嬗变》，三联书店，1998 年版，第 45 页。

[2] DLH，女，1960 年生；访谈时间：2021 年 10 月 2 日；访谈地点：DLH 家中。

辨哪种苹果、花椒具有好的品质，当蔬菜有了虫害该如何处理。这些事情是新居民来农村生活之前不需要特别考虑的，但到村中生活之后才切实感受到真正的农村生活对他们来说是充满挑战的。老村民对于有些新居民学着种地的行为表示：

> 说是要种地了么，哪个真呢会种呢不多，就是那些城里呢老人么也是很不会了噶，么，想着他们是一时新鲜了种来玩玩，锄头都挥不动咋个种么。来给我们说了么，那些实在不会种的了么喊我们帮着锄草、种地，一天200块，种好了么他们自己吃这些菜。也有人是真呢跟着我们学了么，我们种什么他们就跟着种，也是有很能干呢人了么。人家来我们这地了么愿意跟着我们种了么是好呢么，我们就帮着看一下，尤其是那些跟着孩子来呢爹妈，经常在地里干活了么，我们都是认得呢。[1]

老村民普遍认为新居民群体作为城市居民是不会种地的，其种地的初衷是出于猎奇心理。当有一些新居民真正向其学习、请教种地的方法时，自然而然地产生一种亲近心理，有共同的话题时更易进行沟通交流。在老村民的帮助下，有一部分新居民确实学会了如何种地。笔者在调查过程中了解到，新居民群体中认真跟着老村民学习种地的新居民在老村民的口中都有着较高的评价，认为这些人是能吃苦、踏实的人，且与其交往频率较高。当个体与他人因某些事情而形成共同话题时，双方更容易进行积极的合作，个体也容易为集体所接纳，从而成为相互连带的一部分。

新居民群体长期在城市生活所形成的社会交往方式，在与老村民群体进行交往互动的过程中，已被证明不能完全适用。后期，随着双方进行社会互动的频率不断增加，新居民群体也逐渐了解村落熟人社会的交往法则。尽管经历了现代化的影响，但是村庄的人际互动结构仍是以“自己”为中心的由内向外的同心圆结构模式，发生变化的是联结这一格局纽带的构成要素及其

[1]　LZX，男，1953 年生；访谈时间：2021 年 10 月 2 日；访谈地点：大墨雨村民族广场。

内在联系。“伦理、情感、利益”[1]等作为影响差序格局的重要因素随着时代的发展而被赋予不同的意涵，从而对纽带的性质产生影响。XQX是2021年8月从深圳移居到大墨雨村的新居民。作为刚到村中的新居民，对于村庄内人际交往规则，她向笔者讲道：

> 农村生活远比我想象得复杂得多。新居民朋友告诉我，要想和老村民相处得比较好，就得把自己的位置放得低一些。我们这群人看起来原先在城里生活的时候有着还算体面的工作，但在村里生活人家也不管你那么多，有一些禁忌习俗这些还是要遵守。我也听他们讲过因为不知道当地的习俗文化和老村民有过冲突，所以后来的新居民和已经在村里生活了一段时间的新居民在吃饭聊天的时候，会告知其在村中生活和老村民的相处之道。[2]

通过与老村民的交往，新居民群体已经知晓村中社会交往的规则。双方曾经因为停车场收费的问题发生冲突，后期新居民便知道该如何与负责停车场收费的老村民ZXX一家进行沟通。国庆节期间，雨花社区主任LPS的妹妹LRH结婚，在客堂内宴请老村民和相熟的新居民吃饭，因来往车辆过多，老村民要求新居民的车辆不要停在客堂对面的停车场，表示可以退还期间的停车费。部分新居民对这一行为方式表示不满，有新居民向他们解释：

> ZXX大哥是个老实人，他就是不太会讲话，村里人习惯这种吆喝式的喊人方式，我们理解一下人家。我们在村里生活嘛，不能要求事事都像在城里一样，再说人家喊我们挪车的时候，也说了怎么退这几天的停车费。[3]

新居民开始熟悉老村民群体的交流方式。个体被对待的方式取决于与其

[1] 沈毅：《“差序格局”的不同阐释与再定位——“义”“利”混合之“人情”实践》，载《开放时代》，2007年第4期，第105-115页。

[2] XQX，女，1984年生；访谈时间：2021年10月4日；访谈地点：XQX家中。

[3] WY，男，1983年生；资料来源：2021年10月5日，大墨雨村南门二微信群聊天内容。

之间的关系亲疏。在不同的关系类型中，个体所受到的对待有明显差异。两个群体在相处的过程中对对方所采取的态度决定了双方互动的最终走向。新居民对乡村人际交往的人情差序主导互动原则已然了解，这有助于他们在行动时遵循这一潜在规则。

（二）乡村“家园”的情感纽带

在中国传统文化中，“家”承载了重要意义，它最初被认为是个体生命之根，是“仁”和“礼”的哲学渊源所在，亦是儒家经典中“孝”的重要载体。家在传统上被理解为一个稳定且不轻易变动的地点，在特定的地方为个体提供一种特殊的归属感。[1]然而，随着我国经济社会的快速发展以及新中产阶层的出现，流动性的不断增强为个体提供了更加多元化的选择，个体居住地也不再局限于某一固定地点，家这一概念有了更为丰富的意涵。

从原居住地到迁入地的“第二居所”[2]，新居民群体经历了心理上的多重转变。新的地点意味着新的居住空间，其行动动机从最初的田园生活、寻找新的生活方式和更高的生活质量，转变为扎根乡村与老村民群体和睦共居的生活态度。新居民群体从城市移居到乡村生活是一种“逆传统”的生活实践。从大墨雨村新居民群体的乡村生活实践来看，一方面其在意图移居到乡村生活时主观建构出对于乡村的想象，另一方面当地老村民群体对于其移居行动所作出的回应是新居民群体未曾想到的。对于拥有一定社会资本的新居民群体而言，在多重因素的驱动下移居到乡村生活，并在新的差异生活空间内开辟出乡村生活的可能性实践，于其而言是具有挑战性的。生活方式能够在新的社会结构内通过社会融入的形式实现进一步转化，并在新的社会文化环境中得以重新构建。[3]新居民群体习惯的生活方式对移居地村民的日常生活产生

---

[1] Mallett S, “Understanding home: a critical review of the literature”, *The Sociological Review*, vol.52, no.1,2004, pp.62–89.

[2] Yue-Fang Wu, Kevin Hannam, Hong-Gang Xu. “Reconceptualising home in seasonal Chinese tourism mobilities”, *Annals of Tourism Research*, vol.73, 2018, pp.71–80.

[3] Bourdieu Pierre, “Social space and symbolic power”, *Sociological Theory*, no.7,1989, pp.14–25.

了显著影响，自身也在与老村民群体的社会互动中建立了新的关系类型。部分新居民表示：

> 我们在这里投入了大量的时间和精力，城里面的房子有卖给别人的，也有租出去的，在村里的房子之所以花很多钱去装修也是想让自己和家人觉得住在这里有家的感觉。住在村子里面人情味儿特别浓，我们和很多新居民处成了朋友，大家有啥事儿都互相照顾，和老村民也越来越熟悉了，越来越觉得住在这里很安逸。以前觉得是从市区到村里停留，现在是“回我们村”，这种感觉就是怎么说，在回村的路上都感觉到很开心，真的是变成真正的“我们家”了。之前吧总觉得，不管在哪儿只要有房子就有家了，但是现在年纪越来越大，反而开始觉得能够让自己的心定下来的地方才是真正意义上的家。对我自己来说，大墨雨现在是一种家的存在。[1]

乡村的慢节奏生活以及新居民与老村民之间情感性关系的建立，加之共居同样的地理空间中，令新居民产生了一种内在的情绪和情感体验，经历了一系列矛盾和冲突事件也使得群体间熟悉程度加深。新居民群体最初认为的排外感觉也随着与老村民群体频繁的社会互动得到缓解，尽管两个群体之间仍然有着区分边界，但新居民群体已然开始融入村庄生活，且对村落内公共事务的参与积极性明显提升，通过对第二居所的认同和归属，以特定的方式将自身与地方紧密联系在一起。

二、共同关注焦点与情感能量释放

有共同关注焦点的群体可以在之前共同记忆的基础上获得可以延长体验感的符号，共同的经历能够让彼此因为瞬间聚集在一起，从而共享集体符号。

[1] 对新居民 WZ、GYJ、LCJ 等的集中访谈；访谈时间：2021 年 10 月 5 日；访谈地点：大墨雨村素朴咖啡馆。

作为主动参与者而不是被动旁观者的个体，更容易与其他个体之间形成情感联系纽带。[1]新居民群体不再将自己视为“客居”他乡者，而是从真正意义上，开始主动关心村庄内的各项公共事务并主动参与其中。

对村落成员身份的认同能够使个体间产生亲近感和信任感，某种意义上的身份一致性令个体对自身居住环境条件感同身受，当彼此能为维护共同利益而出力时，彼此间关系方能实现长时段的维系并产生团结感，以保障自身和群体的利益不受威胁。

（一）共同应对极端天气风险

每年7月、8月是昆明降雨较为集中且降水量较大的月份。2020年8月，因长时间持续性降雨，导致村中水库水位一度达到峰值，村内庄稼被淹，通往村口希望小学的道路因塌方被堵，停靠在附近的车辆被不能驶出，同时，村落内道路积水导致新老居民出行受阻，这一境况令村民们感到担忧。

大部分新居民已在村中生活数年，出于应急考虑，他们在家中配备了对讲机，以在各种突发情况出现时彼此间能够及时沟通。2020年8月21日傍晚，连续下了几天的大雨依然没有停的趋势，水库水位已超过最高水位警戒线。新居民SDQ家中的对讲机发出提醒声，新居民纷纷讲述着彼此对暴雨的担忧，以及位于水库下方景观步道上的墨雨村学被淹没的恐惧。对于连日降雨造成的村庄生活的不便主要集中在两个方面：一是道路不通，很多新居民家中储备的食物不多，会有挨饿的风险；二是降雨导致的电路和网线中断使很多新居民无法充电和上网。相较于新居民的焦急恐慌，老村民群体整体看起来要更为平静，常年在村中生活加之经历过水库三次因降雨被冲垮的经历，他们有一定的应对经验。一些老村民听闻新居民家中没有可供食用的时蔬时，便主动将家里的蔬菜放在其家门口。

老村民LCY是新居民SDQ的邻居，由于其家中地势较低且院内排水系统存在问题，家里一楼的物品均被暴雨淹没，出入家门口的道路也被泥浆覆盖。

[1]　[美]兰德尔·柯林斯，林聚任等译:《互动仪式链》，商务印书馆，2009年版，第131页。

SDQ听闻其情况之后，在雨停时请相熟的新居民一起到LCY家帮忙。LCY向笔者讲道：

> 那两天雨下得太大了，我家被淹呢时候了么，家里一楼那些东西全用不得了，家里就我两人在着，娃娃们都不在家，哦么么，太感谢我家呢邻居了么，喊着她呢朋友们来我家里帮忙把那些泥了运出门口，湿了呢那些东西了就帮着我们抬到二楼。人是太好了么，要不是他们我家还不晓得淹成啥样子。[1]

有不少新居民收到了老村民送的菜，并向其表示了感谢。老村民也在遭遇困难时得到新居民的帮助，彼此之间的熟悉程度得到不断加深。除此之外，雨花社区副主任XJN还告诉笔者：

> 因为这些天下雨太大了噶，大家呢车都出不去。有几个新居民主动给我打电话说等雨停了要和我们一起去把路修一下。那条往希望小学去呢路了么，主要是一个矮呢隧道，一下大雨就容易淹，隧道口也不宽，没呢机器能过来，就是我们十几个人了么，拿着铲子一铲又一铲呢把它铲通掉，整了两三天才差不多正好。他们是真呢热心了，才做这些事情呢，我们心里也是很感动。大家都生活在一处，都能相帮就是最好了。[2]

新居民的行动得到了社区和村小组工作人员的认可。在他们看来，新居民能够热心参与村庄内的公共事务，极大程度上是将大墨雨村作为家的存在，才能够有这样的举动。新老居民之间在遭遇集体困境时的状态，使得双方建立起情境性情感，巩固彼此之间社会纽带的同时，还连接起特定的社会关系。尽管新居民群体的“村民”身份是暂时性的，但是通过这些事件，其身份得到了进一步的扩展。新老居民之间关系的建构实质上也是一个情感建构的过

[1] LCY，女，1976年生；访谈时间：2020年9月4日；访谈地点：LCY家中。

[2] XJN，男，1985年生；访谈时间：2020年9月5日；访谈地点：雨花社区接待大厅。

程。最初，双方在互相不了解的情况下因为生活方式所带来的显著差异产生了矛盾和冲突，经过彼此在日常生活中的不断调适，新居民群体被允许参与村落内部分仪式，其村民身份得到了认可，彼此之间的情感也在不断增强，新居民群体在村落社会结构中的位置也随之发生改变。

（二）共同关注村落生态环境

大墨雨村紧邻棋盘山国家森林公园，村庄林地总面积11829亩，植被覆盖率高，因此每年都需要护林防火。每年的3—5月是护林防火的关键时期，村小组干部通过高音喇叭宣传防火相关信息。因为高音喇叭的循环播放问题，新居民曾表达自己的不满，还与村小组干部产生了言语上的冲突。2021年5月16日上午8点45分，社区干部XJN在大墨雨新居民微信群中发消息：

> 各位村民，由于花红园境内突发火灾且火势较大，余火一直从昨晚的花红园烧到大墨雨水库上方。现在需要很多村民来给消防队员送水，还请各位村民能积极踊跃参与，有疾病和年老体衰者不建议参加。[1]

新居民知晓这件事情之后积极响应，仅半小时就有10多位新居民自发在村中民族广场上集合到火场帮忙送水，其间还陆续有新居民提供车辆、矿泉水、方便食品等物资。经过3天，在老村民、新居民的共同努力下，山火被扑灭。火场附近留下了许多塑料瓶及食品袋等垃圾，几位新居民一起到山上将之清理干净。新居民的举动得到了村小组干部和社区工作人员的赞扬，村支书LSC讲道：

> 我们真的是非常感谢热心肠的那么多新居民积极参与灭火，都是因为他们施以援手，我们的工作才能这么顺利地完成，他们也是真的把大墨雨当成了家，才会义不容辞地赶来帮忙。他们买了很多

[1]　资料来源：2021 年 5 月 16 日，大墨雨村新居民微信群聊天内容。

水从村里背到山上给消防员送水，还有人先是上来取上容器，帮我们来来回回地搬运，要走二三十分钟呢，山路全靠人来背，他们就是好多人一桶一桶地背着。还给我们说要是需要啥物资什么的都帮我们送上来。火灭了以后，还自发到山上火场捡垃圾，还有新居民捐了600块钱给我们，叫我们给看火呢人买西瓜来吋。我们是真的觉得这些人么太好了。当时那些消防呢人还说呢，说你们村呢新居民可真是肯出力，都是好人噶。[1]

这件事情发生后不久，有新居民又因为村中高音喇叭播放声音大的问题在大墨雨新居民微信群向村小组干部反映，表示希望可以调整播放音量和播放时间段。此时的情境已经与之前发生言语冲突的场景完全不同。曾参与火场救火的新居民纷纷表示：

大家也要考虑一下村小组和社区工作人员的情况，他们也是很不容易。我们这些人就只是在火场上待了很短暂的时间都觉得特别累，他们在上面有时候都要到很晚才敢离开，还有守夜的那些工作人员。我们生活在村里就需要维护我们共同赖以生存的生态环境。最初，我们来到这里不也是觉得这里环境好嘛。再说，喇叭也不是天天放是吧，大家都尽量克服一下，度过这段时间就好了。我们大家都相互理解一下。[2]

新居民的态度转变是基于其亲身体验，之前从自身立场出发就喇叭问题进行“维权”，但是其现在所处情境与前期相比发生了变化，部分新居民开始站在工作人员的立场上思考问题，并能够规劝其他新居民就这一问题不再进行争论，希望彼此能够相互理解。这一转变的发生是由于双方有了互相交流的情感能量，在充满情感性情境的符号传递过程中，参与者共享了相同的情

[1] LSC，女，1963年生；访谈时间：2021年5月20日；访谈地点：LSC家中。
[2] 资料来源：2021年5月31日，大墨雨村新居民微信群聊天内容。

境，从而对一件事情的感受出现趋同性特征。群体团结能够使个体渴望捍卫群体，维护集体荣誉，[1]当互动的焦点逐渐变得协调一致，参与者预期到彼此的节奏，在情感连带的过程中建立起情感协调，而情感协调产生的结果即团结感。[2]长期的情感能量是一个连续统，个体在参与群体的互动过程中能够获得充分的情感能量。新居民群体在与老村民群体共同关注的焦点事件中，特定的情感得到了强化，对大墨雨村有了更强的情感依恋。

小结

村落现行生活秩序是新老居民群体双向互动结果的呈现，新居民群体表达出想要融入乡村生活的期望，同时，在实现地方依恋感建构以及和自然重新连接的过程中，追寻更高质量的生活。新居民群体对村庄的归属感可以进一步理解为对特定生活空间和生活方式的习惯程度。融入当地社区之中，成为新居民群体日常生活中的一部分，部分新居民被允许参与村落内仪式活动，由此与其他老村民建立起更为紧密的联系。新老居民因生活方式的巨大差异而产生了一系列矛盾和冲突，老村民群体对其也有过公开负面评价。后期，随着群体间社会互动的不断展开，彼此间认知不断加深。新居民通过穿着当地服饰以及向老村民学习种地技巧等方式积极融入乡村生活，老村民群体也认可并接纳了部分新居民，赞赏他们为村庄发展所作出的积极贡献。当两个群体有共同关注的焦点时，有助于群体道德团结感的产生。特定的情感转换经由共同关注的焦点呈现出情感的动态变化。大墨雨村已然成为新居民的第二个家，尽管它对于很多新居民而言并非是故乡所在地，但新居民已将这里视为情感上的寄托所。对于新居民群体而言，原本根深蒂固的家的意义在当前流动性增强的大时代格局中发生了新的变化。在老村民群体看来，新居民

---

[1]　[法]爱弥尔·涂尔干.渠东，汲喆译:《宗教生活的基本形式》，上海人民出版社，2006年版，第154页。

[2]　[美]兰德尔·柯林斯.林聚任等译:《互动仪式链》，商务印书馆，2009年版，第131页。

群体是一种“中间状态”的存在，有别于游客和本村村民，因此在与之进行社会交往时需要考虑多方面的因素。双方在长时间段的互动调适中，情感能量得到集聚。原居者与外来者之间的明确分野在互动过程中发生了新的变化，新型村落生活共同体正在群体间和具体情境所构成的生活空间中孕育。

结论与讨论

经过多年发展，大墨雨村新老居民群体的社会互动已达致相对平衡状态，双方的矛盾和冲突得到缓解。村落社会生活秩序发生转变，两个群体在村落社会结构中的位置也随之调整。长期以来，学界存在着对村落社会经济发展“传统”与“现代”的二元对立分野，从20世纪40年代到现在，中国乡村经历了多层次的转型发展，在发展过程中，村落各类制度亦发生显著变化。这一过程在本质上也是现代化的过程。[1]现代性，是现代化过程与结果所形成的属性，它所呈现出的是作为动态现代化过程的结果。[2]村落社会结构转型需从宏观和微观两个层面进行分析：从宏观层面来看，村落发展与现代性休戚相关，客观性的历史变化使得村民群体更加直观地感知到时间与空间、个体与社会、生活中的机遇与风险并存；从微观层面来看，现代性提供的技术基础为个体实践其生活方式创造了有利条件，新老居民群体正是在这样的条件下实现自身生活方式过渡或转型。

一、村落新型生活共同体的培育

新老居民群体通过一系列的互动过程已然彼此了解，彼此经过相互排斥—矛盾与冲突—多元社会关系类型建立—群体情感能量凝聚这几个阶段。

[1] 彭大鹏：《现代化与现代性：理解转型期乡村秩序的一个视角》，载《理论与改革》，2010 年第 3 期，第 59–62 页。

[2] 陈嘉明：《“现代性”与“现代化”》，载《厦门大学学报（哲学社会科学版）》，2003 年第 5 期，第 14–20 页。

他们通过自然仪式与正式仪式中的社会交往，意图实现情感能量的流转与维系。在具体互动情境中，由一系列正式程序发起的仪式比自然仪式所带来的情绪和情感体验更为强烈，对于仪式参与者有着严格的边界限定。正式仪式带给个体一种更加明确的成员身份，使自身能清楚地感知到被标记为群体内成员。正如笔者对新居民群体参与村庄内正式仪式的观察，老村民群体对于能够被允许参与仪式的成员是有选择性的。仪式过程中的参与者因共同参与仪式而产生共同关注的焦点，在这一过程中，“共在”和“共鸣”情感和情绪应运而生。

个体与个体或群体间互动是互动仪式链中过往情境的沉淀，也预示着每个新情况的发生，互动仪式结果的产生与互动过程中的“过程性事件”息息相关。在双方循环往复的反馈与再反馈过程中，行动者之间建立起不同类型的社会关系，进一步促发情感能量生成。个体的情绪和情感既有正面的，也有负面的。柯林斯认为，这取决于互动情境和之前的互动经历。[1]新老居民间的关系建构并非一蹴而就，双方是在经历长时段、持续性互动过程后，逐渐积累起情感能量，随着双方互动的不断加深，正式仪式与自然仪式将双方联结在一起，个体逐渐产生对自我身份的认同，双方在互动参与的过程中有了共同关注的焦点。在此基础上，新居民群体对村庄产生一定认同感和归属感。

（一）新居民群体地方认同感形成

在全球化与现代化的交互作用下，“流动的现代性”特征愈加凸显。流动和迁徙带来的个体身份不确定性已成为事实，流动人口的群体性特征也在建构、解构和重构之中。社会时间和空间维度的变化成为影响个体生活和行动的重要指标，[2]个体对于身份、地域等概念的解读也变得更加复杂，移居人口对于居住地的认同感和归属感显得至关重要，外来者对于迁居地的认同影响

[1] Randall Collins. *Interaction ritual chains*. Princeton: Princeton University Press, 2004, pp.97–102.

[2] 郭星华等：《漂泊与寻根：流动人口的社会认同研究》，中国人民大学出版社，2011 年版，第 107 页。

着群体间社会互动。

社会认同理论通常认为，“社会认同通常由类化、认同和比较三个过程组成”[1]。认同这一概念所强调的是个体或群体的自我建构，卡斯特在解释“认同”时表示，“关于认同，当它指涉的是社会行动者之时，它是文化特质或在相关文化特质基础上建构意义的过程”。学者们普遍认可的是，认同是个体或群体对自身行为所作出的能动性反馈，其主体性的发挥是在互动意义上进行的建构过程。正如李友梅等学者指出，“在特定的社会边界内部，‘认同’表示的是‘同’，超出这个边界，‘认同’实质上就变成‘求异’，即彰显‘个性’，只要存在社会边界就必然会出现内与外、我者与他者的区别”。[2]当个体或群体对自身所归类的范畴或组织不同时，会产生不同的认同类型。

地域，作为象征系统为个体在社会文化结构中所带来的身份标识，成为个体定位自身的表征性存在。[3]地域身份认同，用来解释“个体对于特定地域所产生的地方性依恋感，根植于此种类型的情感体验可以使个体获得归属感和目标感，个体生活也被赋予别样意义”。[4]地域与个体身份休戚相关，个体在特定地域中对所处地进行自我身份建构的行动，对个体自身生活方式的形塑有着重要影响。归属于某个群体，是个体心理状态发生的转变，归属于某一群体就会获得一种社会认同，与社会认同相关联的心理过程会产生明显的群体行为。[5]当个体认为自身属于某一特定社会群体，且有相对应的群体资格时，其行动便会在群体中被赋予一定情感和价值意义。

乡村一直以来被冠以宁静、美好、田园等形容词，对于国人而言，积淀

[1] 郭星华等：《漂泊与寻根：流动人口的社会认同研究》，中国人民大学出版社，2011 年版，第 13 页。

[2] 李友梅，肖瑛，黄晓春：《社会认同：一种结构视野的分析》，上海人民出版社，2007 年版，第 3 页。

[3] Proshansky, H.A. Fabian, R Kaminoff, “Place-Identity: physical world socialization of the self”, *Journal of Enviromental Psychology*, no.1, 1983, pp.57–83.

[4] 刘雨婷：《隐晦区分：大都市本地居民地域身份认同的重构》，载《社会发展研究》，2021 年第 2 期，第 222–241、246 页。

[5] [澳] 迈克尔·A. 豪格，[英] 多米尼克·阿布拉姆斯，高明华译：《社会认同过程》，中国人民大学出版社，2010 年版，第 4–7 页。

于骨子里的农耕文化使得自身对乡村有着天然亲近感。近年来，有越来越多的城市居民选择到城郊附近的农村租地种菜，或在村中租房生活，以享受别样的生活状态。正如本书中的新居民群体，尽管他们来自不同城市，但其整体上是出于对自身生活方式的反思，为获得更高生活质量的目标而选择移居乡村，其移居行动伴随对移居地感知的阶段性差异过程。

第一阶段，新居民群体经历了“过客”时期。这种对自身在村庄中身份的困惑来源于日常生活中群体间的社会比较。不同于已形成稳定内群体结构的老村民群体，新居民个体最初到达村中时，表现出对陌生生活的不适应和难以快速融入地方生活的畏难情绪，在情感上对于“我”的身份产生一定割裂感。一方面，他们认为自身移居行动为当地村民带来了经济收益，并为部分老村民提供了更多就业机会，老村民群体应对其产生好感并欢迎他们移居；另一方面，面对自身从未接触过的地方性知识体系时，新居民产生与村落的陌生疏离感，他们明显感知到自身无法完全掌控当前的生活状态，面对与自身有着明显生活方式差异的老村民群体时，不知该如何与对方进行交往。新居民群体对于生于斯、长于斯的老村民群体而言，无疑是外来者，作为原居者的老村民群体首先要对外来者设置一定的边界。[1] 这一边界不一定是地理边界，而是社会边界。老村民群体强调群体内成员所独有的群体属性，从而与外来群体区别开并限定群体边界。[2]新居民群体在这一阶段对村庄的感知是茫然的，他们既不完全熟悉地方性文化，也不了解老村民群体的行动策略，在对乡村美好想象与扎根乡村生活的现实困境中产生了不平衡感，以及对自身身份的认知困惑。

第二阶段，群体间互动频率开始增加，新居民群体对自身在村庄中的身份表达转变为“我们虽然不是正式村民，还是希望能够和老村民和谐相处”。他们通过前期与老村民群体的接触，对村落经济社会文化有初步认识，开始

---

[1] Randall Collins. *Interaction ritual chains*. Princeton: Princeton University Press, 2004, p.49.

[2] ［挪威］弗雷德里克·巴斯主编，李丽琴译：《族群与边界——文化差异下的社会组织》，商务印书馆，2014 年版，第 11 页。

慢慢了解老村民群体的行为方式和行动策略。尽管新居民群体并不能获得村庄正式成员的身份，但其行动逻辑需要符合村庄内社会规范。

第三阶段，新居民群体对自身在村庄中的身份认识已转变为“我们被称为新居民，那么我虽然不能像老村民一样完全拥有村庄内正式成员的权利和义务，但我们和游客是完全不同的”。作为“中介性存在”的新居民群体通过仪式已然被村落内成员接纳和认可，当村庄外部环境有对双方权益造成影响的因素出现时，双方会将共同关注焦点放在首位，从而在另一种程度上强化双方的情感基础。新居民群体对于大墨雨村最初的想象到现实生活中将这里视作自己的“第二故乡”，其心理状态转变经历了长时段的社会互动。双方在共同的事件中情感能量得到累积，新居民群体身份的转变渗透于双方的社会互动之中，对于地域的认同感和依恋感被表征为对当地生活方式的适应，村庄内成员身份的归属建立在“参与各方之间具有共享意义”的前提下，相互关注和情感连带所形成的正向积极反馈使“群体团结”有了实现的可能。

（二）老村民群体的行动回应

新居民群体身份的转变离不开老村民群体的推动。老村民群体作为村落共同体内部成员，有着内部一致性以及一整套特定的文化特征。新居民群体显然在日常生活中的各个层面皆表现出与老村民的差异。老村民群体心理状态的改变呈现出村庄社会文化边界的流动性。

在两个群体最初开始接触的第一阶段，老村民对新居民的整体初印象带有主观情绪色彩，认为其移居行动短暂且无意义，城市居民所彰显出的社会表征是城市中产阶层的“惯习”，这与乡村生活格格不入。新居民群体表现出的优越感使得老村民群体能够感知双方之间的区隔。因此，双方之间存在紧张的状态。在房屋租赁过程中曾有新老居民因价值观念的差异而发生分歧，装修过程中双方也有过矛盾。新居民群体的到来所造成的一系列影响，打破了村庄日常生活节奏。老村民群体在面对不同类型、不同特征的外来群体时所表现出的不是直接的排斥与抗拒，反而因为新居民群体的到来更加认同自身所属群体，强化了对村落共同体的认同感。

双方在社会互动过程中的第二阶段，是老村民群体中部分村民私人关系的建立。大墨雨村内部社会关系网络有着明显的差序格局化特征，新居民群体因各种事由与老村民进行沟通、交往的过程中与部分老村民建立起私人性情感关系，这一关系类型的建立使得村庄内部社会结构发生了变化。礼物的流动开始频繁发生在两个群体内部，老村民群体开始有意识地邀请一些新居民参加私人性活动，并对其人品给予肯定。能够被部分老村民接纳的新居民在村庄中更容易为其他老村民所接受。老村民群体内部，群体认同的构建不仅有现代化带来的去身份化的矛盾，也有外来群体所带来的新的生活方式冲击。两个群体之间需要寻找一个平衡点来维系村庄内生活秩序的稳定。

考虑双方在共同的生活空间之中，新老居民都对自身行为方式做出了相对应的改变。老村民群体的行动策略主要包括两个方面：一是巩固群体内成员的身份认同，村庄内成员因为资源分配不均而产生的冲突得以调解。通过村庄内部的仪式活动凝聚村庄内成员的情感凝聚力，以达到“群体团结”。二是通过主动的沟通策略在村小组和社区成员的支持和帮助下，构建两个群体之间的沟通机制。同一群体内部成员有着一定的同一性，同时承担着来自群体的驱动力和压力，群体内集体意识通过共有的行为方式得以呈现，老村民群体从最初的排斥情绪到现在对新居民的认可和接纳在很大程度上与村庄社会关系网中的关键性人物有关。除此之外，新居民群体能够主动遵循当地地方性规则，也是双方的社会互动过程得以正常进行的因素之一。新居民群体表现出对于村庄的认同，积极参与到村庄公共事务之中时，老村民群体与其关系更为紧密。尽管当前作为原居者的老村民群体和作为外来者的新居民群体依然存在分别，但双方已经就一些问题达成共识，村庄内生活秩序是有序且稳定的。

现代社会所具有的流动性特征，使得个体对自身的反身性思考更为凸显，如何在所处的社会结构中找到自己的位置成为重要命题。新居民群体对移居地地域性认同的建构和对老居民群体的行动回应，都是为了能够让自身生活在一个更加和谐的环境之中。来自不同文化背景下的个体在共居空间实现对村落共同体的认同，就需要通过一系列具体的实践从制度和个体层面展开对村落生活共同体的培育。

（三）村落生活共同体

滕尼斯指出："关系本身即结合，这就是共同体的本质。一切亲密的、私密的、单纯的共同生活被理解为在共同体里的生活。"[1]共同体为群体、成员提供基本保障的同时，成员也需要遵守共同体内部的相关规范。鲍曼在滕尼斯的基础上对共同体进行了进一步的解读，他认为："共同体依赖的是一种相互联结起来的情感。"[2]乡村共同体在长期的村庄发展过程中形成了一定的伦理观念、价值体系和行为规范，是"一种行动者在其创造和产生出信仰、价值观以及其他社会生活的手段"[3]，呈现出地方性和乡土性交织的特征。

大墨雨村显然是一个具有清晰社会文化边界的村落共同体，村庄内成员有着强烈的身份认同感。村庄内政治组织主要由两部分组成：一是村民小组，它代表着村庄村民的集体利益；二是雨花社区，大墨雨村是雨花社区驻地辖区内村落，社区负责人均为该村村民。在某种程度上，村小组和社区干部与村民的日常接触都发生在村落社会关系网络结构之中，其行为方式受到群体身份的制约。而新居民群体是不具有村庄成员资格的，当地基层工作人员在与新居民群体进行接触的过程中有着双重身份。当前，新居民群体和老村民群体之间的互动表现出共生的交互关系类型，村落生活环境对于两个群体而言都至关重要。因此，培育新型村落生活共同体对两个群体都具有重要意义。

新居民已经初步适应了乡村生活，其适应性表现在两个方面：一是对村庄人情法则的了解；二是对当前生存环境的熟悉。在两个群体之间所呈现出的对于群体内身份与生活方式异质性而引发的区隔，通过社会互动得到了缓

[1] [德]斐迪南·滕尼斯，林荣远译：《共同体与社会》，商务印书馆，1999年版，第52页。
[2] [英]齐格蒙特·鲍曼，欧阳景根译：《共同体》，江苏人民出版社，2003年版，第7-8页。
[3] 赵旭东：《本土异域间：人类学研究中的自我、文化与他者》，北京大学出版社，2011年版，第267-268页。

解。从房东、邻居到其他村民已经对村庄内新居民的生活和行为方式形成大致的认知。

双方为维护共同的生活环境作出了努力。例如，因游客乱扔垃圾行为而造成的垃圾污染问题，新居民主动到水库、龙潭等处提醒游客不要乱扔垃圾、破坏饮用水资源。除此之外，对于村庄内防火护林等问题也有着极高的关注度。如果新居民群体最初的行为是出于自身的理性选择，那么后期其行动动机明显有情感能量的驱动。

通过日常生活中的互动行为，两个群体之间的情感联系不断增强，尤其是对新老居民产生影响的外部因素介入时，两个群体之间的团结达到最高点。目前，两个群体最为关注的就是游客到村中之后对其日常生活产生的影响。大墨雨村在社交媒体的渲染之下声名鹊起，很多游客慕名到村中游玩。但村庄最初发展规划并未将其作为旅游村进行打造，因此相关配套设施并不完善。村庄内除两家新居民之外，老村民群体中没有以经营农家乐为生的农户，游客常携带各类塑料垃圾到水库附近野餐、遛狗等，除此之外，还有游客到山上进行烧烤活动，未经新居民允许私自闯入其家中、乱停车等问题，对新老居民的生活造成了干扰。游客的不文明旅游行为引发了新老居民的反感。

新居民代表向村小组领导反映之后，双方共同商议制订出方案以解决游客引发的各类问题。解决方案包括在家门口悬挂“私宅”木牌、在水库上方设立告示牌等。对村庄共同利益的关注进一步将群体间的关系紧密联系起来，情感能量也在互动过程中随着关系主体互动强度不断发生变化。正如柯林斯指出：“情感是渗透在生活中最持久的、潜在的氛围或情感状态，社会互动中采取主动行动投入热情，有利于情感连带的建构。”[1]对于新居民群体而言，大墨雨村俨然成为“第二故乡”，在经历了与老村民群体的一系列冲突事件之后，他们意识到自身花费了大量的时间和精力来打造自己想要的家，如果因为矛盾和冲突就离开这里显然过于理想化，只有自己先主动和老村民群体建立起情感关系，才能让自己在这里生活得更加舒适。

[1] [美]兰德尔·柯林斯，林聚任等译：《互动仪式链》，商务印书馆，2009年版，第159页。

新居民群体试着融入村庄的行动也得到老村民群体的回应。埃利亚斯声称："如果个体在一个社区内待的时间足够长，那些社区内的文化特征自然会影响到自身。个体对于自身身份的认同到对于社区的认同，影响着个体的社会行为。"[1]新居民群体能够融入村庄生活，是外来群体移居生活实践的有益尝试。在埃利亚斯的研究中，他发现工人阶级社区之间的分层是根深蒂固的，很难因双方之间的接触而消失。从某种意义上说，温斯顿·帕尔瓦社区的外来者群体并不为原居者所接受，原居者对任何可能危及自身地位的行为极度敏感，他们立即注意到外来者的行为方式对其地位构成了挑战。原居者用自身文明化的生活方式来体现自身在各个层面上的优越性，以符合自身阶层身份的象征。原居者群体有着较强的群体凝聚力，本能地将不属于本群体的人排除在外。在许多情况下，任何不属于原居者圈子的人都不能未经他们同意就进入这个圈子。[2]在这一点上，大墨雨村的老村民群体和原居者有着一定的相似性，对于"非我群体"的外来者都有原初性排斥。

但是与埃利亚斯的研究不同的是，作为外来者的新居民群体有着自身的行动策略，他们以主动的方式融入乡村生活，对自身的行为动机作出解释。从个体所具有的现代性特征来讲，新居民群体显然认为自己的生活方式与老村民群体相比是更超前的。尽管新居民群体普遍认为自身能够从老村民群体身上学到地方性知识，但单就生活方式而言，应该是其生活方式影响着老村民群体。大墨雨村的个案表明，当两个群体之间通过长时段的社会互动，且外来者群体能够适应定居地地方性制度时，两个群体之间可以达到一种相对平衡的状态。事实上，新居民群体并非简单地从一个地方移动到另一个地方，而是来自各个地方具有相同属性的社会群体与移居地群体展开互动，他们必须习惯新移民的角色，同时与老村民群体建立新的关系，本能地寻求进入或被迫与相同属性的群体成员彼此依靠，同时处理其在移居地所需面对的具体

[1] Norbert Elias, John L Scotson. *The established and the outsiders*. London: Sage publications,1977, p.171.

[2] Norbert Elias, John L Scotson. *The established and the outsiders*. London: Sage publications,1977, pp.149–150.

问题。在这一过程中，新老居民群体为了各自的利益做出了不同的行动选择，从个体层面来看，新老居民群体已然建立起私人情感关系，对于村庄有着属于自己的情感记忆。情感的连带关系让其更愿意参与到村庄的公共事务之中，为维护共有家园贡献自己的力量。对于村庄未来的发展规划，也得以从制度性层面管窥两个群体以及地方性组织适应环境的行动策略。

二、大流动时代个体生活方式的多重可能性

布尔迪厄指出，“不同群体之间生活方式差异的产生，其本质是社会分层基本的结构性特征，而不仅仅是生产领域分化之结果”。[1]新居民群体和老村民群体尽管处于同一时代，但生活背景和生活经历的差异导致二者的生活方式有着明显的区别，隐藏在这背后的不同群体之间的生活方式与其社会阶层有着密不可分的社会联系。

从群体属性上看，新居民群体基本符合中产阶层文化和消费特征，他们拥有一定的社会、经济、文化资本并产生与之相配套的“惯习”。快节奏的城市生活让其开始反思自己的生活方式。城市居民到农村生活并非近两年才兴起的潮流，早在2010年前后，就陆续有曾居住在大城市人的选择到大理生活，该群体被称为“大理新移民”。学界针对这一现象进行了分析，马少吟和徐红罡将新移民群体中的生活方式型旅游企业主移民作为研究对象，关注该群体的生产和生活方式特征，尽管有关注其与当地居民生产和生活方式的差异，但并未进行具体分析。[2]2017年，徐红罡等针对生活方式型旅游企业主移民的社会交往进行了讨论，指出其社交圈的三大特征，将重点放在旅游移民的内

[1] [法]皮埃尔·布尔迪厄，刘晖译：《区分：判断力的社会批判（上册）》，商务印书馆，2015年版，第77页。

[2] 马少吟，徐红罡：《从消费到生产：大理古城生活方式型旅游企业主移民的生存特征》，载《旅游学刊》，2016年第5期，第81-88页。

部“圈子”交往问题上。[1]张慧就到大理定居的外来中产阶层的生活方式进行了研究，分析其迁移动机和需求以及对移居地产生的影响，[2]但由于研究地域范围过于宽泛，对于其与当地居民之间的社会互动并未进行深入分析，且对于中产阶层生活方式移民这一群体未进行分类，仅从更为宏观的视角指出二者生活方式特征的差异。

除大理外，丽江、阳朔、三亚等地也是生活方式移民的热门目的地。当前，学界对该群体的研究仍存在一定不足。从该群体的称谓上看，生活方式移民因其自身的独特性和复杂性，常被国内学者冠以多种称谓，如“新农人”[3]“季节性移民”[4]“逆城市化移民”[5]“生活方式型移民”[6]等；国外学者将其称为“生活方式移民（Lifestyle migration）”[7]“第二居所移民”等[8]。介于永久性移民和游客之间的生活方式移民这一流动类型，很难有具体且统一的概念对其进行界定。本书中将新居民群体划分为生活方式型移民也是一种尝试，是在前人概念框架的基础上进行沿用。本书中的新居民群体均来自城市，且从整体上看其经济条件很好，受教育程度水平较高。在未移居到大墨雨村之前，其生活方式属于典型的中产阶层城市生活方式。

---

[1] 徐红罡，马少吟，姜辽：《生活方式型旅游企业主移民社会交往研究》，载《旅游学刊》，2017年第7期，第69–76页。

[2] 张慧：《中产阶层逆城镇化生活方式研究——以大理现象为例》，载《湖南师范大学社会科学学报》，2018年第2期，第92–101页。

[3] 张慧泽，高启杰：《新农人现象与乡村人才振兴机制构建——基于社会与产业双重网络视角》，载《现代经济探讨》，2021年第2期，第121–125页。

[4] 赵臣，陈扬乐，张凯等：《三亚市季节性旅游移民社会融合对主观幸福感的影响》，载《地理科学》，2020年第12期，第2064–2072页。

[5] 沈东：《由城入乡：逆城市化的本土实践与理论重构》，载《人口与社会》，2018年第2期，第22–32页。

[6] 唐香姐，徐红罡：《生活方式型移民研究综述》，载《地理科学进展》，2015年第9期，第1096–1106页。

[7] Benson, M O'Reilly, Karen, "From lifestyle migration to lifestyle in migration: categories, concepts and ways of thinking", *Migration Studies*, vol.4, no.1, 2016, pp.20–37.

[8] Wang Jinlian, Su Qin, "The social interaction processes and mechanisms between second home sojourners and local residents: a case study of Sanya city, China", *Geographical Research*, vol.40, no.2, 2021, pp.462–476.

我国社会背景下，中产阶层的社会地位、消费行为、休闲方式等有着独特的表征。李春玲在前人研究的基础上，将中产阶层划分为公有部门和非公有部门两类。前者受雇于政府部门、国企和事业单位，具有稳定的收入和福利待遇，后者则受雇于私营和外企，因较高的经济收入而成为有实力的消费群体。[1]作为重要消费力量的新居民群体，其消费行为同样彰显出对于物品的格调和品位追求。正如徐赣丽等针对中产阶层消费品位的分析，消费者不仅是对商品使用价值的看重，商品背后潜藏的符号价值和文化内涵还能够为其身份特征进行标识，从而与其他阶层区别开。[2]新居民群体在大墨雨村的"家"所呈现出的装修风格，以及家具的陈设均彰显出与老村民群体截然不同的审美情趣和生活品位。新居民群体的休闲方式同样有着一定的风格特征。国内学者杨帅等基于CGSS2010的数据进行研究发现，中产阶层的休闲方式呈现出娱乐型、社交型和发展型三类。[3]对美好和高质量生活的追求是中产阶层长期以来的生活目标。新居民群体到乡村租房进行改造这一现象，同样体现个体生活方式的阶层特征。看似移居乡村是对自身生活的反思，实质上长期以来形成的生活品位仍然影响着新居民群体在乡村的生活。他们对乡村生活的适应性，主要体现在对村庄地方性文化的了解和认识，以及对村庄社会交往法则的适应上。然而其文化品位、消费方式以及生活态度依然呈现出城市中产阶层生活方式的特征。

乡村社会是一个具有不同空间的场域，在不同的社会空间有着不同的思维方式和行动网络。新居民群体的行动使得村庄内部社会空间结构发生了转变。基于这一社会事实，如何使两个群体在共居生活空间形成共有意义，成为一个相对紧密的"生活共同体"，需要长时间段的个体社会关系网络的"互嵌"，即嵌入村庄、家庭、邻居直至村庄整体社会生活。新老居民群体间的关

[1] 李春玲：《中国中产阶级的发展状况》，载《黑龙江社会科学》，2011 年第 1 期，第 75–87 页。

[2] 徐赣丽，刘言：《当代中产阶层消费品味的制造——基于网易严选文案的文本分析》，载《浙江师范大学学报（社会科学版）》，2019 年第 5 期，第 61–70 页。

[3] 杨帅，王飞：《我国中产阶层的休闲方式与健康状况——基于 CGSS2010 的实证研究》，载《学理论》，2020 年第 3 期，第 69–71 页。

系实质上是一种共生共建的关系，“持久和真正的共同生活”是双方实现对村庄认同建构的基础。他们之间新型社会关系类型的型构折射出地方性与流动性的特殊融合，这种关系本身也具有新时代的特征，折射出城乡关系的多重可能性。村落现代化发展过程中，政府、新居民、老村民、游客、专家学者、大众媒体所具有的象征性实践结构使得村庄文化互动网络具有双重复杂性，不同的行动者面对同一客观村庄社会环境的制约，形成了一个互相影响的行动者实践场域。作为乡村文化再生产场域的乡村空间，已然成为文化现代性的独特象征符号。来自各方行动者的“凝视”，不断形塑着村庄的文化形态。这些因素的共同作用织就了大墨雨村当前的共同体样式和形态，建构出独属于该村的生活世界并重塑着村落叙事，当今乡土中国的后乡土表征在其中体现得淋漓尽致。

附　录

表1　受访人员信息对照表

序号	姓名	性别	出生日期（年）	职业
1	XCM	男	1964	装修队包工
2	LJY	男	1948	务农
3	LFH	男	1963	原村中文书、装修队工人
4	XFH	女	1965	麗日餐厅临时服务员
5	MGP	女	1972	装修队工人
6	ZLL	女	1974	务农
7	ZFL	女	1966	素朴咖啡馆临时服务员
8	LSH	男	1968	装修队组织者
9	XFH	女	1963	务农
10	MYK	男	1988	货运司机、务农
11	ZCJ	男	1963	务农
12	LYZ	女	1967	务农
13	NMF	女	1963	务农
14	XKX	男	1965	务农
15	LSH	男	1968	装修队包工
16	MLS	男	1989	现任村主任
17	MXH	女	2002	护士
18	YKY	男	1974	务农
19	XTY	女	1965	务农
20	NWB	男	1962	务农、装修队工人

续表

序号	姓名	性别	出生日期（年）	职业
21	NJH	男	1981	务农、货运司机
22	LYF	女	1967	务农
23	NSM	女	1969	雨花社区工作人员
24	LXM	女	1967	务农
25	XLY	女	1982	经营炸洋芋店
26	LXC	男	1975	装修队包工
27	LHY	女	1993	务农
28	XZJ	女	1987	龙潭镇便利店工作人员
29	MYK	男	1988	务农、货运司机
30	LSC	女	1963	村支书
31	LG	男	1951	村老年人协会会长
32	ZKX	男	1963	务农
33	LFH	男	1963	原村中文书、装修队工人
34	NGX	男	1971	务农
35	YBC	女	1959	务农
36	NGL	女	1978	务农
37	LMR	女	1988	药店工作人员
38	SHL	女	1965	务农
39	ZXM	男	1973	务农
40	MGL	女	1965	务农
41	XJN	男	1985	雨花社区副主任
42	YFH	男	1940	务农
43	ZLY	女	1944	务农
44	LPL	女	1955	务农
45	NCY	女	1971	务农
46	ZXX	男	1971	务农，承包村中停车场
47	NSG	男	1970	务农
48	LXL	女	1953	务农
49	MLS	男	1989	现任村主任

续表

序号	姓名	性别	出生日期（年）	职业
50	TH	女	1993	小学教师
51	ZYF	女	1990	务农，经营果园
52	NX	女	1989	务农，做微商代理
53	MYJ	女	1988	经营蛋糕店
54	LJW	女	1992	务农，做微商代理
55	LYH	女	1962	务农
56	SYF	男	1980	务农，拉大车
57	RYR	女	1975	务农
58	ZJF	女	1990	务农
59	LFY	男	1960	原装修队包公
60	FLZ	女	1940	务农
61	ZLY	女	1942	务农
62	ZLL	女	1944	务农
63	LTF	女	1949	务农
64	YMK	女	1950	务农
65	NML	男	1974	务农，装修队工人
66	LZX	男	1953	务农
67	LCY	女	1976	务农 装修队工人
68	LSL	女	1956	务农
69	XJ	男	1965	务农
70	LPS	男	1968	雨花社区主任
71	XJN	男	1985	雨花社区副主任
72	ZYF	女	1990	务农
73	NX	女	1989	龙潭镇米线店工作
74	MJY	女	1988	务农
75	LJW	女	1992	务农
76	ZYF	女	1990	务农

表2　受访新居民信息对照表

序号	姓名	性别	出生日期（年）	职业	入住时间（年）
1	WMJ	女	1974	经营花艺工作室	2019
2	LTT	女	1985	麗日餐厅经营者	2015
3	GP	男	1985	古琴修复师	2017
4	YWJ	女	1958	事业单位退休人员	2020
5	XJH	女	1964	国企退休员工	2019
6	ZHG	男	1957	宠物店经营者	2020
7	ZX	女	1973	咖啡师	2017
8	DXD	女	1988	事业单位工作人员	2020
9	HYM	女	1989	墨雨村学教师	2018
10	SX	男	1990	木工坊经营者	2018
11	YY	女	1983	墨雨村学教师	2018
12	GC	男	1993	墨雨村学教师	2020
13	XX	女	1987	激光脱毛师	2019
14	FF	女	1971	瑜伽教练	2018
15	LYY	女	1974	画室经营者	2020
16	FZY	女	1957	国企退休人员	2019
17	WZJ	男	1970	外企工作人员	2020
18	DXI	女	1989	插画师	2018
19	HJ	女	1963	高校退休教师	2018
20	JMQ	女	1974	服装设计师	2019
21	LYQ	男	1982	程序员	2019
22	DWJ	女	1962	私厨经营者	2019
23	JJW	男	1985	攀岩教练	2018
24	LY	女	1984	经营教育培训机构	2020
25	ZR	男	1986	国企员工	2021
26	WC	女	1982	墨雨村学创始人	2017
27	HYM	女	1989	村学教师	2017
28	CR	女	1981	墨雨村学创始人	2017

续表

序号	姓名	性别	出生日期（年）	职业	入住时间
29	WY	男	1978	自由职业者	2017
30	WC	女	1982	墨雨村学创始人	2017
31	DJ	女	1985	整形美容机构经营者	2020
32	SKX	女	1969	事业单位退休人员	2021
33	DD	女	1968	国企退休人员	2018
34	LSY	女	1977	教育培训机构经营者	2021
35	DXX	女	1972	经营瑜伽馆	2019
36	SYY	男	1960	国企退休人员	2019
37	LMH	男	1962	律师	2020
38	LTT	女	1985	麗日餐厅经营者	2015
39	YQ	女	1987	教育机构从业者	2020
40	YY	女	1983	互联网从业者	2016
41	HLZ	女	1986	营养师	2021
42	ZJ	女	1971	家具设计师	2019
43	WYJ	女	1983	美术机构经营者	2019
44	ZYF	女	1982	互联网从业者	2018
45	LMZ	男	1967	私营企业经营者	2021
46	YZ	男	1966	服装公司经营者	2021
47	LC	女	1986	摄影师	2021
48	LMZ	男	1967	汽车租赁公司经营者	2022
49	XJH	女	1966	国企退休员工	2019
50	FWN	女	1972	服装设计师	2021
51	WRL	女	1965	事业单位退休员工	2021
52	WJ	女	1966	高校退休教师	2018
53	LLS	女	1978	心理咨询师	2020
54	SDQ	女	1991	民办高校教师	2017
55	XLJ	女	1965	私立高中教师	2018
56	CSL	女	1987	画室经营者	2020
57	WC	女	1982	墨雨村学创始人	2017

续表

序号	姓名	性别	出生日期（年）	职业	入住时间
58	LCH	女	1978	咖啡馆经营者	2020
59	DJJ	女	1974	医生	2019
60	HCL	女	1971	国企员工	2019
61	XLF	女	1974	服装店经营者	2020
62	WS	女	1983	健身工作室经营者	2021
63	FQ	男	1987	民办高校教师	2021
64	FY	女	1974	自由职业者	2019
65	ZNN	女	1972	饰品设计师	2021
66	DXX	女	1978	事业单位员工	2021
67	YQ	女	1986	自媒体从业者	2020
68	ZXR	女	1975	教师	2019
69	DLH	女	1960	事业单位退休员工	2020
70	XQX	女	1984	皮具手作坊经营者	2022
71	WZ	女	1987	木版画画师	2019
72	GYJ	男	1978	事业单位员工	2022
73	LCJ	男	1980	医生	2021
74	LMY	女	1985	外企员工	2020
75	XJH	女	1964	国企退休员工	2019
76	ZX	女	1973	咖啡师	2017
77	DXD	女	1988	事业单位工作人员	2020

参考文献

中文文献

期刊论文（按作者首字母排序）

[1] 包智明，孟琳琳．生态移民对牧民生产生活方式的影响——以内蒙古正蓝旗敖力克嘎查为例 [J]. 西北民族研究，2005（2）.

[2] 保虎．冲突与协调：中国农村社会关系网络变迁反思 [J]. 原生态民族文化学刊，2018，10（1）.

[3] 布里恩·温斯顿，来丰．媒介的产生——技术决定论抑或文化决定论 [J]. 江西财经大学学报，2001（1）.

[4] 程雪阳．重建财产权：我国土地制度改革的基本经验与方向 [J]. 学术月刊，2020，52（4）.

[5] 陈伯君．“逆城镇化”趋势下中国村镇的发展机遇——兼论城市化的可持续发展 [J]. 社会科学研究，2007（3）.

[6] 陈氚．现代性议题中的社会时间理论 [J]. 国外理论动态，2019（8）.

[7] 陈凤兰，豆晓恒．“田园诗”与“小康梦”：市民入乡过程中文化冲突与利益共享 [J]. 福州大学学报（哲学社会科学版），2020，34（5）.

[8] 陈华兴．现代·现代性·后现代性——论 A·吉登斯的现代性理论 [J]. 浙江社会科学，2006（6）.

[9] 陈嘉明 ."现代性"与"现代化"[J]. 厦门大学学报(哲学社会科学版),2003(5).

[10] 迟帅 . 论现代性的流动性及其对社会学研究理论的重构 [J]. 社会科学辑刊,2019(6).

[11] 方亚琴,夏建中 . 社区、居住空间与社会资本——社会空间视角下对社区社会资本的考察 [J]. 学习与实践,2014(11).

[12] 高丙中 . 西方生活方式研究的理论发展叙略 [J]. 社会学研究,1998(3).

[13] 高新宇,许佳君 . 空间重构与移民社区融入——基于"无土安置"工程的社会学思考 [J]. 社会发展研究,2017(1).

[14] 高瑜 . 临界空间的转变——云南大理古城的个案研究 [J]. 西北民族研究,2017(4).

[15] 郭凌,吉根宝,罗良伟 . 从游客到旅居者:旅游中的"新移民"研究 [J]. 贵州民族研究,2015(5).

[16] 郭馨天 . 自主性的降低——吉登斯和鲍曼对现代性的微观分析 [J]. 社会,2004(4).

[17] 郭于华 . 农村现代化过程中的传统亲缘关系 [J]. 社会学研究,1994(6).

[18] 贺艳 . 传媒中的"他者":浅析乡村话语边缘化现象 [J]. 云南行政学院学报,2010(3).

[19] 胡新艳,许金海,陈卓 . 中国农村宅基地制度改革的演进逻辑与未来走向 [J]. 华中农业大学学报(社会科学版),2021(1).

[20] 韩立达,史敦友,韩冬,等 . 农村土地制度和户籍制度系统联动改革:历程演进、内在逻辑与实施路径 [J]. 中国土地科学,2019,33(4).

[21] 金如委,宫宝利 ."乡村新移民"地方感研究——基于浙江省的实证调查 [J]. 天津师范大学学报(社会科学版),2017(6).

[22] 康渝生,栾广君 . 从"现实的个人"到"真正的共同体"——马克思生活方式理论的致思轨迹 [J]. 理论探讨,2014(6).

[23] 雷振华 ."逆城市化"为发展经济提供新动力 [J]. 时代金融,2015(34).

[24] 李春玲 . 中国中产阶级的发展状况 [J]. 黑龙江社会科学,2011(1).

[25] 李劼．生计方式与生活方式之辨 [J]. 中央民族大学学报（哲学社会科学版），2016，43（1）.

[26] 李增刚．农民进城、市民下乡与乡村振兴 [J]. 学习与探索，2018（5）.

[27] 李培林．村落终结的社会逻辑——羊城村的故事 [J]. 江苏社会科学，2004（1）.

[28] 李雪萍，吕明月．青年返乡服务型精英：乡村治理权威结构的新变化 [J]. 湖北民族大学学报（哲学社会科学版），2020，38（1）.

[29] 李永安．中西部欠发达地区美丽乡村建设困境与突围 [J]. 理论月刊，2018（5）.

[30] 寥筠．城市化进程中的“逆城镇化现象”——“非转农”问题分析 [J]. 上海经济研究，2003（6）.

[31] 林南．生活质量的结构与指标 [J]. 社会学研究，1987（6）.

[32] 刘达，林赛南，李志刚，刘凌波．“人口回流”视角下的中部地区乡村振兴——对湖北“毛嘴模式”的实证 [J]. 地理科学，2020，40（1）.

[33] 刘林平．外来人群体中的关系运用——以深圳“平江村”为个案 [J]. 中国社会科学，2001（5）.

[34] 刘婷．旅游空间再造与传统村落的文化适应研究——云南省怒江州百花岭村的研究案例 [J]. 贵州民族研究，2020，41（9）.

[35] 刘雨婷．隐晦区分：大都市本地居民地域身份认同的重构 [J]. 社会发展研究，2021，8（2）.

[36] 陆小伟．城市生活方式的主要特征和功能 [J]. 社会学研究，1987（4）.

[37] 陆益龙．后乡土性：理解乡村社会变迁的一个理论框架 [J]. 人文杂志，2016（11）.

[38] 陆益龙．乡土中国的转型与后乡土性特征的形成 [J]. 人文杂志，2010（5）.

[39] 马少吟，徐红罡．从消费到生产：大理古城生活方式型旅游企业主移民的生存特征 [J]. 旅游学刊，2016，31（5）.

[40] 毛丹，王萍．英语学术界的乡村转型研究 [J]. 社会学研究，2014，29（1）.

[41] 冒君刚．试论生活方式 [J]. 社会学研究，1986（2）.

[42] 宁越敏. 论世界大城市的发展趋势——兼论我国大城市的发展问题 [J]. 城市问题, 1990(4).

[43] 潘佼佼. 都市中产阶级对乡村空间的想象与改造 [J]. 文化纵横, 2016(6).

[44] 潘泽泉, 刘丽娟. 空间生产与重构: 城市现代性与中国城市转型发展 [J]. 学术研究, 2019(2).

[45] 彭大鹏. 现代化与现代性: 理解转型期乡村秩序的一个视角 [J]. 理论与改革, 2010(3).

[46] 彭兆荣. 城镇化与逆城镇化: 一种新型的双向对流关系——以厦门城中村曾厝垵为例 [J]. 中南民族大学学报(人文社会科学版), 2019, 39(3).

[47] 秦海. 制度范式与制度主义 [J]. 社会学研究, 1999(5).

[48] 瞿州莲. 论文化调适过程中的个人意愿差异与趋同 [J]. 贵州民族研究, 2003(3).

[49] 任映红, 严米平. 渐行渐远: 乡村变迁中日益陌生化的邻里关系——一项对LSZ村的观察 [J]. 理论探讨, 2017(1).

[50] 沈东. 当代中国逆城镇化研究的争鸣及展望 [J]. 湖南科技大学学报(社会科学版), 2018, 21(2).

[51] 沈东. 由城入乡: 逆城市化的本土实践与理论重构 [J]. 人口与社会, 2018, 34(2).

[52] 沈毅. "差序格局"的不同阐释与再定位——"义""利"混合之"人情"实践 [J]. 开放时代, 2007(4).

[53] 孙信茹, 杨星星. "媒介化社会"中的传播与乡村社会变迁 [J]. 国际新闻界, 2013, 35(7).

[54] 塔娜, 柴彦威. 理解中国城市生活方式: 基于时空行为的研究框架 [J]. 人文地理, 2019, 34(2).

[55] 唐香姐, 徐红罡. 生活方式型移民研究综述 [J]. 地理科学进展, 2015, 34(9).

[56] 陶岸君, 王兴平, 王海卉. 新型城镇化背景下发达地区村庄布点规划方法 [J]. 规划师, 2016, 32(1).

[57] 王春雷．新中国建立后我国“逆城镇化”现象及其城乡均衡效应 [J]. 湖南科技大学学报（社会科学版），2018，21（2）.

[58] 王丹，刘祖云．国外乡村空间研究的进展与启示 [J]. 地理科学进展，2019，38（12）.

[59] 王华．农村“高音喇叭”的权力隐喻 [J]. 南京农业大学学报（社会科学版），2013，13（4）.

[60] 王铭铭．教育空间的现代性与民间观念——闽台三村初等教育的历史轨迹 [J]. 社会学研究，1999（6）.

[61] 王小章．齐美尔论现代性体验 [J]. 社会，2003（4）.

[62] 王旭．“逆城市化”论质疑 [J]. 史学理论研究，2002（2）.

[63] 王雅林，贾稚岩．社会主义的生活方式问题 [J]. 江汉论坛，1982（10）.

[64] 王雅林．生活方式研究评述 [J]. 社会学研究，1995（4）.

[65] 王雅林．生活方式研究 40 年：学术历程、学科价值与学科化发展 [J]. 西北师大学报（社会科学版），2019，56（3）.

[66] 文军，吴越菲．流失“村民”的村落：传统村落的转型及其乡村性反思——基于 15 个典型村落的经验研究 [J]. 社会学研究，2017，32（4）.

[67] 文军．从生存理性到社会理性选择：当代中国农民外出就业动因的社会学分析 [J]. 社会学研究，2001（6）.

[68] 吴旋，罗建文．新中国成立 70 年来户籍制度变革的历史逻辑与未来展望 [J]. 宁夏社会科学，2019（5）.

[69] 席婷婷．礼尚往来何以可能——从《礼物》看古式社会中的礼物交换现象 [J]. 中央民族大学学报（哲学社会科学版），2015，42（S1）.

[70] 夏当英．祖先崇拜：支撑乡村生活秩序的传统宗教内核 [J]. 安徽大学学报（哲学社会科学版），2017，41（3）.

[71] 夏银平，何衍林．从时间叙事到空间叙事：人类命运共同体对全球现代性的话语重构 [J]. 理论与改革，2021（4）.

[72] 夏铸九．重读《空间的生产》——话语空间重构与南京学派的空间想象 [J]. 国际城市规划，2021，36（3）.

[73] 肖小霞，德频．冲突与融合：城市生活方式的变迁 [J]. 学术论坛，2003（3）.

[74] 谢丽丽．村庄公共环境恶化的空间社会学阐释——以西北地区 × 村为个案 [J]. 南京工业大学学报（社会科学版），2017，16（2）.

[75] 徐赣丽，刘言．当代中产阶层消费品味的制造——基于网易严选文案的文本分析 [J]. 浙江师范大学学报（社会科学版），2019，44（5）.

[76] 徐红罡，马少吟，姜辽．生活方式型旅游企业主移民社会交往研究 [J]. 旅游学刊，2017，32（7）.

[77] 徐勇．简论乡村生活方式的变革 [J]. 福建论坛（经济社会版），1987（3）.

[78] 杨国枢．中国人的社会取向：社会互动的观点 [J]. 中国社会心理学评论，2005（1）.

[79] 杨宏伟．我国新型城镇化中的"逆城市化"现象、诱因与制度反思 [J]. 改革与战略，2017（3）.

[80] 杨帅，王飞．我国中产阶层的休闲方式与健康状况——基于 CGSS2010 的实证研究 [J]. 学理论，2020（3）.

[81] 杨雪云．空间转移、记忆断裂与秩序重建——对征地拆迁安置小区农民城市融入问题的观察 [J]. 青海民族大学学报（社会科学版），2014，40（4）.

[82] 杨宜音．试析人际关系及其分类——兼与黄光国先生商榷 [J]. 社会学研究，1995（5）.

[83] 杨渝东．社区与文明化理论——埃利亚斯的"局内人—局外人"理论及其反思 [J]. 学术研究，2015（12）.

[84] 余斌，卢燕，曾菊新，等．乡村生活空间研究进展及展望 [J]. 地理科学，2017，37（3）.

[85] 岳天明．社会困局与个体焦虑：吉登斯的现代性思想 [J]. 西北师大学报（社会科学版），2013，50（5）.

[86] 赵军洁，张晓旭．中国户籍制度改革：历程回顾、改革估价和趋势判断 [J]. 宏观经济研究，2021（9）.

[87] 张慧．中产阶层逆城镇化生活方式研究——以大理现象为例 [J]. 湖南师范大学社会科学学报，2018，47（2）.

[88] 张慧泽，高启杰 . 新农人现象与乡村人才振兴机制构建——基于社会与产业双重网络视角 [J]. 现代经济探讨，2021（2）.
[89] 张开志，高正斌，张莉娜，等 . “候鸟式”流动抑或“永久”迁移？——基于社会融入视角的公共服务可及性与人口流迁选择 [J]. 经济与管理研究，2020，41（7）.
[90] 张强，霍露萍，祝炜 . 城乡融合发展、逆城镇化趋势与乡村功能演变——来自大城市郊区城乡关系变化的观察 [J]. 经济纵横，2020（9）.
[91] 张善余 . 逆城市化——最发达国家人口地理中的新趋向 [J]. 人口与经济，1987（2）.
[92] 张勇 . 中国农民传统心理探析 [J]. 广西师范大学学报（哲学社会科学版），2015，51（2）.
[93] 张元 . 自我认知的实现路径 [J]. 宁夏社会科学，2013（5）.
[94] 赵臣，陈扬乐，张凯，等 . 三亚市季节性旅游移民社会融合对主观幸福感的影响 [J]. 地理科学，2020，40（12）.
[95] 赵永春 . 关于“人口迁移”“移民”及其相关概念 [J]. 史学集刊，2012（2）.
[96] 赵旭东，张洁 . 乡土社会秩序的巨变——文化转型背景下乡村社会生活秩序的再调适 [J]. 中国农业大学学报（社会科学版），2017，34（2）.
[97] 郑作彧 . 社会速度研究：当代主要理论轴线 [J]. 国外社会科学，2014（3）.
[98] 翟学伟 . 中国人际关系的特质：本土的概念及其模式 [J]. 社会学研究，1993（4）.
[99] 翟学伟 . 中国人社会行动的结构——个人主义和集体主义的终结 [J]. 南京大学学报（哲学 . 人文科学 . 社会科学版），1998（1）.
[100] 曾一果，时静 . 从“情感按摩”到“情感结构”：现代性焦虑下的田园想象——以“李子柒短视频”为例 [J]. 福建师范大学学报（哲学社会科学版），2020（2）.
[101] 郑震 . 现代性：空间激增与时间荒——概念重建与时空的具体性 [J]. 广东社会科学，2020（6）.

学位论文（按作者首字母排序）

[1] 陈辉 ."过日子"：农民的生活哲学 [D]. 上海：华东理工大学，2013.

[2] 邓祺 . 延续与分化：转型期乡村记忆的传承机制及启示 [D]. 合肥：安徽大学，2015.

[3] 高红艳 . 社会网络与"新生存空间"的生成 [D]. 上海：上海大学，2006.

[4] 苟天来 . 村落邻里关系构成与分布的网络分析 [D]. 北京：中国农业大学，2005.

[5] 梅莹 . 城乡融合背景下人口"逆城市化"趋势、动因及引导策略研究 [D]. 武汉：华中师范大学，2021.

[6] 沈东 . 由城入乡：安镇的人口逆城市化实践 [D]. 上海：华东师范大学，2017.

[7] 宋丽娜 . 人情的社会基础研究 [D]. 武汉：华中科技大学，2011.

[8] 王崇敏 . 宅基地使用权制度现代化构造 [D]. 武汉：武汉大学，2013.

[9] 王德福 . 做人之道：熟人社会中的自我实现 [D]. 武汉：华中科技大学，2013.

[10] 王寓凡 . 空间再造与扶贫搬迁人口的社会适应 [D]. 武汉：华中师范大学，2021.

专著（按作者首字母排序）

[1] 包亚明 . 现代性与空间的生产 [M]. 上海：上海教育出版社，2002.

[2] 边燕杰 . 关系社会学：理论与研究 [M]. 北京：社会科学文献出版社，2011.

[3] （晋）常璩，华阳国志・南中志 [M]. 刘琳校注 . 成都：巴蜀书社，1984.

[4] 段成荣 . 中国流动人口研究 [M]. 北京：中国人口出版社，2012.

[5] 冯雷 . 理解空间：20 世纪空间观念的激变 [M]. 北京：中央编译出版社，2017.

[6] 费孝通 . 乡土中国 [M]. 北京：三联书店，1985.

[7] 费孝通 . 江村农民生活及其变迁 [M]. 兰州：敦煌文艺出版社，1997.

[8] 高丙中等 . 现代化与民族生活方式的变迁 [M]. 天津：天津人民出版，1997.

[9] 高宣扬 . 布迪厄的社会理论 [M]. 上海：同济大学出版社，2004.

[10] 葛剑雄等 . 简明中国移民史 [M]. 福州：福建人民出版社，1993.

[11] 葛剑雄主编 . 中国移民史（第一卷）[M]. 福州：福建人民出版社，1997.

[12] 郭星华等 . 漂泊与寻根：流动人口的社会认同研究 [M]. 北京：中国人民大学出版社，2011.
[13] 郭于华主编 . 仪式与社会变迁 [M]. 北京：社会科学文献出版社，2000.
[14] 黄光国等 . 人情与面子：中国人的权力游戏 [M]. 北京：中国人民大学出版社，2010.
[15] 黄应贵主编 . 空间、力与社会 [M]. 台北："中央研究院" 民族学研究所，1995.
[16] 黄应贵主编 . 时间、历史与记忆 [M]. 台北："中央研究院" 民族学研究所，1999.
[17] 蒋荣昌 . 文化哲学论 [M]. 成都：西南交通大学出版社，1988.
[18] 昆明市西山区人民政府编撰 . 昆明市西山区地名志 [M]. 上海：上海市印刷四厂，1986.
[19] 昆明市西山区史志丛书 . 西山区民族志 [M]. 云南：云南人民出版社，1990.
[20] 昆明市志编纂委员会编 . 昆明市志长编：古代之三 [M]. 昆明：昆明市志编纂委员会，1986.
[21] 李京 . 云南志略辑校 [M]. 昆明：云南民族出版社，1986.
[22] 李友梅 . 中国中产阶层的形成与特征：基于特大城市的经验研究 [M]. 北京：社会科学文献出版社，2018.
[23] 李友梅等 . 社会认同：一种结构视野的分析 [M]. 上海：上海人民出版社，2007.
[24] 林聚任 . 社会网络分析：理论、方法与应用 [M]. 北京：北京师范大学出版社，2009.
[25] 刘少杰 . 西方空间社会学理论评析 [M]. 北京：中国人民大学出版社，2020.
[26] 刘兴育，马雪峰主编 . 魁阁文献 . 云南大学社会学田野调查老照片：1939—1954[M]. 北京：社会科学文献出版社，2019.
[27] 刘一皋等 . 村庄内外 [M]. 石家庄：河北人民出版社，2002.
[28] 陆学艺 . 内发的村庄 [M]. 北京：社会科学文献出版社，2001.
[29] 刘守英等 . 中国乡村振兴之路：理论、制度与政策 [M]. 北京：科学出版社，2021.

[30] 钱理群，刘铁芳主编 . 乡土中国与乡村教育 [M]. 福州：福建教育出版社，2008.

[31] 乔家君 . 中国乡村社区空间论 [M]. 北京：科学出版社，2011.

[32] 乔健主编 . 文化、族群与社会的反思 [M]. 北京：北京大学出版社，2005.

[33] 孙立平 . 现代化与社会转型 [M]. 北京：北京大学出版社，2005.

[34] 谭华 . 乡村传播网络与共同体重建：少数民族乡村文化发展的传播社会学分析 [M]. 北京：中国社会科学出版社，2018.

[35] 文军 . 西方社会学理论：当代转向 [M]. 北京：北京大学出版社，2017.

[36] 王加华 . 被结构的时间：农事节律与传统中国乡村民众年度时间生活 [M]. 上海：上海古籍出版社，2015.

[37] 王琪延等 . 城市居民的生活时间分配 [M]. 北京：经济科学出版社，1999.

[38] 王雅林 . 生活方式概论 [M]. 哈尔滨：黑龙江人民出版社，1989.

[39] 王越平 . 乡民闲暇与日常生活：一个白马藏族村落的民族志研究 [M]. 北京：民族出版社，2011.

[40] 王铭铭 . 村落视野中的文化与权力：闽台三村五论 [M]. 北京：生活 · 读书 · 新知三联书店，1997.

[41] 夏建中 . 社会分层、白领群体及其生活方式的理论与研究 [M]. 北京：中国人民大学出版社，2008.

[42] 萧俊明主编 . 现代社会生活方式的文化根源 [M]. 北京：社会科学文献出版社，2013.

[43] 萧新煌 . 变迁中台湾社会的中产阶级 [M]. 台北：巨流图书公司，1989.

[44] 谢立中 . 西方社会学名著提要 [M]. 江西：江西人民出版社，2007.

[45] 谢立忠主编 . 结构—制度分析，还是过程—事件分析？[M]. 北京：社会科学文献出版社，2010.

[46] 许小委 . 不确定世界中人的生存：论鲍曼之流动的现代性 [M]. 上海：复旦大学出版社，2018.

[47] 杨国枢 . 中国人的心理与行为：本土化研究 [M]. 北京：中国人民大学出版社，2004.

[48] 杨美惠 . 礼物、关系学与国家：中国人际关系与主体性建构 [M]. 南京：江苏人民出版社，2009.

[49] 尤中 . 尤中文集：第三卷 [M]. 昆明：云南大学出版社，2009.

[50] 张鸿雁 . 侵入与接替——城市社会结构变迁新论 [M]. 南京：东南大学出版社，2000.

[51] 张静 . 身份认同研究 [M]. 上海：上海人民出版社，2006.

[52] 张军等 . 传统村庄的现代跨越 [M]. 太原：山西经济出版社，2003.

[53] 张柠 . 土地的黄昏——中国乡村经验的微观权力分析 [M]. 北京：中国人民大学出版社，2013.

[54] 张小林 . 乡村空间系统及其演变研究 [M]. 南京：南京师范大学出版社，1999.

[55] 赵旭东 . 本土异域间：人类学研究中的自我、文化与他者 [M]. 北京：北京大学出版社，2011.

[56] 折晓叶，陈婴婴 . 社区的实践："超级村庄"的发展历程 [M]. 杭州：浙江人民出版社，2000.

[57] 郑杭生 . 中国社会结构变化趋势研究 [M]. 北京：中国人民大学出版社，2004.

[58] 中共中央马克思恩格斯列宁斯大林著作编译局编译 . 马克思恩格斯选集：第四卷 [M]. 北京：人民出版社，2012.

[59] 周晓虹 . 传统与变迁：江浙农民的社会心理及其近代以来的嬗变 [M]. 北京：三联书店，1998.

[60] 周晓虹 . 中国中产阶层调查 [M]. 北京：社会科学文献出版社，2005.

[61] 朱迪 . 品味与物质欲望：当代中产阶层的消费模式 [M]. 北京：社会科学文献出版社，2013.

[62] 曾小华 . 文化·制度与社会变革 [M]. 北京：中国经济出版社，2004.

[63] 翟学伟 . 中国人的关系原理：时空秩序、生活欲念及其流变 [M]. 北京：北京大学出版社，2011.

[64] 周大鸣 . 移民与城市化 [M]. 广州：中山大学出版社，2019.

[65] 中国少数民族社会历史调查资料丛刊修订编辑委员会主编 . 昆明民族民俗和宗教调查 [M]. 北京：民族出版社，2009.

外文文献

期刊（按作者首字母排序）

[1] Anthony Giddens. Classical social theory and the origins of modern [J]. American Journal of Sociology,1976(4).

[2] Akahori, S. Introduction: rethinking modernity: challenges from East Asia[J]. International Journal of Japanese Sociology, 2018(27).

[3] Armstrong A, Stedman R C. Culture clash and second home ownership in the US northern forest[J]. Rural Sociology, 2013,78(3).

[4] A E Green. A question of compromise? Case study evidence on the location and mobility strategies of dual career house-holds [J]. Regional Studies, 1997, 31 (7).

[5] Argent N, Ropey F. Counter urbanization in Australia: two case studies[J]. Geodate, 2008,21(3).

[6] Benson M, K O' Reilly. Migration and the search for a better way of life: a critical exploration of lifestyle migration[J]. Sociological Review, 2009,57(4).

[7] Benson M. Landscape, imagination and experience: processes of emplacement among the British in Rural France[J]. The Sociological Review. 2010,58(2).

[8] Benson M, O' Reilly K. Migration and the search for a better way of life: a critical exploration of lifestyle migration[J]. The Sociological Review, 2009b,57(4).

[9] Benson M. How culturally significant imaginings are translated into lifestyle migration[J]. Journal of Ethnic and Migration Studies , 2012(10).

[10] Beck F D. Rural communities: legacy and change[J]. Sociological Viewpoints, 2008, 24(4).

[11] Berry B J L. The counter urbanization process: urban America since 1970[J]. Urban Affairs Annual Review,1976(11).

[12] Burnley I H, Murphy P A. Residential location choice in Sydney's perimetropolitan region[J]. Urban Geography,1995(16).

[13] Bourdieu Pierre. Social space and symbolic power[J]. Sociological Theory,1989(7).

[14] Champion A G. Counter urbanization in Britain[J]. The Geographical Journal, 1989,155(1).

[15] Chen J, Wang B. “Unattended” retirement: lifestyle migration and precarity of the Hou niao[J]. Population Space Place. 2020:2369.

[16] Doris A Carson, Dean B Carson. International lifestyle immigrants and their contributions to rural tourism innovation: experiences from Sweden’s far north[J]. Journal of Rural Studies, 2018,64(9).

[17] Danzer A M, Yaman F. Do ethnic enclaves impede immigrants’ integration? Evidence from a Quasi-experimental social-interaction approach[J]. Review of International Economics, 2013,21(2).

[18] Everett S Lee. A theory of migration[J]. Demography, 1966, 3(1).

[19] Findlay, A. M，D. Short, A. Stockdale. The lab our-market impact of migration to rural areas[J]. Applied Geography, 2000,20(4).

[20] Gustafson P. Tourism and seasonal retirement migration[J]. Annals of Tourism Research, 2002,29(4).

[21] Hong xian Zhang, Libo Yan, Hoffer M. Lee & Qingsheng Yang Social integration of lifestyle migrants: the case of Sanya snowbirds[J]. Current Issues in Tourism, 2020, 29(6).

[22] Halfacree K H. The importance of “the rural” in the constitution of Counter urbanization: evidence from England in the 1980[J]. Sociological Rural areas, 2010, 34 (2-3).

[23] Halfacree K. Heterolocal Identities? Counter-urbanisation, second homes, and rural consumption in the era of mobilities[J]. Population Space Place, 2012(18).

[24] HeqingZhang, XiaoboSu. Lifestyle migration and the (un)making of ideal home[J].Geoforum,2020,115(10).

[25] Higgins K W. Lifestyle migration and settler colonialism: the imaginative geographies of British migrants to Aotearoa New Zealand[J]. Population Space

Place, 2018(24).

[26] Jingru Zhang, Hazel Tucker, Julia N. Albrecht. The reflexive self-project of "lifestyle entrepreneurial migrants" [J]. Journal of Travel & Tourism Marketing, 2020,37(5).

[27] Kordel, S. Pohle, P. International lifestyle migration in the andes of ecuador: how migrants from the USA perform privilege, import rurality and evaluate their impact on local community[J]. Sociology Ruralis,2018,58(1).

[28] Lundström C Creating "international communities" in southern Spain: self-segregation and "institutional whiteness" in Swedish lifestyle migration[J]. European Journal of Cultural Studies. 2019,22(5-6).

[29] Makshanchikova,AY;Nikishin,EA;Popov,DS.Extra-UrbanLocalities: hybridization of rural and urban in the process of migration of citizens to the countryside[J]. Sotsiologicheskie Issledovaniya,2019(12).

[30] Michaela Benson, Karen O'Reilly. From lifestyle migration to lifestyle in migration: categories, concepts and ways of thinking [J]. Migration Studies,2016(4).

[31] Marco Eimermann. Flying dutchmen? Return reasoning among dutch lifestyle migrants in rural sweden[J]. Mobilities, 2017,12(1).

[32] Michael Woods. Engaging the global countryside: globalization, hybridity and the reconstitution of rural place[J]. Progress in Human Geography ,2007,31(4).

[33] Mackenzie F. A working land: crofting communities, place and the politics of the possible in post - Land Reform Scotland[J]. Transactions of the Institute of British Geographers,2006(31).

[34] Milbourne P. Re - populating rural studies: migrations, movements and mobilities[J]. Journal of RuralStudies,2007(23).

[35] Osbaldiston N, Picken F, Denny L. Exploring emotional reflexivity in British lifestyle migration to Australia[J]. Popul Space Place,2020(26).

[36] Phillips M, Fish R, Agg J. Putting together ruralities: towards a symbolic analysis

of rurality in the British mass media[J]. Journal of Rural Studies,2001(17).

[37] Paul Cloke, Mark Goodwin. Conceptualizing countryside change: from post-fordism to rural structured coherence[J]. The Royal Geographical Society, 1992(3).

[38] Rachel Swan, Gordon Hughes. Exploring micro-sociality through the lens of established-outsider figurational dynamics in a South Wales community[J]. The Sociological Review,2016(64).

[39] Richard Münch.Interaction ritual chains by randall collins [J].American Journal of Sociology,2005(110).

[40] Randall Collins. On the micro foundations of macrosociology[J]. American Journal of Sociology,1981, (86)5.

[41] Rosemary Mellor. Urbanization and counter-urbanization[J]. American Journal of Sociology, 1979,85(6).

[42] Taylor J Edward. Different migration, networks, information, and risk In Oded Stark(ed)[J]. Research in Human Capital and Development, 1986(4).

[43] Spalding AK. Towards a political ecology of lifestyle migration: Local perspectives on socio - ecological change in Bocas del Toro, Panama[J]. Area. 2020(52).

[44] Swell W H. Community of residence and college plans[J]. American Sociological Review,1964(1).

[45] Salazar N B, Zhang Y. Seasonal lifestyle tourism: the case of Chinese elites[J]. Annals of Tourism Research, 2013,43(4).

[46] Scott A Cohen, Tara Duncan, Maria Thulemark. Lifestyle mobilities: the cross roads of travel, leisure and migration[J]. Mobilities,2015,10(1).

[47] Stones, R, Botterill, K, Lee, M; O' Reilly, K. One world is not enough: the structured phenomenology of lifestyle migrants in East Asia[J]. British Journal of Sociology, 2019,70(1).

[48] Salazar N B, Zhang Y. Seasonal lifestyle tourism: the case of Chinese elites[J].

Annals of Tourism Research, 2013,43(4).

[49] Swann R, Hughes G. Exploring micro - sociality through the lens of "established - outsider" figurational dynamics in a South Wales community[J]. Sociological Review, 2016, 64(4).

[50] Shuck smith M. Second homes – a framework for policy[J]. Town Planning Review ,1983(54).

[51] Tammaru T, Kulu H, Kask I. Urbanization, suburbanization, and counter urbanization in Estonia[J]. Eurasian Geography and Economics, 2004,45(3).

[52] Torkington K. Place and lifestyle migration: the discursive construction of "glocal" place-identity[J]. Mobilities, 2012,7(1).

[53] Wright F L. Broadacre city: a new community plan[J]. Architectural Record, 1935,77(4).

专著（按作者首字母排序）

[1] Cloke P, Marsden T, Mooney P H. (Eds.). Handbook of rural studies[M]. London: Sage Publications, 2006.

[2] Champion T, Shepherd J. Demographic; change in rural england[M]. London: Age Concern England, 2006.

[3] Elias N, J Scotson. The established and the outsiders[M]. Dublin: University College Dublin Press,2008.

[4] Moss L, Glorioso R. eds. Global amenity migration: transforming rural culture, economy and landscape[M]. British Columbia: The New Ecology Press, 2014.

[5] Park. The immigrant press and its control[M]. New York: Harper& Brother Publishers, 1922.

[6] Randall Collins. Interaction ritual chains[M]. Princeton: Princeton University Press, 2004.

[7] Mennel S. Norbert elias: an introduction[M]. Oxford: Blackwell Publishers,1989.

[8] Weber M. Economy and society: an outline of interpretive sociology[M], Vol. I,

trans. Rother G and Witt ich C. Berkeley: University of California Press,1978.

汉译外文专著（按作者首字母排序）

[1] [法] 阿兰 · 库隆 . 郑文彬译 . 芝加哥学派 [M]. 北京：商务印书馆，2000.

[2] [德] 阿克塞尔 · 霍耐特 . 张曦，孙逸凡译 . 我们中的我：作为一种群体形成之驱动力的承认 [M]. 上海：译林出版社，2021.

[3] [德] 安德雷亚斯 · 莱克维茨 . 巩婕译 . 独异性社会 [M]. 北京：社会科学文献出版社，2019.

[4] [法] 爱弥尔 · 涂尔干 . 渠东，汲喆译 . 宗教生活的基本形式 [M]. 上海：上海人民出版社，2006.

[5] [美] 阿列克斯 · 英克尔斯 . 顾昕译 . 从传统人到现代人——六个发展中国家中的个人变化 [M]. 北京：中国人民大学出版社，1992.

[6] [英] 安东尼 · 吉登斯 . 田禾译 . 现代性的后果 [M]. 南京：译林出版，2000.

[7] [英] 安东尼 · 吉登斯，皮尔森 . 尹宏毅译 . 现代性——吉登斯访谈录 [M]. 北京：新华出版社，2001.

[8] [英] 安东尼 · 吉登斯 . 夏璐译 . 现代性与自我认同 [M]. 北京：中国人民大学出版社，2016.

[9] [英] 安东尼 · 吉登斯 . 李康，李猛译 . 社会的构成：结构化理论大纲 [M]. 北京：三联书店，1998.

[10] [英] 彼得 · 阿迪 . 戴特奇译 . 移动性 [M]. 北京：北京师范大学出版社，2020.

[11] [美] 查尔斯 · 蒂利 . 谢岳译 . 身份、边界与社会联系 [M]. 上海：上海人民出版社，2021.

[12] [美] 戴安娜 · 克兰主编 . 王小章，郑震译 . 文化社会学——浮现中的理论视野 [M]. 南京：南京大学出版社，2006.

[13] [加] 丹尼尔 · 亚伦 · 西尔等 . 祁述裕等译 . 场景：空间品质如何塑造社会生活 [M]. 北京：社会科学文献出版社，2019.

[14] [英]E · 霍布斯鲍姆等 . 顾杭，庞冠群译 . 传统的发明 [M]. 南京：译林出版社，2004.

[15] [挪威] 弗雷德里克·巴斯主编 . 李丽琴译 . 族群与边界——文化差异下的社会组织 [M]. 北京：商务印书馆，2014.

[16] [德] 哈特穆特·罗萨 . 董璐译 . 加速：现代社会中时间结构的改变 [M]. 北京：北京大学出版社，2016.

[17] [法]H. 孟德拉斯 . 李培林译 . 农民的终结 [M]. 北京：中国社会科学出版社，1991.

[18] [挪威] 贺美德·鲁纳 . 许烨芳等译 . 自我中国：现代中国社会中个体的崛起 [M]. 上海：上海译文出版社，2011.

[19] [美] 杰克·奈特 . 周伟林译 . 制度与社会冲突 [M]. 上海：上海人民出版社，2017.

[20] [瑞典] 洛夫洛伦，弗雷克曼 . 赵丙祥等译 . 美好生活：中产阶级的生活史 [M]. 北京：北京大学出版社，2011.

[21] [美] 拉塞尔·哈丁 . 刘春荣，汤艳文译 . 群体冲突的逻辑 [M]. 上海：上海人民出版社，2013.

[22] [美] 兰德尔·柯林斯 . 林聚任，王鹏等译 . 互动仪式链 [M]. 北京：商务印书馆，2009.

[23] [英] 雷蒙·威廉斯 . 韩子满等译 . 乡村与城市 [M]. 北京：商务印书馆，2013.

[24] [德] 马丁·海德格尔 . 孙周兴译 . 演讲与论文集 [M]. 北京：三联书店，2005.

[25] [德] 马克思·韦伯 . 林荣远译 . 经济与社会：上卷 [M]. 北京：商务印书馆，1997.

[26] [德] 马克思·韦伯 . 悦文译 . 儒教与道教 [M]. 西安：陕西师范大学出版社，2010.

[27] 莫里斯·哈布瓦赫 . 毕然，郭金华译 . 论集体记忆 [M]. 上海：上海人民出版社，2002.

[28] [澳] 迈克尔·A. 豪格，[英] 多米尼克·阿布拉姆斯 . 高明华译 . 社会认同过程 [M]. 北京：中国人民大学出版社，2010.

[29] 诺曼·K 等 . 风笑天等译 . 定性研究：第 3 卷：经验资料收集与分析的方法 [M]. 重庆：重庆大学出版社，2007.

[30] [英]尼克·克罗斯利.刘军，孙晓娥译.走向关系社会学[M].上海：上海格致出版社，2018.

[31] [德]斐迪南·滕尼斯.林荣远译.共同体与社会[M].北京，商务印书馆，1999.

[32] [法]皮埃尔·布尔迪厄.刘晖译.区分：判断力的社会批判[M].北京：商务印书馆，2015.

[33] [法]皮埃尔·布尔迪厄.蒋梓骅译.实践感[M].南京：译林出版社，2009.

[34] [法]皮埃尔·布尔迪厄.包亚明译.文化资本与社会炼金术[M].上海：上海人民出版社，1997.

[35] [意]皮耶尔保罗·多纳蒂.刘军，朱晓文译.关系社会学：社会科学的新范式[M].上海：格致出版社，2018.

[36] [英]齐格蒙特·鲍曼等.李康译.社会学之思[M].北京：社会科学文献出版社，2010.

[37] [英]齐格蒙特·鲍曼.欧阳景根译.共同体[M].南京：江苏人民出版社，2003.

[38] [美]乔恩·埃尔斯特.刘骥等译.解释社会行为：社会科学的机制视角[M].重庆大学出版社，2019.

[39] [法]让·鲍德里亚.刘成富，全志钢译.消费社会[M].南京：南京大学出版社，2006.

[40] [美]斯科特.姚伟，王黎芳译.制度与组织——思想观念与物质利益：第3版[M].北京：中国人民大学出版社，2010.

[41] [美]施坚雅.史建云，徐秀丽译.中国农村的市场和社会结构[M].北京：社会科学出版社，1998.

[42] [德]斯蒂芬·门内尔等主编.刘佳林译.论文明、权力与知识——诺贝特·埃利亚斯文选[M].南京：南京大学出版社，2005.

[43] [美]维克托·布克利.潘曦，李耕译.建筑人类学[M].北京：中国建筑工业出版社，2018.

[44] [比利时]威廉·杜瓦斯.赵蜜，刘保中译.社会心理学的解释水平[M].北京：

中国人民大学出版社，2011.
[45] [英] 维克多・特纳 . 赵玉燕，欧阳敏，徐洪峰译 . 象征之林 [M]. 北京：商务印书馆，2016.
[46] [日] 盐见直纪 . 苏枫雅译 . 半农半 × 的生活 [M]. 上海：上海文艺出版社，2013.
[47] 约翰・哈萨德 . 朱红文，李捷译 . 时间社会学 [M]. 北京：北京师范大学出版社，2009.
[48] [美] 约书亚・梅罗维茨著，肖志军译 . 消失的地域：电子媒介对社会行为的影响 [M]. 北京：清华大学出版社，2002.
[49] 阎云翔 . 李放春，刘瑜译 . 礼物的流动：一个中国村庄中的互惠原则与社会网络 [M]. 上海：上海人民出版社，2017.

后　记

这本书在我的博士论文基础上完成，它既是求学生涯一个阶段的总结，亦是后期开展新研究的基础。此书准备出版之时，我完成了从一名学生到教师身份的转变，正处于研究方向转型的阵痛期。当我重新梳理、调整论文时，当初“以学术为志业”的初心仿佛又在提醒我，不能忘却走过的路。正如恩师所言：“要怀有对学术的敬畏之心，踏踏实实做学问。”时至今日，得益于恩师、家人、师友的支持和帮助，尽管自己在科研这条路上走得有些慢，但仍跌跌撞撞继续前行着。

此书得以成形，最要感谢的是我的导师王彦斌教授。恩师在我初入师门时便教导我：“做研究，要有理论上的深度思考并形成自己的理论见解。”多年来，他始终坚守并践行着自己的学术信仰。这些年，在恩师的悉心教导下，我的学习和生活都有所得。我开始慢慢学会学术研究，亦不断探寻如何实现自我成长。当产生自我怀疑时，是恩师开导并鼓励我继续坚持下去。他严谨治学的风范、对学生的包容以及面对生活困境时的坚韧和豁达心态，常常令我动容。他不仅是我学术道路上的榜样，也是日常生活中的哲学家，引导我从不同角度看待自己经历的好的或坏的人与事。真心感谢恩师这些年的指导和帮助。

通过观察纷繁复杂的人际关系，可以反观自我成长，田野点中新老居民的生命故事同样给予我向上的力量。何其有幸能够与他们相遇、相识，和他们一起扎根田野。调查期间，村中新老居民都被我“拜访”过，他们不厌其烦地回答我的各种问题，教会我各种生活小技能。尤其要感谢新居民李婷婷、杨阳、吴晨、蔡睿、韩月明、孙贤、王琚、小雪、老陈、李尚生、老路、小丸子、小窝、Misa、吴轶、华盈、张熙、徐阿姨、丁丁、何小蕾等；老村民熊福会、熊继能、李石寸、李福海、苏智芝、张礼莲、熊菲萱、沐子惠、李晓楠等，一并感谢。调研期间，他们给予我莫大的关心和支持，若没有这些助力，我很难在村中顺利开展研究。始终记得，生病时，是他们给我送来衣物和药品；听不懂方言时，是老村民帮忙转译并为我答疑解惑。凡此种种，不胜枚举，唯有感恩。村中大大小小的活动，他们都会邀请我参加。从调研点返回学校整理资料期间，村中发生的大小事情，村民朋友都会通过微信告诉我，并召唤我赶紧“回村”。如今，我们已不仅仅是研究者和研究对象的关系，他们中的许多人早已成为我的朋友。我与田野的羁绊持续加深，大墨雨早已成为我的心灵驿站。谨希望，我这些关于他们生活经历的观察和记录能够得以保留，成为彼此美好珍贵的记忆。

感谢在论文开题、中期考核、预答辩、外审、答辩过程中提出宝贵意见和建议的专家们，正是有赖于文军、包智明、何明、张桥贵、马腾嶽、王卓、周建新、马居里、黄彩文、马翀炜、谭同学、张亚辉、张锦鹏、高志英、何俊、韩军学、万江红、章立明、刘建娥等教授的指导和帮助，本书的研究逻辑更加清晰，内容更加丰富翔实，文字得以增色。亦要感谢班主任张赟老师在我遇到困难时给予的支持和帮助。

家人对我毫无保留的爱，是让我无后顾之忧地坚持读书、做研究的重要保障，尤其是爷爷、奶奶、父母、叔婶、妹妹。从小到大，家人常和我说：“可能我们也不了解你的专业领域，我们就希望你身体健康，开开心心去做自己喜欢的事情就好，其他事情你都不用操心。”家人们一直支持、鼓励我，并尝试理解我所作的很多决定，是他们的爱、保护和信任让我在受挫后仍有站起来、不放弃的勇气，使我能够更加独立、坚定和勇敢。爱人王毓川博士是我科研路上的同行者。我们相识于读书期间，毕业后成为家人，这一路他都坚定不移地站在我身旁，帮我校正论文、书稿，陪我一起进行田野调查，让我这个原本对亲密关系较为疏离的人学会如何爱人，并收获了爱情。

感谢在我攻读博士学位期间“王门”的所有同门和我的室友孔凤明博士。读书期间，我们一同在图书馆奋笔疾书、于田野中畅想未来，在文林街、圆西路谈天说地、寻觅美食的场景仍历历在目。

感谢自己没有因为种种困难而放弃，才能走到今天。回想夜夜失眠难过地一圈又一圈在操场上跑步中药不离手的那几年，我曾辗转反侧自问究竟该如何解决遇到的难题，怀疑自己是否适合做研究，也曾因偶然想到一个“好点子”而欢欣雀跃，认可自己的能力。田野调查让我这个原本不善言辞的“社恐”，转变为田野限定“社牛”，感谢这些经历让我变得更加开朗、自信。人生旅途中，能够心无旁骛地专心读书是莫大的幸运，正是这段旅程教会我去适应各种生活状态，直面困难，并让我愈加清楚努力坚持的意义。

转眼又是金桂飘香的季节，秋意渐浓，借用去年秋日田野中一位朋友的寄语，祝福每一位愿意打开这本书的读者：“生活已经如此朴素，但总有些人要去做一些真正酷的事情。请肆意又浓烈地活，去体验、感受那些真挚的温暖与美好。”

田雪青

2024年10月25日于云南昆明